위대한 철학자들은
철학적으로 살았을까

위대한 철학자들은
철학적으로 살았을까

강성률 지음

평단

머리말

누구에게나 어리석고 유치한 삶의 궤적들은 있게 마련이다. 역사상 위대한 업적을 남긴 철학자들은 어땠을까? 과연 그들은 철학적으로 고매하게 자신의 철학에 충실하며 살아갔을까? 이 물음에 예스Yes나 노No로 대답하는 것은 무의미하다. 철학자에 따라 다르고, 같은 철학자라도 생애의 시점에 따라, 환경에 따라 천차만별이기 때문이다.

예컨대, 우리가 서양의 위대한 교부 철학자로 알고 있는 아우구스티누스는 사춘기 때 일명 비행 청소년에 가까웠다. 도둑질과 거짓 연애 등 나쁜 일을 저질렀으며, 배를 서리하는 것 정도는 아무렇지도 않게 여겼다. 19세 때는 노예 출신의 여자와 동거하여 아들까지 낳았다. 그러나 그는 회개하고 지금 우리가 알고 있는 것처럼 성인의 반열에 오른 교부 철학자가 되었다.

또 철학자들이 자신의 철학을 충실하게 따르며 살아간 것도 아니다. 헤겔은 마르크스가 '나는 헤겔의 수제자'라고 고백할 만큼 혁명적인 사상을 설파했다. 그러나 헤겔은 당시의 독일(프로이센) 군주제를 옹호하는 등 정치적으로는 이중적인 태도를 취했다. 헤겔은 프랑스혁명을 환영하는가 하면, '프로이센의 국가 철학자'로 공인될 정도로 보수적인 태도를 취하기도 했다.

이처럼 아무리 높은 이상과 고매한 철학을 주장했다 할지라도 그들 역시 인간적인 감정과 욕구를 발산하며 보통 사람들처럼 살았다. 이에 대해 우리는 위대한 철학자가 어떻게 그럴 수가 있느냐며 비난할 것이 아니라, 보다 애정 어린 눈길을 보낼 필요가 있겠다. 위대한 철학자들도 우리와 같은 인간이라는 점에서 말이다.

《위대한 철학자들은 철학적으로 살았을까》는 위대한 철학자들 역시 평범한 인간이었다는 전제하에 철학자 30명의 삶이 어떠했는지를 들여다보았다. 위대한 철학자들의 위대하지 않은 이야기를 통해 어떻게 그들이 철학자가 되었는지에 대해 말하고 있다. 독자들이 이해하기 쉽도록 가급적 평이하게 풀어쓰고자 노력했으며, 흥미를 더하기 위해 삽화를 곁들였다.

세계철학사를 대표하는 철학자 가운데에서도 동서고금을 막론하고 널리 알려지고 중요한 철학자들을 선별하고자 했으며, 순서는 동서양을 구별하지 않고 시대순으로 배치했다. 이 책에 등장하는 철학자 30명의 삶과 철학 사상을 접하게 된다면, 세계철학사의 흐름을 어느 정도 알 수 있게 될 것이다. 철학의 시조인 탈레스부터 실존주의 철학을 설파한 사르트르까지, 이 책에 등장하는 철학자들은 모두 세계철학사를 수놓은 사상가였기 때문이다.

이 책은 철학이나 철학자에 대해 관심을 갖고 있는 분들이나 철학을 처음 접하는 독자들에게도 흥미와 재미를 줄 수 있다. 또 이 책이 모든 사람에게 영향을 줄 수는 없겠지만, 간혹 어떤 분에게는 인생의 전환점이 될 수 있으리라 믿는다. 현재의 나를 있게 해주신 주위의 모든 분들에게 고마운 마음을 전하고, 나의 삶을 이끄시는 하나님께 모든 영광을 올려드린다.

2011년 광주교육대학교 연진관에서

강성률

위대한
철학자들은
철학적으로
살았을까

탈레스(기원전 640?~기원전 546?)

그리스 최초의 철학자. 이오니아의 밀레투스 사람으로 밀레투스학파의 창시자. 기하학, 천문학에 통달하여 기원전 585년의 일식을 예언했으며, 1년을 365일로 나누고 한 달을 30일로 정했다고 전한다. '원(동그라미)은 그 지름에 의해 이등분된다' '이등변 삼각형의 밑각은 서로 같다' '두 직선이 교차할 때 맞꼭지각은 서로 같다' '삼각형은 밑변과 밑각이 주어지면 결정된다'는 등 여러 수학적 정리를 발견했다. 자석에 금속을 끌어당기는 힘이 있다는 사실도 발견한 것으로 전해지는데, 탈레스는 그 자석 속에 혼(넋)이 들어 있다고 주장하기도 했다. 죽어 있는 물질(자석)이 무언가를 끌어당기는 현상을 달리 설명할 수 없었기 때문이다.

탈레스

일식을 예언하다

7현인* 가운데 제일인자이자 '철학의 아버지'라 불리는 탈레스는 수학과 천문학 분야에 풍부한 지식이 있었다. 이집트 여행에서 기하학을 배워온 탈레스는 피라미드의 높이를 그 그림자의 길이로 추산해냈으며, 육지의 두 관측 지점에서 바다 위에 떠 있는 배까지의 거리를 계산하는 방법을 알고 있었다.

현대의 어떤 역사가는 "그리스 철학은 기원전 585년 5월 28일 시작되었다"고 표현했는데, 이 날은 바로 탈레스가 일식을 예언한 날이었다. 탈레스는 일식을 정확하게 계산해내는 데 성공했으며, 태양은 그가 예언한 그날 실제로 어둠에 싸여 그의 명예를 한층 높여주었다.

어느 날 어떤 사람이 학문하는 사람을 조롱하며 "도대체 학문 따위는 쓸모가 없는 것 같소. 당신같이 학문만 하는 사람들은 언제나 가난하게 사니 말이오" 하고 말하자, 탈레스는 돈을 벌기로 마음먹고 하늘을 관측

했다. 자신의 천문 지식을 총동원하여 살펴본 결과, 다음 해 가을에는 올리브 농사의 풍작이 예측되었다. 탈레스는 겨울 동안에 자신이 갖고 있는 돈을 다 털어서 밀레투스* 일대의 올리브 착유기(기름 짜는 기계)를 싼값에 모두 사들였다. 다음 해 가을이 되자 그의 예상대로 풍년이 들었고, 착유기를 빌리러 사람들이 몰려왔다. 탈레스는 이들에게 비싼 값으로 기계를 빌려주고 많은 돈을 벌었다. 물론 탈레스가 그 돈을 어디에, 어떻게 썼는지는 알 수 없다. 다만 이 에피소드를 전한 아리스토텔레스는 이렇게 말했다.

"학자는 마음만 먹으면 부자가 될 수 있다. 그러나 학자의 목적은 부자가 되는 데 있지 않다는 것을 탈레스는 세상 사람들에게 가르쳐주었다."

자기 발밑에 있는 것도 보지 못하는 철학자

진정한 현자였던 탈레스는 깊은 사색을 통해 인생의 의미를 통찰했다. 어느 날 탈레스의 어머니가 그를 설득하여 결혼을 시키려 하자, 그는 "아직 결혼할 시기가 아닙니다"고 대답했다. 그 후 나이가 더 들어 어머니가 다시 결혼을 하라고 재촉하자, 탈레스는 "이제는 결혼할 시기

7현인 7명의 현자 명부가 생긴 것은 기원전 6세기 후반 무렵으로 추측되는데, 기원전 4세기까지 7현인으로 꼽힌 사람은 20여 명에 이른다. 보통은 탈레스, 비아스, 피타코스, 클레오불로스, 솔론, 케일론, 페리안드로스(플라톤에서는 뮤손)의 7명으로, 거의 같은 시대(기원전 7~기원전 6세기)를 살았다. 7이라는 숫자는 7수 숭배에 따른 것이며, 정치적 혼란에 시달린 후세 사람들이 일찍이 사회적·정치적 활동에서 탁월한 업적을 남긴 사람 7명을 골라 이상적 인물로 뽑았다고 전한다. 특히 이들의 에피소드나 교훈이 될 만한 명구名句는 그리스인의 정신적 지주로서 전승되어 왔다.

밀레투스 이오니아족이 건설한 12개의 도시 중 가장 남쪽에 있던 도시. 밀레투스학파의 명칭은 여기에서 유래한다. 탈레스, 아낙시만드로스, 아낙시메네스가 밀레투스학파에 속한다.

가 지났습니다"고 말했다.

또 "왜 너는 자식을 낳으려고 하지 않느냐?"는 물음에 "자식들에 대한 사랑 때문에요"라고 대답했다. 탈레스는 "가장 쉬운 일은 남에게 충고하는 것이고, 가장 어려운 일은 자기 자신을 아는 일이다"는 명언을 남겼는데, 곱씹어볼수록 옳은 말이다.

플라톤이 탈레스에 관한 이야기 하나를 전하는데, 그야말로 철학적이다. 어느 날 탈레스가 별을 관찰하면서 하늘만 바라보고 걷다가 그만 웅덩이에 빠졌다. 그러자 익살스럽고 똑똑한 트라키아(발칸반도 동부 일원에 있는 지방)의 한 하녀가 "자기 발밑에 있는 것도 보지 못하면서 하늘의 일을 알려고 하다니!" 하며 그를 비웃었다. 생각해보라, 웅덩이에 빠진 철학자라니, 얼마나 우스꽝스러운가!

그러나 플라톤은 이 일화를 바탕으로 철학자들의 존재에 대해 진지하게 말한다.

"그와 똑같은 비웃음은 철학을 하는 모든 사람에게 적용된다. 사실 철학자는 가장 가까운 친척이나 이웃이 무엇을 하는지, 심한 경우에는 자기가 인간인지 아니면 어떤 다른 존재인지조차 모른다. 철학자가 법정이나 다른 어떤 곳에서 자기의 발밑이나 눈앞에서 무슨 일이 벌어지고 있는지를 이야기해야 할 때, 그들은 트라키아의 하녀뿐 아니라 다른 사람들에게도 비웃음을 살 것이다. 철학자는 경험 부족으로 웅덩이뿐 아니라 헤어날 길 없는 온갖 어려움에 빠진다. 그의 서툰 행동은 놀랄 만하고 우둔해 보이기에 충분하다. 그러나 철학자는 인간이 무엇인지, 인간이라는 존재가 다른 존재와 달리 무엇을 해야 하고 무엇을 경험해야 하는지를 탐구하고, 또 그렇게 하려고 노력한다."

어쩌면 트라키아의 하녀가 탈레스보다 영리하고 편리하고 안락하게 살았을지도 모른다. 탈레스에 비해 그녀의 일생은 오히려 더 행복했을 수도 있다. 하지만 오늘날 그 하녀의 이름은 전해져오지 않는데 반해, 탈레스는 최초의 철학자로서 많은 사람의 입에 오르내린다. 물론 이름을 남겨 무슨 필요가 있느냐고 조소하는 사람들도 있겠지만, 사람은 그저 먹고 마시고 즐기며 사는 것에 만족하는 존재는 아니지 않는가.

철 학
속으로

탈레스는 만물의 근원을 물이라고 주장했는데, 그 이유는 다음과 같다. 첫째, 물은 모든 생물의 씨와 영양분 속에 들어 있다. 둘째, 어떠한 생명체도 물이 없이는 살 수 없다. 셋째, 물은 그 양이 엄청나게 많다. 넷째, 물은 그 양이 변하지 않으며 액체·기체·고체로 그 형태를 바꾸어가며 지구상의 기후를 지배한다.

그러나 탈레스가 물을 원소로 주장한 데 대해 정확한 증거가 없다거나 그의 생존 자체에 대해 의심하는 학자도 있다. 그럼에도 불구하고 현재까지 나온 학설에 따르면 탈레스는 최초로 철학적 사색을 시도한 인물이다.

탈레스는 밀레투스학파에 속하는데, 밀레투스학파의 철학사적 의의는 첫째, 모든 선입견을 버리고 자연과학적 사상에 입각하여 문제에 접근하려 했다는 점이다. 그러므로 그들의 학설이 오늘날의 관점에서 옳으냐 그르냐 하는 것은 문제가 되지 않는다. 둘째, 현상세계의 다양한 모습을 하나의 근본원리로 설명하려 했다는 대담성에 그 의의가 있다. 헤겔이 '정신' 하나로 인간과 자연과 역사

를 설명해냄으로써 위대한 관념론자가 되고 마르크스가
'물질'로 그러한 것들을 해석해냄으로써 유물론의 대표
자가 되었듯이, 결국 철학이란 다양한 이 세계를 하나의
원리로 설명하려는 것이기 때문이다.

노자(기원전 6세기경)

춘추시대의 사상가. 도가와 도교의 시조로 알려져 있다. 노자의 생존을 공자보다 100년 후로 보는 설도 있고, 존재 자체를 부정하는 설도 있다. 60여 년 만에 태어났고, 태어나 자마자 말을 해 비범한 출생으로 유명하다. 그뿐 아니라 160세에서 260세가 넘도록 산 것으로 알려져 있다. 스스로의 재능을 숨겨 이름이 드러나지 않도록 애쓴 것으로 전하는데, 그 때문인지 위대한 사상가들은 많은 제자를 키웠지만 노자는 제자가 없다. 그 영향으로 그의 사상은 훗날 왜곡되어 알려졌다. 간결하면서도 심오한 철학을 담은 《도덕경》은 노자가 자취를 감추기 전 윤희의 간청으로 쓰여진 것으로 5,000자의 글 속에 무위의 다스림과 무위의 처세훈을 담고 있다.

자기주장을 함부로 내세우지 마라

노자

60여 년 만에 태어나다

기원전 604년 9월 14일, 초나라 허난성 루이의 여향 곡인리에서 한 여인이 자두나무에 기대어 한 아이를 낳았다. 이 아이는 신과 같은 위인이 될 운명을 타고났기 때문에 그의 출생은 평범하지 않았다. 그의 어머니가 떨어지는 별을 예찬한 뒤 62년 동안 임신해 있었으므로, 그는 태어나자마자 말을 할 수 있었다.

그는 태어난 즉시 주위의 자두나무를 가리키며 "나는 이 나무를 따서 성姓을 짓겠다"고 말했다. 그는 자두나무李와 그의 큰 귀耳를 상징하는 이름을 붙여 자기 이름을 이이李耳라 했다. 그러나 그의 머리카락은 벌써 하얀 눈처럼 희었기 때문에 사람들은 그를 노자老子라 불렀다. 노老는 '늙었다'는 뜻이고, 자子는 '하늘의 아들'이라는 뜻의 존칭어다. 그가 죽은 뒤 사람들은 그를 '노담老聃'이라고도 했는데, '담聃'이란 귀가 넓적하고 축 처져서 귓바퀴가 없다는 뜻이다.

공자를 가르치다

노자의 생존 연대는 확실하지 않다. 그는 본래 진陳나라에서 태어났는데, 진나라는 그가 태어나기 10여 년 전에 남쪽의 강국 초나라의 속국이 되었다. 초나라의 정치는 포악하여 점령지 주민들에게 무거운 세금을 물리고 압제를 가하여 주민들을 가난과 고통 속으로 몰아넣었다. 노자 역시 괴로움에 시달리다가 마침내 유랑의 길을 떠났고, 천자의 나라인 주周나라에 이르러 그곳에 머물렀다.

노자는 주나라에서 왕실의 장서 창고를 지키는 관리로서 40여 년 동안 있었다고 전한다. 이곳에 있을 무렵 공자가 방문했는데, 이때 공자가 노자에게 물었다.

"예禮에 대해 한 말씀 해주시지요."

이에 노자는 점잖은 충고를 던졌다.

"그대가 찾고자 하는 예에 대해 말하자면, 그것을 만든 사람의 뼈는

공자가 노자에게 예에 대해 묻고 있다. 노자를 공자보다 100년 뒤의 사람으로 보기도 하지만, 공자보다 앞서 살던 사람이라고 보는 견해가 많다. 공자는 노자를 용에 비유했다.

이미 썩어버렸고 남은 것은 오직 그들의 말뿐이오. 군자는 때를 만나면 나아가서 벼슬을 하지만, 때를 만나지 못하면 물러나 숨어야 하는 법이오. 내 일찍이 듣기를 '훌륭한 장사꾼은 귀중품을 감춰놓은 채 아무것도 없는 듯이 행동하고, 완전한 덕성을 갖춘 사람은 겉으로는 단지 평범한 사람으로 보인다'고 하였소. 그러니 그대는 몸에 잔뜩 붙어 있는 그 교만과 욕심, 위선 따위를 다 버리시오. 그것은 그대에게 아무런 유익함도 없을 것이오. 이 밖에 내가 무엇을 더 말하겠소?"

그러고 나서 노자는 입을 다물어버렸다. 백발이 성성한 노자가 볼 때, 공자는 아직도 혈기 왕성한 청년에 지나지 않았던 것이다. 어떻든 이에 무안해진 공자는 물러나왔다.

공자는 세월이 흘러 주나라의 뤄양을 떠날 무렵이 되자 다시 노자를 찾아 작별인사를 드렸다. 그러자 노자는 다시 한 번 공자에게 진심으로 충고했다.

"부자는 재물로써 사람을 전송하고, 선비는 말로써 사람을 전송한다고 하오. 나는 돈이 없으므로 선비의 흉내를 내어 말로써 선물을 대신할까 하오. 총명하여 일의 이치를 판단할 줄 아는 사람이 죽을 고비에 이르게 되는 것은 남의 행동을 잘 비평(비판)하기 때문이오. 학식이 많고 말재주가 있는 사람이 자주 위험한 상황에 부딪치는 것은 남의 허물을 잘 지적하기 때문이오. 그러므로 말과 행동을 조심하고, 자기주장을 함부로 내세워서는 안 되오!"

이 말을 듣고 돌아간 공자는 제자들에게 말했다.

"나는 새가 공중을 날아다니고 물고기가 헤엄을 잘 치며 짐승이 땅 위에서 잘 달린다는 것을 알고 있다. 그러기에 하늘을 날아다니는 새는 활을 쏘아 잡을 수가 있고, 물속을 헤엄치는 고기는 그물을 쳐서 잡을 수가 있으며, 달리는 짐승은 덫을 놓아 잡을 수가 있다. 하지만 나는 용[*]에 관해서는 아무것도 모른다. 용은 바람과 구름을 타고 구만리 하늘로 오를 수 있는데 내가 만나본 노자는 바로 용이었다."

《도덕경》의 탄생 비밀

노자는 스스로 재능을 숨겨 이름이 드러나지 않도록 애썼다. 그는 요순시대를 이어받아 이상적인 치세라 불리는 주周나라 조정에 머물면서 황실이 기울어져 가는 것을 보았다. 당시 주나라는 천자의 권위가 떨어지고 도덕과 예의범절, 법률마저 권위를 잃어 사회질서가 무너지고 있었다. 더욱이 잦은 전쟁으로 모든 문화가 파괴되었고, 사람들은 불안과 공포에 떨었다.

노자는 주나라를 떠나기로 결심했다. 한참을 걸어 한구관(함곡관)에 이르렀을 때, 국경을 수비하던 관리 윤희에게 붙들렸다. 윤희는 노자가 보통 사람이 아니라는 것을 금방 알아채고 간청했다.

"선생께서는 이제 머지않아 은퇴하실 모양인데, 이 사람과 세상을 위해 마지막으로 가르침을 남겨주십시오."

이에 노자는 대나무로 엮어 만든 죽간(중국에서 종이가 발명되기 전에 글자를 기록하던 대나무 조각. 또는 대나무 조각을 엮어서 만든 책)에 5,000자의 글을 써주었다. 이것이 바로 간결하면서도 심오한 철학을 담은 《도덕경》이다. 이렇게 본다면 윤희야말로 노자와 맞먹을 정도로 큰 공헌을

용龍 고대 중국인이 상상했던 신령스러운 동물. 왕이나 천자天子, 위인과 같은 위대하고 훌륭한 존재로 비유된다.

했다고 말할 수 있다. 그가 노자에게 글을 쓰도록 종용하지 않았다면, 우리는 오늘날 인류 역사상 가장 값진 책으로 꼽히는 《도덕경》을 얻지 못했을지도 모르니 말이다.

노자가 관문을 빠져나간 후 그가 어디로 갔는지, 언제 어디서 죽었는지 아무도 모른다. 그 후 노자를 본 사람이 아무도 없기 때문이다. 노자는 160세 또는 260세를 살았다고도 하는데, 이에 대해 사마천은 '그가 도를 닦아 수명을 보존한 덕분'이라고 기록했다.

노자의 사상은 그 누구보다도 사상적으로 일관된 체계를 이루고 있으며, 노자는 사람들의 입에 가장 많이 오르내릴 만큼 비중이 큰 사상가다. 유럽에도 일찍이 《도덕경》의 번역서가 나와 널리 읽혀졌는데, 특히 독일의 한스 요아힘 슈퇴리히는 "세계에 단 세 권의 책만 남기고 불태워버린다면, 《도덕경》이 그 세 권 가운데 들어야 한다"고 말했다.

철학
속으로

보통 도가와 도교를 같은 뜻으로 사용하는데, 둘 사이에는 조금 차이가 있다. 도가란 우리 인간이 자연의 명령에 따르며 욕심 없이 깨끗하게 살아야 한다고 주장하는 노자와 장자의 철학 사상을 가리킨다. 반면 도교란 "모든 인간은 자연의 섭리대로 그냥 놔두면 반드시 죽게끔 되어 있기 때문에, 자연을 거스르고 우리의 운명을 개조해야 한다"고 주장하는 일종의 종교적 입장을 말한다. 요컨대 도교는 불로장생의 신선神仙이 되는 것을 이상으로 삼으며, 이를 위해 그들은 약을 먹도록 조장하기도 한다.

그렇다면 과연 도란 무엇인가? 유가에서 말하는 도란

인간의 윤리에 국한된 것이었다. 하지만 노자가 말하고자 하는 도란 온 천지 만물, 모든 자연의 이법理法으로서 우주의 근본 원천을 의미한다. 다시 말하면 도란 우리 인간의 머리로 이해할 수 없는 세계의 궁극적 원인으로서, 모든 법칙 중의 법칙이자, 모든 척도 중의 척도이다. 한편, 이 도는 사람이 함부로 규정할 수 있는 것도 아니고, 말이나 글로 표현할 수도 없다. 그것은 우리가 보려고 해도 보이지 않고, 들으려고 해도 들리지 않으며, 잡으려고 해도 잡히지 않는다. 그럼에도 불구하고 이 세상에 존재하는 모든 것은 모두 도에서 생겨난다고 말할 수 있는데, 이 도는 어떠한 시간적·공간적 한계도 갖고 있지 않기 때문에 무극無極이며 무無다.

유가는 춘추전국시대의 혼란한 사회에서 인위적인 도덕으로 질서를 회복하려 했다. 그러나 노자는 이러한 방법에 반대하고, 무위자연을 주장했다. 무위자연은 인위人爲를 부정하는 노장사상의 근본개념으로 사람의 힘을 더하지 않은 그대로의 자연을 말한다. 흔히 사람들은 재앙을 멀리하고 복을 구하려고 하나, 본디 하나인 이것들을 구분하려고 하기 때문에 자연스러운 삶을 잃어버리는 것이다. 그러므로 자연으로 돌아가 꾸밈없이 사는 것만이 현실을 구제하는 길이다.

정치론에서도 노자는 유가의 대통일 국가라는 이상에 맞서 작은 나라와 적은 백성이라는 이상 사회를 그렸다. 인위적인 도덕과 잡다한 지식에서 벗어나 소박하게 생활하는 것이 가장 행복한 삶이며, 백성들의 이런 삶을 보장하기 위해 위정자는 무위의 정치를 시행해야 한다는 것이다.

그러나 대개 큰 사상가들이 뛰어난 제자들을 많이 배출하는 데 반해, 불행하게도 노자에게는 그 깊고 오묘한 사상을 계승하고 발전시킬 만한 제자들이 없었다. 그 때문에 그의 학설은 후대의 사상가들에 의해 왜곡되고 변질되어 큰 영향력을 발휘하지 못했다. 더구나 이것이 무술巫術이나 마법, 연금술이나 불로장생과 같은 미신과 뒤섞여버린 탓에 노자 자신의 순수한 이론과는 거리가 멀어진 것이다. 그러나 환경 파괴와 함께 인간성의 상실을 경험하는 현대에 들어와 노자 사상은 오히려 서양 철학자들의 관심을 끌고 있다.

공자(기원전 551~기원전 479)

4대 성인 중 한 사람으로 노나라 사람. 유교의 시조로서 중국 최초의 민간 사상가이자 교육자. 어머니는 아들을 얻기 위해 니구산尼丘山에 가서 신령님께 기도를 올리고 공자를 낳았다. 그런 까닭에 공자의 이름 구됴를 니구산의 구됴 자에서 따왔다고 하는데, 일설에는 그가 태어날 때 이마 가운데가 니구산처럼 골이 파여 있었기 때문에 이름을 구됴라고 지었다고도 한다. 어렸을 때부터 예禮에 뛰어났으며, 천하를 주유하며 인仁에 기초한 정치를 펼치려 했으나 실패하여 유가 경전을 정리·편찬하는 데 전념하고, 제자 양성에 힘썼다. 그 결과 3,000여 명의 제자들을 길러냈다. 공자의 사상을 담고 있는 《논어》는 그의 제자들이 스승이 죽은 후 편찬한 것이다.

나만큼 학문을 좋아하는 사람은 없을 것이다

공자

나는 상갓집 개와 같다

공자가 제자들과 함께 정나라에 갔을 때, 어떤 사람이 동문 성곽 위에 서서 골똘히 생각에 잠겨 있는 공자를 보고 자공에게 말했다.

"당신 스승의 옷차림이 아주 궁색해 보여 마치 상갓집 개와 같구려."

이 말을 들은 자공은 그에게 벌컥 화를 내고는 나중에 공자에게 그 이야기를 했다. 그러나 공자는 조금도 개의치 않고 도리어 빙그레 웃으며 말했다.

"나는 확실히 상갓집 개와 같다. 그의 말이 조금도 틀리지 않구나."

세계 4대 성인 중의 한 사람인 공자는 왜 스스로를 그토록 비하했을까? 상갓집 개란 '밥을 주는 사람은 있어도 돌아갈 집이 없다'는 뜻으로 천하를 떠돌아다니며 유세

밥은 먹어도 돌아갈 집이 없도다.

공자

하는 공자를 비유한 말이다. 사마천*도 자신의 저서 《사기》에서 공자를 '상갓집 개'라고 불렀다.

공자는 노나라의 산둥성 취푸에서 태어났다. 그의 아버지 숙량흘은 일찍이 노나라의 여자에게 장가가서 딸만 아홉을 두었다. 부인이 아들을 낳지 못하자, 숙량흘은 아들을 얻기 위해 첩을 얻어 아들 맹피를 낳았다. 그러나 그 아들은 다리가 불구였고 어려서 일찍 죽었다. 그러자 숙량흘은 64세가 넘은 나이에 다시 젊디 젊은 안씨의 셋째 딸 안징재에게 구혼을 하여 정식 결혼을 하지 않은 채 아들을 낳으니, 그가 바로 공자다.

숙량흘은 키가 10척이나 되고 힘이 장사인지라 공자의 외할아버지 안씨도 딸에게 결혼하기를 권유하면서 그의 늠름한 대장부의 기상이 부럽다고 말할 정도였다. 그의 무용담 가운데에는 노나라의 군대가 성안에 포위되려는 순간, 그가 위에서부터 내리 닫히는 성문을 두 손으로 떠받쳤다는 이야기가 있다.

공자는 아버지를 닮아 체구가 당당하고 키도 보통 사람보다 훨씬 컸다. 공자의 외모에 대한 여러 기록을 간추려보건대, 그의 외모가 뛰어났음은 사실인 것 같다.

"공자의 눈은 크고 길며 이마는 앞으로 높게 나와 황제*의 모습이요,

사마천(기원전 145~기원전 86) 중국 전한前漢 시대의 역사가. 부친의 임종 자리에서 역사를 기술하라는 유언을 받았다. 부친의 뒤를 이어 태사령(조정의 기록이나 천문을 담당)에 오른 사마천은 흉노에게 패한 이릉 장군을 변호하다가 무제의 분노를 사고, 궁형宮刑(남자의 성기를 자르는 형)에 처해졌다. 몇 년 후 사마천은 관직을 회복하고 역사 저술에 전념함으로써 《사기》 130권을 완성했다. 《사기》는 황제黃帝 때부터 한무제漢武帝 때에 이르기까지의 사건을 기록하고 있다.
황제黃帝 중국 전설상의 제왕. 염제 신농씨와 함께 중화민족의 조상으로 추앙받고 있다. 수레, 배, 궁실, 문자, 음률, 역법, 관직 등 여러 문명을 발명하고 창조한 인물로 전해진다.

팔은 길고 등은 거북의 모양이며 키는 아홉 자 여섯 치로 크다. 몸 둘레가 아홉 아름이나 되고, 앉으면 용이 서린 것 같고 일어서면 견우성牽牛星을 대하는 것 같다."

3세 때 아버지가 세상을 떠나, 공자는 어머니의 슬하에서 성장했다. 안징재는 남편을 시아버지가 살던 곳에 장사지내고 절기에 맞추어 집에서 정성껏 제사지냈다. 이를 항상 주의 깊게 보던 공자는 동네 아이들과 놀면서 제기祭器(제사지낼 때 쓰는 그릇)를 늘어놓고 제사지내는 흉내를 내곤 했다. 나이는 어렸으나 그의 태도는 늘 예禮를 갖춤으로써 매우 어른스럽게 보였다고 전한다.

청상과부가 된 어머니는 가난했으나 오직 아들 가르치는 것을 낙으로 삼았다. 물론 집이 가난한 탓에 공자가 정상적인 교육을 받지는 못한 것으로 짐작되나, 그 향학심만은 대단했던 모양이다. 공자 스스로 "십여 호밖에 안 되는 조그만 마을에 나만큼 성실한 사람은 있겠지만, 나만큼 학문을 좋아하는 사람은 없을 것이다"고 말했으니 말이다. 그는 본격적으로 학문에 뜻을 세운 15세 이전에 이미 학문에 열중했던 것으로 보인다.

공자는 생계를 위해 노나라의 3대부 가운데 하나인 계손씨* 집안에서 양곡을 관리해주었다. 이때 충실하게 일을 해주어 얼마 후에는 목장 관리인으로 승진했는데, 역시 가축이 잘 번식했다고 한다. 그러다가 주공을 제사지내는 태묘에서 조그마한 직책을 맡아보게 되었다. 공자는 매번 제사를 지낼 때마다 이것저것 묻기에 정신이 없었고, 사소한 절차 하나

계손씨 공자의 고향인 노나라는 공자가 살았던 춘추시대 말기에 맹손씨, 숙손씨, 계손씨의 삼분공실(권력을 셋으로 나눔)의 시기를 겪고 있었다. 왕권을 둘러싼 치열한 싸움 끝에 왕에 오른 노희공은 왕족의 후손인 공손오, 공손자, 계우를 각각 '맹손씨, 숙손씨, 계손씨'로 봉해 왕권 다툼을 멈추고 조정을 안정시키려 했다.

라도 그냥 흘려보내지 않았다. 이 때문에 어떤 사람은 공자를 비웃었다.

"누가 취푸의 이 청년이 예禮를 안다고 말하느냐? 만일 그가 예를 안다면 왜 태묘에 들어와 이것저것 묻는단 말인가?"

아내가 도망치다

공자는 19세 때 어머니의 권유로 노나라에서 사는 송나라 사람 계관씨의 딸과 결혼했다. 그러나 계씨가 남편의 까다로운 성미를 견디지 못하고 도망쳐버렸다는 설이 있다. 《논어》에 공자가 결혼한 지 1년 만에 아들을 낳았다는 기록 이외에는 아내에 대한 언급이 전혀 없고, 또 '여자는 소인배와 같다'느니 '다루기 어렵다'느니 하는 공자의 여성관으로 보아 이 설은 사실인 것 같다.

한편 노나라의 소공昭公이 공자의 득남 소식을 듣고 이를 축하하기 위해 다산多産의 상징인 잉어 두 마리를 선물로 보냈다. 공자는 감격하여 아들의 이름에 잉어의 뜻을 덧붙여 공니라고 불렀다. 그런데 말단 관리인 공자에게 왜 임금이 직접 선물을 보냈을까? 아마도 공자의 학식과 인품이 궁중에까지 알려졌기 때문일 것이다. 이 소문이 퍼지자 제자들이 모여들기 시작했다.

공자의 나이 24세에 어머니가 돌아가셨다. 공자는 관습에 따라 어머니의 시신을 아버지의 묘에 합장하려고 하지만, 묘가 어디 있는지 알 수 없었다. 할 수 없이 공자는 어머니의 관을 임시로 매장해놓고 아버지의 묘를 찾아 나섰다. 다행히 어떤 노파가 묘의 위치를 가르쳐주어 공자는 어머니를 아버지와 합장할 수 있었다.

애써 행하다

공자는 자기 집을 서당으로 삼아 사방에서 몰려드는 제자들을 가르쳤다. 젊을 때부터 시작한 이 교육 활동으로 수십 년 동안 무려 3,000명이 넘는 젊은이가 그의 서당을 거쳐 갔고, 그의 명성은 멀리 퍼져 나갔다. 하지만 정작 그가 고향의 관리가 되었을 때는 이미 그의 나이 50세였다.

이듬해에 노나라의 정공이 이웃 제나라와 화해 조약을 맺기 위해 길을 떠났다. 이때 공자는 만일의 경우를 대비해 무관들을 대동하라고 건의했다. 연회장에서 제나라의 내인內人들이 칼춤을 추며 정공의 주위로 몰려들자, 공자가 큰소리로 춤을 중지시켜 위기를 넘겼다. 이 일을 구실로 제나라에 빼앗겼던 땅을 모두 돌려받게 한 공을 세워 공자는 최고 재판관 자리인 대사구에 올랐다.

54세에 공자는 재상宰相의 실권을 겸하는데, 그때 난신亂臣인 대부 소정묘를 사형에 처해 그 시체를 3일 동안 백성들 앞에 구경시켰다. 그리하여 그가 재상의 실권을 잡은 지 3개월 만에 나라의 질서가 바로잡혔다.

공자는 무려 3,000여 명의 제자를 두었고, 몸소 실천하는 평등한 교육을 실천했다.

노나라가 나날이 융성하는 것을 질투어린 눈으로 바라보던 제나라 왕은 미녀 80여 명과 준마 120마리를 단장시켜서 정공에게 보냈다. 어리석은 정공은 여기에 빠져 날마다 춤과 노래로 세월을 보낼 뿐, 공자를 만나주지도 않았다.

공자는 더 이상 참지 못하고 끝내 사임했다. 공자는 가슴 가득히 미련을 품고 노나라를 떠났다. 제자 자로가 앞장서서 성문 밖을 나가자 문지기 한 사람이 의아해서 물었다.

"선생은 어디서 오는 길이오?"

자로가 대답했다.

"공자가 있는 곳에서 오는 길이오."

그러자 문지기는 큰소리로 말했다.

"아! 세상이 이미 글러버린 줄을 알면서도 애써 행하는 그 사람 말이오?"

하늘이 나를 죽이는구나

공자는 덕 있는 임금을 만나 어진 정치를 베풀게 함으로써 천하를 바로잡으려 했다. 그러나 끝내 그의 포부는 실현되지 못했다. 그는 56세에 모국인 노나라를 떠나 약 14년 동안 방랑했다. 그의 방랑 여정은 불행하고도 초라했을 뿐만 아니라, 몇 차례나 수난을 겪어야 했다. 생명의 위협을 느낄 정도로 박해를 당했는가 하면, 참을 수 없는 모욕을 당하기도 했다. 오랜 방랑 생활 끝에 고향으로 돌아온 공자는 예부터 전해오는 갖가지 문헌을 수집하고 이를 편찬하는 일에 몰두했다.

공자는 현실 정치에서는 실패했지만 교육과 학문에서는 놀라운 성과를 거두었다. 공자는 스스로의 말과 몸가짐 하나하나를 통해 제자들에게 모범을 보이는 일종의 시범식 교육 방법을 사용했는데, 제자들과 함께 생활했기 때문에 가능했다. 무엇보다도 공자는 일하지 않는 인간, 몸으로 실천하지 않는 인간을 가장 싫어했다. 그리하여 자신이 몸소 실천하고 난 후에 제자들에게 충고했다.

"내가 하루 종일 깊이 생각만 해보았지만 얻은 것이라고는 하나도 없었다. 그러니 너희는 정 할 일이 없거든 잡담이나 하지 말고, 장기바둑이라도 두어라."

어느 날 예禮의 객관적 형식을 존중한 제자 자하가 물었다.

"안연®은 사람됨이 어떻습니까?"

"안연의 어질고 의로움은 나보다 낫지."

"자공®은 어떻습니까?"

"나는 자공의 말재주를 따라갈 수가 없다."

"자로®는 어떤가요?"

"자로의 용기에는 내가 못 따라가지."

안연(기원전 521~기원전 490) 본명은 안회. 학덕이 높고 재질이 뛰어나 공자에게 가장 촉망받았던 제자. 성내거나 실수한 일이 없어 공자 다음가는 성인으로 받들어졌다. 민자건, 염백우, 중궁, 재아, 자공, 염유, 계로, 자유, 자하 등 공자의 뛰어난 재자를 일컫는 공문십철의 한 사람이다.
자공(기원전 520~기원전 456) 본명은 단목사. 공문십철의 한 사람으로 재아와 더불어 언어에 뛰어났다.
자로(기원전 543~기원전 480) 본명은 자유. 공자를 정성으로 섬겼으며, 위衛나라에서 벼슬하던 중 내란이 일어났을 때 전쟁 중에 죽었다. 정사政事에 뛰어났다고 전한다.

"자장*은 어떤지요?"

"자장의 장중함은 나보다 나아."

자하는 다 듣고 나서 어리둥절해져 일어나면서 물었다.

"그들이 다 선생님보다 나은데, 왜 모두 선생님께 머리를 조아리고 스승으로 삼고자 하는지요?"

공자가 말했다.

"앉아 보아라. 말해줄 테니. 안연은 인의를 말할 줄은 알지만 형편과 상황에 따라서 일을 융통성 있게 처리하는 변통을 모른다. 자공은 말은 잘하지만 겸손하지 않아. 자로는 용감하지만 물러날 줄을 모르지. 자장은 장중하지만 남과 어울리지 못해. 그들은 각각 장점을 가지고 있지만 단점도 있거든. 그래서 다 나를 선생으로 삼고 배우려는 게다."

공자 나이 68세에 하나뿐인 아들이 죽었다. 2년 후에는 제자 안연이 죽었다. 가장 사랑하고 아끼던 제자가 먼저 세상을 떠나자 그의 가슴은 찢어지는 듯했다. 살고 싶은 의욕마저 잃어버렸다. 공자는 평소에 안연을 도의 계승자로 지목하고 있었으니, 그의 죽음은 곧 대도大道의 말로를 상징했다. 공자는 자기 아들의 죽음보다 안연의 죽음을 더 슬퍼하며 땅을 치고 통곡했다.

"하늘이 나를 죽이는구나! 하늘이 나를 죽이는구나!"

다음 해에는 재아*가 제나라에서 피살되었고, 그 다음 해에는 그를 가장 믿고 따르던 자로마저 전쟁의 제물이 되고 말았다. 자로는 위나라에서 무참히 살해되었고, 그 시체는 젓으로 담겨져 공자에게 보내졌다.

자장 본명은 공야장. 공자가 아끼던 제자로 공자의 사위가 되었다.
재아 본명은 재여, 자는 자아. 화술이 뛰어나고 외교 방면에 뛰어난 재능이 있었다. 하지만 성품이 게을러서 공자에게 꾸중을 많이 들었다.

그는 마치 양팔을 잘린 듯 몸부림쳤다.

"하늘은 내가 빨리 죽기를 재촉하는구나! 하늘은 내가 빨리 죽기를 재촉하는구나!"

죽음을 몇 달 앞둔 어느 날, 공자는 자공에게 말했다.

"나는 다시 말하고 싶지 않다."

"선생님께서 아무 말씀도 하지 않으신다면 저희들은 무엇을 전하겠습니까?"

"저 하늘이 무슨 말을 하는가? 그래도 사계절이 운행하고 만물이 생장한다."

자공은 이 말을 듣고 공자의 마음이 예전 같지 않음을 알았다. 자신이 이 세상에서 사라진다 해도 아무런 변화가 없을 것이라는 이 자조 섞인 말은 세상살이에 지친 그의 심중을 잘 대변해주고 있다.

성인으로 추앙받다

얼마 후, 때는 화창한 봄이 오기 직전이었다. 이날도 자공은 아침 일찍이 공자에게 문안드리러 갔다. 공자는 지팡이를 들고 문 앞에서 산책 중이었는데, 탄식하면서 노래를 불렀다.

"태산이 무너지는구나. 대들보도 부러지는구나. 철인哲人마저 시들어버리는구나!"

그러고 나서 눈물을 줄줄 흘렸다. 자공이 급히 방으로 모시고 들어가 자리에 눕혔으나 공자는 그날부터 의식을 잃었다. 결국 7일 만에 여러 제자들의 비통 속에서 공자는 세상을 떠났다. 그의 나이 73세였다.

장례식은 장엄했고, 제왕의 장례식이 부럽지 않을 정도였다. 고향인 산둥성 취푸에 있는 쓰수이 강가에 공자를 장사지냈는데, 이곳으로 제자들이 모여들어 3년 동안 산소 곁에 여막을 짓고 거처했다. 자공은 6년 동안 그곳에서 살았다.

그 후 그곳에 100여 호의 가족이 모여 살아 마을 이름을 공리孔里라 불렀다고 전한다. 공자가 거처하던 집에는 그가 생전에 쓰던 옷, 관冠, 거문고, 수레, 책들을 비치했으니 이것이 오늘날의 공묘다. 공자의 위패位牌와 신주神主를 모신 사당인 공묘를 문묘文廟라고도 하는데, 계속 넓혀나감으로써 지금은 중국 최대의 건물이 되었다.

공자는 죽은 후 성인으로 추앙되었고, 그 명예는 2,000년이나 계속 이어졌다. 그를 기념하는 사원이 곳곳에 세워졌고, 12세기 초에는 신으로까지 추대되었다. 단순한 인간이기를 원했으며 스스로 성인이 될 수 없다고 말했던 그가 결국 신격화된 것이다.

공자는 《논어》에서 결코 완벽한 인간으로 등장하지 않는다. 그는 제자의 항의에 쩔쩔매며 변명하는 스승이었고, 낮잠을 잔 제자에게는 '더이상 손댈 곳도 없는 인간'이라며 화를 내기도 했다. 제자 안연이 죽었을 때는 자기가 그토록 강조한 예법을 어기고 소리내어 통곡하던 사람이다. 때로는 자기 자랑을 늘어놓기도 했다.

상복 입는 기간을 1년으로 줄이자고 한 제자에게 '네 마음이 편하다면 그렇게 해도 되겠지'라고 해놓고, 그 제자가 나간 뒤에 다른 제자들에게 그를 비난하기도 한 사람이었다. 관청에 나가 일할 때는 윗사람에게 온순하고 아랫사람에게 엄격한, 다중인격자의 모습을 연출하기도 했다. 입맛은 까다로운 편

공자의 삼년상을 모시는 제자들

이었고, 술은 아무리 마셔도 정신이 혼란해지지 않았다. 옷의 색상과 품위에도 세심한 주위를 기울였고, 작업복으로 오른쪽 소매가 짧은 옷을 직접 만들어 입었다고 한다.

1919년 5·4운동[*] 이후의 신문화운동에서는 유교 사상을 봉건사상의 찌꺼기로 보는 등 공자에 대한 인식이 달라지기도 했다. 아편전쟁[*] 이후 식민지가 되어버린 중국의 현실을 놓고 '유교가 중화민족을 망쳤다!'는 탄식이나 '공자교를 쳐부수자!'는 외침도 있었다. 그러나 그의 사상은 오랜 세월을 두고 중국뿐만 아니라 동양, 더 나아가 전 세계에 압도적인 영향을 끼치고 있다.

5·4운동 베이징의 대학생을 중심으로 일어난 반제국주의·반봉건주의 혁명운동. 국산품 장려와 일본 상품의 불매 등을 외쳤다. 러시아혁명과 3·1운동의 영향을 받았다는 견해도 있다.
아편전쟁 19세기 중엽 서구 열강이 상품 시장을 확보하기 위해 중국과 벌인 두 차례의 전쟁. 제1차 중·영전쟁의 빌미가 된 것은 아편 문제였으므로 보통 이를 아편전쟁이라 부르며, 제2차 전쟁은 애로호사건이라 부른다.

철 학
속으로

공자는 유교의 기본 가치관인 인·의·예·충을 가르치며, 춘추시대의 혼란기에 봉건적인 예禮의 질서를 인仁의 기초 위에 다시 세우려고 했다. 흔히 석가모니는 자비를, 예수는 사랑을, 소크라테스는 진리를, 공자는 인을 강조했다고 말한다. 그렇다면 과연 인이란 무엇인가?

첫째, 인이란 인간 중심의 사상이다. 즉, 인이란 모든 일의 주체인 인간으로 하여금 인간다운 인간이 되게 하려는 휴머니즘이다. 둘째, 인은 진실함과 성실성에 그 바탕을 두어야 한다. 셋째, 인의 경지는 끊임없는 자기 노력으로 달성된다. 인이란 욕망에 빠지기 쉬운 자기 자신을 극복하고 예절로 돌아가는 것, 즉 극기복례克己復禮다. 욕정에 빠진 육신을 죽이고 인을 이루기 위해서는 즉, 살신성인殺身成仁하기 위해서는 끊임없는 노력이 필요하다. 공자는 학식과 덕행을 겸비하고 극기복례와 살신성인을 이룩한 사람을 군자君子라 부르고, 그 자신과 제자들의 교육목표로 삼았다.

그러나 진정한 의미에서 인이란 한 사람의 도덕적 완성만으로 이루어지는 것이 아니다. 모든 인간들의 인을 모아 커다란 인, 대동인大同仁을 이룩하는 것이 유교의 궁극적인 목표다. 공자는 그것을 실현하기 위한 방법으로 올바른 통치자의 등장을 기대했다. 공자는 수신제가치국평천하修身齊家治國平天下의 과정을 거친 통치자가 나와 백성의 마음을 얻어야 하는데, 그러기 위해서는 모름지기 백성이 좋아하는 것을 좋아하고, 백성이 싫어하는 것을 싫어하지 않으면 안 된다. 그리고 한 나라에 진정으로 도덕 정치가 이루어지기 위해서는 임금과 신하, 윗사람과 아랫사람이 각각 자기의 맡은 바 책임을 다해야 한다. 임금은 임금답게, 신하는 신하답게, 아버지는 아버지답게, 아들은 아들답게 행동해야 한다(君君臣臣父父子子)

공자는 지식과 덕을 갖춘 엘리트(군자)가 현실 정치에 참여함으로써 제후국의 정치 현실을 안에서부터 개혁하고 나라의 기초를 튼튼히 하며, 또한 백성들의 복리를 증진시켜주기를 바랐다. 그가 이상으로 삼은 인간은 결코 현실 도피적이거나 금욕주의적인 성인이 아니고, 세계와 사회 속으로 파고 들어가서 모든 일에 절도를 지킬 줄 아는 명석한 판단력의 소유자, 즉 현자였다. 그의 언행을 전하는 《논어》에 따르면, 그는 유덕한 군자이자 좋은 교사였다. 그러나 후세에는 국가적, 교파적인 존경의 필요성에 따라 권위적 존재로 탈바꿈되고 말았다.

소크라테스(기원전 470~기원전 399)

그리스의 철학자이자 아테네 시민. 문답을 통해 사람의 무지를 깨닫게 한 것으로 유명하다. 돈을 받고 지식을 파는 소피스트로 인해 혼란해진 아테네에는 새로운 스승이 절실히 필요했는데, 그가 바로 소크라테스였다. 그러나 그를 시기하던 자들은 소크라테스가 신을 모독하고 청년을 타락시켰다며 사형에 처했다. 도망치라는 주변 사람의 권유에도 '악법도 법이다'며 독배를 마신다. 소크라테스의 별명은 '아테네의 등에'였다. 소나 말 등의 피를 빨아먹는 등에가 끊임없이 소를 괴롭혀서 움직이게 만드는 것처럼, 소크라테스 역시 살찌고 게을러빠진 아테네인들에게 끊임없이 질문하고 생각하도록 귀찮게 했다는 의미에서 붙여진 이름이다. 악처의 대명사 크산티페가 없었다면 그는 세계 4대 성인의 반열에 들지 못했을지도 모른다.

나는 아테네의 양심이다
소크라테스

완벽한 추남 철학자의 탄생

소크라테스는 페르시아전쟁*에서 그리스가 승리하고 그 수도인 아테네가 서서히 세력을 떨쳐 나가던 시기에 태어났다. 소크라테스의 아버지는 당시에는 활발했던 아테네의 여러 석조 건물 계획에도 참여한 중견 조각가였고, 어머니는 산파였다. 소크라테스는 자기 어머니의 직업을 빗대어 자신의 교육 방법을 산파술이라 이름 붙였다. 산파는 산모가 아이를 낳을 때 옆에서 도와주는 구실만 하는 존재지, 산모 대신에 아이를 낳아줄 수는 없다. 즉, 진리는 배우는 사람이 산출해내는 것이지, 스승이 대신하여 낳아줄 수는 없다는 의미로 사용되었다.

소크라테스의 외모는 크고 둥근 얼굴에 벗어진 이마, 툭 불거진 눈, 뭉툭한 코, 두툼한 입술, 땅딸막한 키, 불거진 배, 오리걸음같이 뒤뚱거리는 걸음걸이 등 전체적으로 보아 추남에 가까웠다. 그러나 신체는 건강한 편이어서 추위나 더위에 대단한 인내력을 발휘했다. 플라톤은 스승인 소크라테스가 밤새워 술을 마시고도 끄떡없었다고 말했다. 그는 대담성도 갖추고 있어 세 번의 전쟁에 참가하여 용맹을 떨쳤다.

그러나 소크라테스는 아버지가 종사하던 직업이나 가족을 등한히 하고 후진 양성에만 전념했다. 가난했던 그는 누추한 옷차림으로 아테네 거리에서 만나는 모든 사람과 대화를 하고자 했다. 그의 뒤에는 항상 많은 제자가 따랐으며, 그중에는 상류사회 출신도 많이 끼여 있었다. 소크라테스는 보수 없이 이들을 가르쳤고, 기껏해야 저녁 한 끼로 만족했다. 특별한 수입도 없으면서 돈을 받지 않고 사람들을 가르쳤는데, 소크라테스가 어떻게 생계를 꾸려나갔는지 알 수 없다.

악처 크산티페, 세계 4대 성인을 만들다

소크라테스가 철학자들 중에서 유명하다면, 크산티페는 철학자의 아내 중에서 유명하다. 사람들은 크산티페가 남편 때문에 유명해졌다고 하지만, 오히려 그 반대일 수도 있다. 아내 크산티페가 없었다면 소크라테스는 유명한 철학자가 될 수 없었을지도 모르기 때문이다.

그녀는 남편이 철학자라는 직업을 갖지 못하게 하려고 온갖 방법을 동원했다. 집에서 지옥을 방불케 할 정도로 남편을 못살게 굴었다. 그녀는 소크라테스가 친구들과 철학적 담화를 나누려는 것조차 못마땅하게 여겼다. 하루는 소크라테스가 집에서 제자들과 강론 중이었는데, 아내

페르시아전쟁 인류 역사상 최장거리 42.195킬로미터를 달리는 마라톤 경기가 생겨나게 했다. 기원전 492년 페르시아의 다리우스 1세가 세 차례에 걸쳐 그리스 본토를 침략하여 일어난 전쟁이다. 마라톤 평원에서 펼쳐진 전쟁에서 연합군이 승리하자, 아테네의 한 병사가 약 42킬로미터의 거리를 단숨에 달려 아테네 시민들에게 '우리 군대가 이겼다'는 한마디 말을 남기고 숨을 거두었다. 이 병사의 넋을 기리기 위해 마라톤 경기가 만들어졌다.

가 잔소리를 했다. 그가 들은 척 만 척하자 크산티페는 큰소리로 욕을 하고 물을 퍼부었다. 그런데도 소크라테스는 태연히 "천둥이 친 다음에는 소나기가 오는 법이지!"라고 말했다.

크산티페는 심지어 남편을 뒤쫓아가 시장 한복판에서 옷을 마구 잡아당겨 찢어놓기도 했다. 이런 모습을 보며 소크라테스의 친구들은 크산티페를 가장 견뎌내기 힘든 아내라고 비난했다. 정작 소크라테스는 그런 아내를 잘도 참아냈다. 어떤 사람이 "당신은 아내

크산티페는 악처로 유명하지만, 사실 크산티페가 없었다면 소크라테스는 세계 4대 성인의 반열에 오르지 못했을지도 모른다.

의 잔소리를 어떻게 견뎌냅니까?" 하고 묻자, 그는 "물레방아 돌아가는 소리도 귀에 익으면 괴로울 것이 없지요!" 하고 대답했다고 한다.

소크라테스가 악처와의 생활에 나름대로의 장점이 있다고, 즉 '크산티페를 잘 견뎌내면 다른 사람들과는 쉽게 어울릴 수 있다'고 생각한 건 아닐까 하는 추측을 해보았다. 아닌 게 아니라 크산티페가 못살게 굴면 굴수록 소크라테스는 서둘러 불화가 끊이지 않는 집을 나와 철학적 담화로 빠져들었다. 이리하여 소크라테스는 비로소 소크라테스가 될 수 있었다. 만일 그가 서재에만 파묻혀 지냈더라면 결코 그 유명한 소크라테스가 되지는 못했을 것이다.

결국 일의 결과는 크산티페의 의도와는 정반대가 되어버렸다. 남편이 철학을 하지 못하도록 방해하려고 한 행동이 오히려 철학에 심취하여 매진하도록 도와준 셈이 된 것이다. 한 제자가 결혼을 하는 게 좋은지 하지 않는 게 좋은지 묻자, 소크라테스는 "결혼을 하게. 온순한 아내를

얻으면 행복할 것이고, 사나운 아내를 얻으면 철학자가 될 테니!"라고 대답했다.

그럼 도대체 소크라테스는 집 밖에서 무엇을 했을까? 그는 시장이나 경기장 등을 돌아다니면서 사람들과 아무 쓸모없는 대화나 나누고 다녔다. 지독한 게으름뱅이였던 그에게 크산티페가 화를 낸 것은 오히려 당연한 일일 것이다. 물론 때때로 돈을 벌어서 가정 살림에 보탬을 주기도 했겠지만, 그런 일은 극히 드물었다.

소크라테스는 물질에 대한 아무런 욕심 없이 자신의 처지에 만족할 수 있었을지도 모른다. 그러나 크산티페에게마저 그것을 기대할 수는 없는 노릇 아니겠는가. 애를 셋이나 둔 나이 어린 아내 크산티페가 무능한 가장을 들볶았으리라고 상상하는 것은 오히려 자연스러운 일이다. 크산티페가 후처였다는 설도 전해지지만 확실하지 않으며, 소크라테스가 사형당할 때에 두 아들이 어렸던 것으로 보아 늙은 소크라테스와 결혼한 듯하다. 악처의 노릇에 대해서도 후세 사람들의 과장이 심하다는 평이 있다.

고대 그리스 최대의 희극 작가 아리스토파네스가 무대에 선 소크라테스를 맨발로 묘사했던 것 역시 그에게는 신발을 사 신을 여유조차 없었기 때문이다. 또 아리스토파네스는 희극 《구름》에서 소크라테스를 도마 위에 올려놓고 그의 신식 교육을 비난하기도 했다.

너 자신을 알라

아테네에서 소크라테스는 이미 어느 정도 잘 알려져 있는 학자였지만, 소크라테스가 철학자로서의 본모습을 드러내기 시작한 것은 생각보다 꽤 뒷날이었던 것 같다. 소크라테스가 40세 때 그의 친구이자 제자였던 카이레폰이 델포이 신전에 가서 "아테네에서 가장 현명한 사람이 누구입니까?" 하고 아폴로 신에게 물었다. 신전의 무녀는 "소포클레스는 현명하다. 에우리피데스는 더욱 현명하다. 그러나 소크라테스는 모든 사람 중에서 가장 현명하다"고 대답했다.

소크라테스가 모든 사람 중에 가장 현명하다고 말한 델포이 신전

카이레폰은 이 신탁을 듣고 몹시 기뻐서 즉시 소크라테스에게 전했다. 그러나 이를 전해들은 소크라테스는 크게 놀랐다. 그 스스로 무지하다는 것을 잘 알고 있기 때문이다. 그는 이 신탁을 확인하려고 자타가 현명하다고 공인하는 사람들을 찾아가서 여러 가지를 물어보았다. 그런데 그 사람들은 참된 지혜를 알지 못하면서도 아는 것처럼 자만했다. 그들은 스스로 무지하다는 사실조차도 모르고 있던 것이다.

결국 평소에 신전의 비문碑文인 'Gnothi Seauton(너를 알라)'을 외고 다녔던 소크라테스야말로 그들보다 적어도 한 가지 사실(자신이 무지하다는 사실)을 더 알고 있었다는 말이 되고, 바로 이것이 소크라테스가 가장 현명한 아테네인이라는 신탁을 받은 이유였다. '너 자신을 알라!'는 유명한 교훈은 이렇게 해서 우리에게까지 전해오는 것이다.

이런 저런 이유로 소크라테스의 지혜와 덕망은 점차 널리 알려졌다. 이에 대해 그의 제자 알키비아데스는 이렇게 술회하고 있다.

"페리클레스*의 웅변을 들어도 감동하는 일이 극히 드물었지만, 소크라테스의 말을 듣는 사람은 남녀노소를 막론하고 감동하지 않는 사람이 없었다. 특히 나는 심장이 뒤흔들리고 눈물이 마구 쏟아져 나오며, 노예

같은 상태에 빠졌다."

또 에우클레이데스(영어 이름 유클리드)는 메가라* 사람으로 일찍부터 철학 공부를 했는데, 소크라테스의 강연을 듣고 나서 열렬히 그를 따랐다. 그때 아테네와 메가라 사이에 불화가 생겨 메가라 사람이 아테네에 들어오면 무기징역에 처한다는 법령이 만들어졌는데도, 그는 여자로 변장하고 아테네로 숨어 들어왔다.

사형 선고 VS 벌금 1므나

그러나 아테네는 패망의 길로 접어들기 시작했다. 펠로폰네소스전쟁*에서 승리를 거둔 스파르타는 아테네에 친스파르타 인사와 반민주주의자 30명으로 구성된 과두 체제를 세워 공포정치를 실시했다. 소크라테스는 이 위원회에 끌려가 교육을 그만두라는 명령을 받지만 자신의 교육 방식을 고수하며 교육을 계속했다. 주변에서는 그가 머지않아 처형되리라고 걱정했으나 그 자신은 아무렇지 않게 여겼다. 그의 태도가 확

페리클레스(기원전 495?~기원전 429) 아테네의 탁월한 정치가. 아크로폴리스(델로스동맹의 보물 창고인 파르테논신전이 유명함)를 건설한 것도 그의 공적이다.
메가라 그리스 아티카 주 안쪽의 사로니코스 만을 끼고 있는 지역. 아테네에 살라미스 섬을 빼앗겼으며 강제로 아테네의 방어 원조를 받아들여야 했다. 이곳에서 태어난 소피스트 철학자 에우클레이데스가 메가라학파를 창설했다.
펠로폰네소스전쟁 페르시아 전쟁 이후, 아테네를 중심으로 델로스동맹이 맺어졌다. 그런데 스파르타가 중심이 되어 아테네에 반대하여 이 전쟁이 시작되었다. 결국 양 진영으로 나뉘어져 30년 동안 전쟁을 치렀다. 이 전쟁에서 스파르타가 승리하긴 했으나 에너지를 소진한 그리스의 도시국가들은 이후 차츰차츰 몰락해갔다.

고부동한 데는 나름대로 믿는 구석이 있었기 때문이다. 과두파 인물 중에 그의 제자와 플라톤의 큰아버지가 있었던 것이다.

그러나 과두정치가 8개월 만에 무너지고 다시 민주제로 바뀌자 소크라테스는 정치적 기반을 상실했다. 아테네 역사상 최전성기를 구가한 정치가 페리클레스가 죽은 뒤 아테네를 지배한 부정한 야심가들에게는 모든 진리의 기초를 도덕에 둔 소크라테스 같은 인물은 매우 위험할 수밖에 없었다. 그들은 결국 소크라테스를 희생양으로 삼기 위해 음모를 꾸몄다. 그들은 소크라테스가 '첫째 청년을 부패하게 했고, 둘째 나라에서 인정하는 신을 섬기지 않고 다른 신을 믿는다'는 얼토당토않은 이유로 고소했다. 원고 쪽에서 고소 이유서를 낭독한 직후, 소크라테스의 변론이 시작되었다.

그는 변호인의 도움을 받지 않고 직접 배심원들 앞에서 자신을 변호했다. 그는 자신이야말로 참되게 청년들을 교육하는 '아테네의 양심'이라고 말하고, 폴리스의 신들을 믿지 않았다는 비난은 중상모략이라고 주장했다. 재판관들이 생각할 때 그가 하는 말은 피고가 하는 말이 아니었고, 그의 모습은 피고를 나무라는 검사와 흡사했다. 그러니 듣는 사람으로서는 그의 태도가 위압적으로 느껴졌고, 조롱받는 기분이 들 정도였다.

당시에는 30세 이상의 아테네 시민으로 나라에 빚이 없으면 누구나 배심원을 지망할 수 있었고, 그 지망자가 많을 때에는 재판하는 날 추첨으로 500명을 뽑았다. 이들이 먼저 유죄냐 무죄냐에 대해 투표를 하는데, 소크라테스는 유죄 280표, 무죄 220표로 예상보다 적은 표차로 유죄 판결을 받았다.

이제 마지막으로 형량을 결정하는 일만 남았다. 원고 쪽에서 요구한 형량은 사형이었다. 반면에 소크라테스가 요청한 형량은 재판관을 조롱이나 하듯 벌금 단 1므나(당시 아테네의 화폐단위. 프로타고라스가 자기의 수업료로 100므나를 요구했다는 기록이 있는 것을 보면 1므나는 적은 금액인 것 같다)에 불과했다(크리톤과 플라톤 등이 부탁한 끝에 30므나로 늘어나긴 했지만)

소크라테스의 제청은 그를 무죄로 판결한 재판관들의 심기까지 건드렸기 때문에, 360대 140이라는 커다란 표차로 사형을 선고받고야 만다.

"내가 정당하게 사형되기를 원하시오?"

아테네 법률에 따르면 사형선고를 받은 사람은 24시간 안에 처형을 받게 되어 있다. 그러나 마침 델로스 섬*에 있는 아폴론 신에게 감사의 제물을 바치러 떠난 배가 돌아오지 않았기 때문에, 소크라테스의 사형 집행은 연기되었다. 소크라테스는 사면 신청도 하지 않고 날짜만 기다렸다. 한 달 후에 배가 돌아왔는데, 배가 들어오는 날 아침 일찍 아내 크산티페가 감옥으로 찾아왔다. 그녀는 남편에게 부당하게 사형되는 거라며 마지막으로 탈출을 권유했다. 소크라테스는 뭐라고 대답했을까? 소크라테스의 반문은 그야말로 황당한 것이었다.

"그러면 당신은 내가 정당하게 사형되기를 원하시오?"

그날 아침 소크라테스의 아내 외에도 친구와 제자들이 감옥에 모였다. 어렸을 때부터 죽마고우였던 크리톤은 "돈은 얼마가 들든지 관리들

델로스 섬 에게 바다의 그리스령 키클라데스 제도의 가장 작은 섬. 제우스의 연인 레토가 헤라의 질투를 피해 출산할 곳을 찾아 헤매다가 이곳에서 아폴론과 아르테미스를 낳았다. 이 때문에 고대 그리스인들은 이곳을 신성한 곳으로 여겨 아폴론 숭배의 중심지로 만들었다.

소크라테스가 최후를 맞이한
감옥

을 매수할 테니 탈출하게나"라고 권유했다. 그러자 소크라테스는 "이제
까지 나는 아테네 시민으로서 아테네 법이 시민에게 주는 특권과 자유
를 누려왔네. 그런데 그 법이 이제 내게 불리해졌다고 하여 그 법을 지
키지 않는 것은 비겁하지 않은가?" 하며 단호히 거절했다. 소크라테스
의 그 유명한 명언 '악법도 법이다!'는 이 대목에서 나온 것이다.

사형집행 시간은 해가 지는 때로 정해져 있었으나 소크라테스는 크리
톤에게 독주를 빨리 가져오도록 재촉했다. 크리톤이 마지못해 눈짓을
하자 사환이 나가 간수와 함께 독주를 들고 들어왔다. 간수는 약을 다
마시고 다리가 무거워지면 침대에 누우라고 했다. 소크라테스가 신에게
한 방울 떨어뜨려도 되겠냐고 묻자, 간수는 안 된다고 대답했다.

소크라테스는 조용하고 침착하게, 조금도 떨거나 얼굴빛이 변하는 기
색도 없이 독이 든 약을 다 마셨다. 울지 않으려고 겨우 참고 있던 제자
들은 이 모습을 보고 더는 눈물을 참을 수가 없었다. 점차 감옥 안은 높
고 낮은 울음소리로 가득 찼다. 소크라테스는 조용히 있다가 "사람은 마
땅히 조용히 죽어야 하네"라고 말했다. 그는 감옥 안을 거닐다가 반듯이
드러누웠다. 하반신이 거의 다 식었을 때에 소크라테스는 얼굴에 가렸
던 천을 제치고 크리톤에게 말했다. "아스클레피오스*에게 닭을 한 마

리 빚졌으니 꼭 갚아주게." 크리톤이 다른 할 말이 없냐고 물었지만 소크라테스는 아무 대답이 없었다.

야스퍼스가 말했듯이, 소크라테스에게 죽음은 비극이 아니었다. 그는 죽음을 초월하고 있었다. 절대적 진리와 정의로 향한 그의 정신 앞에 죽음은 결코 장애물이 될 수 없었다. 그는 살과 피를 가지고 사람의 모습을 한, 철학 그 자체다. 소크라테스는 아무런 저서도 남기지 않아 그 사상의 핵심이 잘 알려져 있지 않다. 그런데도 인류 역사에 커다란 발자취를 남긴 것은 그의 독특한 인품과 더불어 그 죽음이 일으키는 추념의 마음에 기인한 것이 아닐까?

철 학 속으로

소피스트들이 상대주의적이고도 회의주의적인 태도에 머물렀던 데 대해, 소크라테스는 진리와 도덕에 대한 객관적이고도 절대적인 가치 기준을 확신했다. 그리고 이것을 논리적인 방법으로 설파했다. 그는 현실 세계에서 직접 응용할 수 있는 처세술보다는 인간의 본질과 정의로운 행위를 규명하는 데 온갖 노력을 다했다. 윤리학에서도 행복주의에 머물기보다는 순수한 이상을 추구했다.

아스클레피오스 의약의 신 이름. 당시에는 누구든지 병에 걸렸다가 나으면 감사의 뜻으로 닭한 마리를 바치는 풍습이 있었다. 그러므로 소크라테스의 마지막 말은 자기가 모든 병에서 다 나았다는 의미가 아닐까 생각된다.

이 때문에 소크라테스는 당시 부패하고 타락한 정치인들과 아테네 시민들과 갈등이 있었다. 소크라테스는 인간 행위의 진정한 주체는 스스로의 영혼(자아)인데도 아테네 시민들이 자기의 소유물, 예컨대 명예와 재산과 육체 등에 자신의 영혼을 종속시키고 있다고 보았으며, 여기에서 아테네의 정치적·도덕적 부패가 일어난다고 주장했다. 그리하여 '너 자신을 알라!'는 경구를 통해 시민에게 스스로의 존엄성을 자각시키고 시민의 도덕의식을 개혁하려고 했다. 그러나 여러 가지 불리한 정치적 환경으로 결국 사형에 처해졌다.

소크라테스는 무지의 역설Irony을 말하고, 독특한 '문답법'을 통해 덕의 본질을 탐구하고자 했다. 소크라테스 이후의 철학은 외적인 자연에서 인간의 내면적인 영혼(자아)으로 방향을 전환한다. 어떻든 그를 4대 성인의 반열에 올려놓고 기꺼이 철인哲人(단순히 철학을 공부하고 가르치는 사람을 철학자哲學者라 한다면, 자신의 철학을 확립하고 그 철학에 따라 살고 또 그 철학에 따라 죽을 수 있는 사람을 말한다)으로 호칭하도록 하는 것은 진리에 대한 무한한 사랑과 삶에 대한 그의 진지한 자세에서 비롯된 것이라고 생각한다.

플라톤(기원전 427?~기원전 347?)

그리스의 철학자. 아테네의 귀족. 소크라테스의 제자이자 아리스토텔레스의 스승. 아카데메이아의 설립자. 아테네의 명문 집안에서 태어난 플라톤은 정치가의 길을 예약해둔 것이나 다름없었다. 그러나 소크라테스를 알게 되어 철학자의 길로 들어섰다. 육체나 물질보다 영혼과 정신을 존중하는 피타고라스학파와 소크라테스의 관념론적 경향을 발전시켜 영육이원론의 입장을 취했다. 데모크리토스의 유물론 철학에 대립하는 거대한 관념론 철학을 창시했다. 그의 사상 중 이데아론과 상기설이 가장 유명하다. 시라쿠사의 참주 디오니시우스 1세에게 전제군주를 비난하는 말을 하여 노예시장에 팔리기도 했다. 철인왕 사상을 주장했으며, 개인보다는 국가를 강조하여 비판을 받기도 했다.

철학자가 왕이 되든지
왕이 철학을 공부해야 한다
플라톤

소크라테스의 제자가 되다

플라톤의 아버지는 아테네 세습 왕정의 마지막 왕인 코드로스의 후예였고, 어머니는 과두 정권의 우두머리인 크리티아스의 사촌 여동생이자 정치가 카르미데스의 친여동생이었다. 플라톤의 어머니는 남편이 죽자 최고 통치자 페리클레스와 친분이 두터웠던 피릴람페스와 재혼했다. 이처럼 플라톤은 아테네의 명문 집안에서 태어나 어려서부터 명문가 태생다운 교육을 받으면서 야망에 찬 젊은이로 자라났다.

이 무렵의 교육은 읽고, 쓰고, 셈하고, 노래하고, 운동하는 것이었다. 플라톤도 소년 시절에 이런 교육을 받았으며 체육 방면에서도 상당한 훈련을 받았다. 당시 플라톤을 가르쳤던 체육 교사는 플라톤의 체격이 좋고 이마가 넓어 '넓고 평평하다'는 뜻으로 '플라톤'이라 불렀는데, 이것이 결국 그의 이름이 되었다. 그는 그림 공부도 했으며, 서정시와 비극을 썼다고도 전한다. 플라톤은 당시 최악의 사건인 펠로폰네소스전쟁의 소용돌이 속에서 태어나고 성장했다.

당시 명문가 출신의 젊은이들이 그랬던 것과 마찬가지로, 정치가가 되는 것은 이미 정해진 플라톤의 장래였다. 그런 그가 철학을 일생의 과업으로 선택하게 된 것은 무엇보다도 소크라테스를 알게 되었기 때문이다. 그는 20세 때, 디오니소스 극장의 비극 경연 대회에 나갔다가 극장 앞에서 소크라테스의 강연을 듣게 되는데, 큰 감명을 받아 "제게는 이제 당신이 필요합니다"라고 하며 즉시 가지고 있던 비극 대본을 불태워버렸다.

플라톤은 소크라테스의 고상하면서도 겸허한 인품에 매료되어 소크라테스가 죽을 때까지 그를 스승으로 섬겼다. 그는 항상 "나는 야만인으로 태어나지 않고 그리스인으로 태어난 것, 노예로 태어나지 않고 자유인으로 태어난 것, 여자로 태어나지 않고 남자로 태어난 것, 특히 소크라테스 시대에 태어난 것을 신에게 감사한다"고 말했다. 그러니 부당한 판결을 받고 죽음에 이른 스승의 죽음은 큰 충격일 수밖에 없었다. 아테네인들은 젊은이들을 건전하게 만들려는 일념으로 자신과 가족의 안일을 버린 저 불세출不世出의 철인 소크라테스에게 보답은커녕 오히려 엉뚱한 죄목을 씌워 처형시킨 것이다. 이 때문에 플라톤은 민주주의를 경멸하게 되었고, 정치가가 되려는 자신의 꿈마저 깨끗이 단념했다. 대신 스승의 가르침을 정리하고 체계화하여 후세에 전하기로 결심했다.

유럽 최초의 대학 아카데메이아

소크라테스를 구출하려는 플라톤의 노력은 민주파 지도자들의 의심을 사게 되었다. 결국 소크라테스의 처형 직후에 위험을 느낀 플라톤은 몇몇 사람들과 함께 메가라로 도망가서 얼마간 은신했다. 그 후 이탈리아와 이집트 등지로 여행을 하고 아테네로 돌아왔다.

40세 무렵에 에트나 화산의 분화구를 구경하러 갔다가 시라쿠사의 참주 디오니시우스 1세의 왕궁을 방문했다. 왕이 플라톤에게 전제군주에 대해 어떻게 생각하는지, 용감한 사람만이 전제군주가 될 수 있는 것이 아니냐고 묻자, 플라톤은 이렇게 대답했다.

"전제군주는 비겁한 자 중에서도 가장 비겁한 자입니다. 왜냐하면 그는 목숨 두려워하기를 이발사의 면도칼을 두려워하는 자처럼 구니까요."

이에 격분한 왕은 플라톤의 말이 늙은이의 잠꼬대 같다며 그를 죽이려고 달려들었다. 왕의 처남 디온이 말려 플라톤은 간신히 목숨을 건졌지만, 스파르타에서 온 사절단의 손에 넘어갔다. 그들은 다시 플라톤을 노예시장에 팔았다. 이때 안니케리스(쾌락주의를 주장한 키레네학파의 학자)라는 돈 많은 상인이 그의 몸값 20므나를 치러줌으로써 겨우 석방되었다.

플라톤이 아테네로 돌아온 후, 그의 동료들이 돈을 모아 빚을 갚으려 했다. 그러나 안니케리스는 "당신들만이 철학자를 진정으로 사랑하는 것은 아니다"라고 말하며 끝내 받지 않았다. 플라톤은 그 돈으로 영웅 아카데모스(그리스신화에 나오는 아테네의 영웅. 헬레네의 소재지를 알려줌으로써 아테네를 전쟁의 참화로부터 구출함)에게 헌당한 체육관 부근에 학원을 설립했다. 유럽 최초의 대학 '아카데메이아'는 이렇게 철학자 한 사람을 판 돈으로 세워졌다. 오늘날 학원이나 학술 단체를 아카데미라고 부르는 것도 여기에서 비롯된 것이다.

플라톤은 수업료를 받지는 않았지만, 기부금이나 물건의 원조는 사양

하지 않았던 것 같다. 독신이었던 그는 제자들을 자기 자신처럼 사랑했으며 심혈을 기울여 가르쳤다. 이곳에서 그가 가르친 과목은 철학과 수학, 동식물학, 천문학 등이었는데 특히 입구에는 '기하학자가 아닌 자는 들어올 수 없다'는 글귀가 씌어 있었다. 그리고 안쪽에는 사랑의 신 에로스 상을 두었는데, 이것은 플라톤이 진리에 대한 사랑을 교육 이념으로 삼은 까닭이다.

플라톤의 강의는 너무나 유명하여 심지어 귀부인들도 남자 복장을 하고 들어와서 강의를 들었으며, 또 어떤 농부는 밭을 갈다 말고 달려와 강의를 들었다고도 한다. 그의 명성은 그리스 전역에 퍼져 많은 청년이 몰려들었고, 아리스토텔레스 역시 이곳에서 20여 년 동안이나 수학했다.

플라토닉러브

플라토닉러브는 육체적이고 감성적인 욕망과는 구별되는 것으로 연인의 인격에 대한 존경을 바탕으로 하는 정신적인 사랑, 이상주의적이고 관념론적이며 순수한 정신적 사랑을 뜻한다. 그런데 플라토닉러브라는 이 단어는 플라톤의 이름과는 관련이 있지만, 그의 사상과는 관계가 없다. 첫째, 플라톤은 여자를 특별히 존경한 적이 없다. 오히려 플라톤은 "여자란 남자보다 덕에서는 훨씬 뒤쳐지고, 남자보다 약한 족속이며, 잔꾀가 많고 교활하다"고 주장했다. 또 "여자는 천박하고 쉽게 흥분할 뿐 아니라 화를 잘 내며, 남을 비방하기 좋아하는 데다 소심하며 미신을 잘 믿는다"고도 했다. 심지어는 "여자로 태어난 것은 저주임이 틀림없다"고 확언했는데, 그 이유는 "이 세상에서 자제할 줄 모르던 남자, 비겁하고 의롭지 못했던 남자들은 그에 대한 벌로 죽은 후 다시 여자로 태어나기 때문이다"는 것이다.

플라톤은 결혼에 대해서도 두 사람이 서로를 아끼며 공통적인 신념을 가지고 그들의 삶을 꾸려나간다는 관점에서 보지 않고, 오직 아이를 낳아서 기른다는 관점에서만 보았다. 남자와 여자를 결속시키는 힘 역시 상호 간의 이해가 아니라, 될 수 있는 한 유능하고 성품이 훌륭한 후세를 낳아야 한다는 사명감에서 비롯된다는 것이다. 따라서 국가는 그 일을 위해 적당한 배우자를 찾아 맺어주어야 하는 의무가 있다고 보았다. 여자는 전쟁에서 승리한 남자에게 상으로 주어졌으며, 극단적으로는 남자들의 공동소유로 간주되었다. 따라서 플라톤이 생각한 남녀 간의 사랑은 애정이 넘쳐흐르는 것과는 전혀 거리가 멀다.

둘째, 플라톤은 결코 육체를 경시한 적이 없으며, 유년 교육에서도 음악과 함께 체육을 필수과목으로 강조했다. 이것은 스승 소크라테스가 건강을 위해 열심히 체조를 한 사실과 무관하지 않다.

그렇다면 '플라토닉러브'란 말이 왜 생겨났을까? 그것은 플라톤 철학이 갖는 이상적이고 관념적인 성격에 대한 막연한 유추 때문이 아닌가 싶다. 다시 말해 가장 보편적이고 이상적인 형태인 '이데아'를 향해 나아가야 한다고 하는 그의 주장이 '특수한 형태로서의 육체가 배제된, 그야말로 가장 정신적이고도 순수한 사랑', 즉 플라토닉러브라는 언어를 만들어냈을 것이라는 말이다.

또 한 가지, 이 용어는 플라톤이 철학에 대해 취한 태도의 한 방식이었을 수 있다는 점이다. 플라톤은 철학 자체를 에로스의 한 방식으로 보았고, 본질상 사랑으로 파악했다. 이렇게 본다면 '플라토닉러브'의 심오한 의미는 분명해진다. 그것은 단순히 관능적인 욕구를 억눌러 억압하는 데 그치는 것이 아니라, 이 욕구를 고양된 형태로 넘쳐 들어가게 하는 것이다. 육체의 아름다움을 넘어서 아름다움 그 자체를 얻으려 하는 것이다.

어떻든 여성 차별적 사고를 갖고 있었던 플라톤이 오늘날까지 살아 있다면 수많은 적과 싸워야 하지 않았을까 상상해본다. 여권女權이 신장된 요즘의 기준으로 보자면 천재적인 철학자 플라톤도 시대의 한계를 뛰어넘지 못한 셈이니 말이다.

"철학은 플라톤이요, 플라톤은 철학이다"

우여곡절과 어려움을 겪었던 젊은 날에 비해 플라톤의 만년은 행복했다. 여러 방면에서 성공한 그의 많은 제자 중 한 명이 80세가 된 그를 결혼식에 초대했다. 축제 분위기가 무르익어가자, 노철학자는 조용한 곳으로 물러나와 의자에 앉은 채 잠이 들었다. 다음날 아침 축하연이 끝났을 때, 환락에 지친 사람들이 그를 깨웠다. 그러나 플라톤은 움직이지 않았다. 그날 밤 축하연의 환희 속에서 영겁의 세계로 떠난 것이다. 이웃뿐 아니라 아테네의 모든 시민이 그의 관을 따라 묘지까지 갔다.

미국의 철학자이자 시인 에머슨은 "철학은 플라톤이요, 플라톤은 철학이다"라고 말했으며, 영국의 수학자이자 철학자 화이트헤드는 "서양 철학은 플라톤 철학에 대한 주석에 불과하다"고 말했다.

플라톤의 철학 사상 중 가장 유명한 것은 이데아론이다. 우리 인간은 동굴(감옥)에 갇혀 있는 죄수와 같아서 사물의 희미한 그림자만 볼 뿐, 참다운 진리를 보지 못한다. 죄수가 동굴의 밑바닥을 차고 일어나 밖으로 나와야만 사물의 참다운 모습을 볼 수 있듯이, 우리의 영혼이 이념Idea(이데아)의 세계로 비약해야만 보편적인 이데아를 파악할 수 있다. 그때 비로소 우리는 이데아(개별적인 사물이 소멸하더라도 없어지지 않고 존속하는 불멸의 원형, 감성적 사물의 모범이자 개별자에 실현되어야 할 이상)를 만날 수 있다. 이 세상의 모든 사물에는 각각의 이데아가 있는데, 그 가운데 최고의 이데아는 이데아의 이데아, 곧 '선의 이데아'다. 태양이 만물을 키우듯 선의 이데아는 전체 세계를 지배하는 이성이며, 이런 의미에서 우주적 이성이자 신이라고 말할 수도 있다. 그리고 이러한 이데아는 오직 철학적 충동(에로스)에 의해서만 포착할 수 있다.

지상의 세계는 '이데아 세계'를 흉내낸 것에 불과해. 플라톤 선생님이 이데아만이 진리라고 했어.

왜 거기 있는 거니?

깍!

다음으로 플라톤은 상기설을 주장한다. 우리의 혼이 육신을 입고 이 세상에 태어날 때는 불볕이 내리쬐는 긴 들판을 건너야 한다. 물도 없는 그 들판이 다 끝나갈 무렵 강이 하나 나타나는데, 그 강 이름은 레테 강(망각의 강)이다. 우리의 영혼은 그 강물을 마시지 않을 수 없는데, 그 순간 과거(전생)의 기억을 모두 잊어버리고 만다. 그리고 이 세상에서 후천적인 교육이나 경험을 통해 잊어버렸던 전생의 기억을 되살리게 된다. 다시 말해 우리가 이

세상에서 무엇을 배운다는 것은 이미 전생에서 알고 있었던 것을 다시 기억하는 것일 뿐이고, 따라서 지식은 곧 상기想起인 것이다. 상기설은 플라톤 자신의 영혼 불멸설을 증명하는 데에도 이용된다. 즉 상기설을 받아들인다면, 그 자체로서 우리의 영혼이 전생에서도 존속했다는 증거가 되며, 따라서 육체가 없어지는 후생(내세)에서도 존속할 것이라는 유추를 가능하게 하는 것이다.

플라톤 철학에서는 영혼론과 윤리학과 국가론이 상호 유기적인 관계를 맺고 있다. 먼저 인간의 신체는 머리, 가슴, 배의 세 부분으로 구성되어 있으며, 그것들이 하는 기능 즉 영혼의 활동은 이성, 의지, 욕망이다. 또한 각각의 영혼이 추구하는 덕은 지혜, 용기, 절제이며 이것들이 모두 합해져 정의를 이룬다. 국가에도 이에 상응하는 세 계급이 있는데 머리 부분에는 지혜가 월등한 통치 계급이, 가슴 부분에는 용기 있는 무사 계급이, 배 부분에는 절제심을 발휘해야 할 생산 계급이 있다.

한 개인의 육체적 건강은 신체의 세 부분이 각각 자기의 기능을 원활히 수행할 때 달성되고, 영혼의 내적 평화는 각각의 영혼이 자기의 임무를 수행하여 그 분수를 넘지 않게 함으로써 가능한 것처럼, 이상 국가의 정의는 각각의 계급들이 서로 간섭하지 않고 자기의 직분에 충실했을 때 달성된다. 그러므로 가장 바람직한 인간이란 신체가 건강할 뿐 아니라 영혼의 세 부분이 조화를 이룬 상

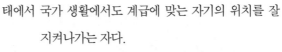

플라톤

태에서 국가 생활에서도 계급에 맞는 자기의 위치를 잘 지켜나가는 자다.

세 부분 중에서도 특히 머리 부분이 중요하게 취급되는 것처럼, 국가 계급에서도 통치 계급은 금金 계급으로서 이상 국가를 실현하는 데 중추적인 역할을 담당한다. 플라톤은 통치 계급에 정치 지도자뿐만 아니라 철학자도 포함했고, 또 '철학자가 왕이 되든지 왕이 철학을 공부해야 한다'는 이른바 철인왕哲人王 사상을 주장함으로써 스스로 왕이 되려 했다는 오해를 받기도 했다.

플라톤 철학이 비판을 받는 이유는 첫째 개인보다도 국가를 지나치게 강조했다는 점, 둘째 그 주장이 현실과 동떨어져 있다는 점 때문이다. 그러나 그 이전의 모든 사상은 결국 플라톤에게서 융합되었다고 말할 수 있으며, 그 이후의 철학은 플라톤의 영향에서 결코 자유로울 수 없게 되었다.

아리스토텔레스(기원전 384~기원전 322)

그리스의 철학자. 플라톤의 제자. 혀가 굳은 탓에 말더듬이였고, 보잘것없는 용모를 꾸
미기 위해 남달리 치장에 신경을 썼다고 전한다. 아리스토텔레스의 집안은 대대로 의술
을 직업으로 삼은 덕분에 부유했다. 그러나 그는 가업을 잇기보다는 철학을 공부하기
원했고, '철학을 공부하라'는 신탁을 받았다. 아리스토텔레스는 이 세상의 물건들을 충
분히 소유하는 것도 행복의 조건으로 보았다. 모든 생성 과정을 질료가 형상으로 발전
해가는 것으로 설명하고, 이 원리를 우주와 인간 사회에 이르기까지 모든 현상에 적용
함으로써 고대에서 가장 웅장한 학문 체계를 세웠다. 이론학(제1철학·수학·자연학), 실천
학(윤리학·경제학·정치학), 제작술과 논리학에 이르기까지 실로 그의 연구는 광범위하다.
리케이온을 설립해 제자들에게 학문을 가르쳤다.

철학에 죄를 짓지 마라

아리스토텔레스

철학을 공부하라!

아리스토텔레스의 아버지 니코마코스*는 선조의 전통을 이어받아 의술을 직업으로 삼았다. 그는 마케도니아 왕의 시의侍醫(주치의)로서 왕궁 근처에서 두세 명의 종을 거느리고 부유한 생활을 했고, 의학과 자연과학의 저술가로서도 그 지방에 널리 알려져 있었다. 아리스토텔레스의 집안은 대대로 자손에게 해부학을 훈련시키는 것이 관례였다. 아리스토텔레스 역시 그 훈련을 받고 부친의 의술을 도왔을 것으로 추측된다. 아리스토텔레스가 자연과학, 특히 생물학에 깊은 관심을 보인 것이나 그의 철학 자체가 구체적 현실에 대한 관찰을 기초로 하고 있는 것은 바로 유년시절의 환경 때문이라 여겨진다.

그러나 아리스토텔레스는 가업을 이어받으려 하지 않고, 아테네로 가고 싶어했다. 가족들은 그를 아테네로 보내주는 대신 떠나기 전에 그가 그곳에서 도대체 무엇을 해야 할지 신탁(인간이 판단할 수 없는 어려운 문제를 신에게 물었을 때, 신이 그 물음에 대해 응답해주는 일)에 물어보도록 했다. 이때 그는 '철학을 공부하라!'는 신의 대답을 받았다고 전한다. 신탁이 다른 대답을 주었더라면, 서양철학사가 어떻게 전개되었을지 모를 일이다.

상당한 재산가였던 그의 아버지는 아들의 학문 연구를 위해 충분한 재산을 물려주었다. 아리스토텔레스는 이 세상의 물건들을 충분히 소유하는 것도 행복의 조건으로 보았고, 그 때문에 호화로운 저택에서 많은 하인을 거느리며 편안한 생활을 하는 것에 커다란 가치를 두었다. 그는 화려한 옷을 입고 반지를 끼고 머리를 손질하는 등 남달리 치장에 신경을 썼다. 외모가 수려해서가 아니라 보잘것없는 용모를 보완하기 위해 노력했다는 편이 옳을 것이다. 그의 눈은 작았으며, 다리는 가늘었다. 성격은 겁이 많고 우유부단하고 현실 도피적이었으며, 나약하고 소심했다.

플라톤을 걷어차다

아리스토텔레스가 아테네로 와서 플라톤의 아카데메이아에 들어간 것은 17세 무렵이었다. 그는 플라톤이 죽을 때까지 그곳에서 20년간 학문 연구에 몰두했다. 그의 지칠 줄 모르는 부지런함과 뛰어난 재능 때문에 '책벌레' '아카데메이아의 예지'라는 별명을 붙여줄 정도로 플라톤은 아리스토텔레스를 아끼고 사랑했다. 플라톤은 간혹 아리스토텔레스가

니코마코스 아리스토텔레스의 아버지 이름이기도 하지만, 아리스토텔레스의 아들 이름이기도 하다. 아리스토텔레스의 저서 《니코마코스 윤리학》의 제목은 아들의 이름을 따서 지은 것이며, 아들 니코마코스가 편집했다. 《니코마코스 윤리학》은 모두 10권으로 이루어진 세계 최초의 체계적인 윤리학서로서 아리스토텔레스 만년의 원숙한 사색을 나타낸 책이다.

지각을 할 때면 그가 도착할 때까지 "정신이 결여되어 있다. 청중은 귀머거리다"라고 중얼거리면서 시간을 때웠으며, 그가 도착하고 나서야 비로소 강의를 시작했다. 그러나 플라톤은 때때로 아리스토텔레스가 지나치게 근면하자, "아리스토텔레스에게는 고삐가 필요하다"고 말했다고 전해진다. 아리스토텔레스도 스승을 매우 존경했고, 평생 동안 스승에게 정중한 태도로 대했다. 훗날 아리스토텔레스는 스승 플라톤에 대해 이렇게 말했다.

"플라톤은 악한 사람들이 감히 칭찬해서도 안 되는 사람이며, 심지어 신이다."

그러나 아리스토텔레스와 같이 뛰어난 재능이 있는 사람은 결국 자신의 고유한 철학 사상에 이르게 마련이다. 점차 아리스토텔레스는 스승 플라톤이 가르치는 모든 것에 동의할 수 없게 되었다. 이에 대해 플라톤은 약간은 체념 섞인 어조로 읊조렸다.

"망아지가 자기를 낳아준 어미 말을 뒷발로 걷어차듯이, 아리스토텔레스는 나를 걷어찬다."

그러나 아리스토텔레스가 플라톤을 비판한 것은 사상적 견해의 차이로 말미암은 것이지, 결코 스승에 대한 악의나 교만에서 나온 것은 아니었다. 아리스토텔레스는 "플라톤의 학설을 비판한다는 것은 우리의 정리情理 때문에 괴로운 일이다. 그렇지만 친밀한 개인적 유대를 희생시키는 한이 있더라도 진리를 수호하는 것이 바람직하다고 생각하며, 나아가 학문하는 사람의 의무이기도 하다"고 말했다.

플라톤이 죽은 후 아카데메이아의 새 원장으로 임명된 사람은 그의 누이의 아들로서 별로 대단하지 않은 사람이었다. 아리스토텔레스는 이 일로 비위가 상한 데다 아카데메이아의 학풍 자체가 자신이 가장 불만스럽게 생각하던 수리 철학적 경향으로 기울어져 갔기 때문에 마침내 그곳을 떠나고 만다.

알렉산드로스 대왕의 스승이 되다

아리스토텔레스는 지난날 아카데메이아에서 같이 공부했던 헤르미아스*의 궁전으로 초빙되어 갔다. 그는 아소스에 아카데메이아의 분교를 창설하고 3년 동안 그곳에서 강의했다. 이때 아리스토텔레스는 헤르미아스의 조카이자 양녀인 피티아스와 결혼하여 딸 하나를 얻었다. 그러나 아내가 죽자 같은 고향 출신의 여인과 재혼하여 니코마코스라는 아들을 낳았는데, 니코마코스는 훗날 아버지 아리스토텔레스의 《니코마코스 윤리학》을 편찬했다.

마케도니아의 왕 필리포스 2세는 13세인 알렉산드로스* 왕자의 스승으로 아리스토텔레스를 초빙했다. 필리포스 왕은 아들을 훌륭한 왕으로 만들기 위해 당대 최고의 학자인 아리스토텔레스를 초빙하여 선생으로 삼았던 것이다.

그러나 알렉산드로스 왕자는 공부보다 술 마시기나 말타기 등을 좋아했다. 게다가 성질이 난폭하여 다루기 힘들어지자, 아리스토텔레스는 얼마 가지 않아 싫증을 내고 말았다. 그러나 왕실은 그를 극진히 대우했다. 파괴된 그의 고향 스타게이라(마케도니아의 칼키디케 반도 북동 해안에

헤르미아스 아리스토텔레스의 친구이자 아타르네우스의 참주. 노예 출신으로 참주의 지위에까지 이른 특이한 경력의 소유자다.
알렉산드로스 대왕(기원전 356~기원전 323) 마케도니아의 왕. 그리스·페르시아·인도에 이르는 대제국을 건설하여 그리스 문화와 오리엔트 문화를 융합시킨 새로운 헬레니즘 문화를 이룩했다.

위치) 재건을 주선해주겠다는 제안에 아리스토텔레스는 마음을 고쳐먹고 알렉산드로스 왕자를 다시 가르치기로 했다. 왕자도 점차 스승의 학덕에 감화되어 착실하게 공부하기 시작했다.

아리스토텔레스

알렉산드로스 대왕

아리스토텔레스는 제자에게 정치학·윤리학·수학·생물학·물리학·의학 등을 가르쳤고, 그뿐 아니라 제자를 위해 《일리아스》* 원문을 교열해주었다. 알렉산드로스 왕자는 이것을 항상 머리맡에 두고 읽었으며, 일생 동안 학문을 사랑했다고 한다.

알렉산드로스 왕자가 부왕의 뒤를 이어 왕위에 오른 뒤에는 사제 간의 관계가 예전처럼 친밀하지 못했다. 그것은 학구적 정신으로 일관된 천재적 사색인(아리스토텔레스)과 실천적 기백이 충실한 탁월한 행동인(알렉산드로스 대왕) 사이의 근본적인 차이에서 비롯된 것이라 하겠다. 그러나 이보다 더 직접적으로 두 사람의 관계를 악화시킨 것은 알렉산드로스 대왕이 아리스토텔레스의 조카 칼리스테네스*를 처형한 사건이다.

아리스토텔레스가 '알렉산드로스를 신으로 경배하라'는 명령을 거부한 자신의 조카 처형에 항의하자, 알렉산드로스 대왕은 "철학자에 대한

《일리아스》 현존하는 고대 그리스 문학의 가장 오래된 서사시. 트로이 전쟁을 읊고 있으며, 호머 작품으로 전해지고 있다.
칼리스테네스(기원전 360~기원전 327) 고대 그리스의 철학자이자 역사가. 아리스토텔레스의 조카로서 알렉산드로스 대왕과 함께 아리스토텔레스 문하에서 공부했으며, 그 덕분에 알렉산드로스 대왕의 최측근 종군 사관이 되었다. 그러나 스스로 신격화하는 알렉산드로스 대왕을 비난하다 결국 죽임을 당했다.

사형도 내 권력 안에 포함되어 있습니다"고 말하면서 스승의 항의를 묵살했다.

이러한 갈등의 정도를 짐작해보건대, 직책상 아리스토텔레스도 곤경에 처할 수 있었을 것으로 예상된다. 그의 후임으로 온 왕자의 가정교사가 반란죄로 지목되어 체포되었는데, 그는 모든 관직을 박탈당하고 철창에 갇혀 온 나라의 구석구석으로 끌려다닌 뒤 마침내 사자의 먹잇감이 되고 말았기 때문이다. 고대의 수다쟁이들은 이 비극적인 사건을 계기로 아리스토텔레스에게도 알렉산드로스 대왕을 계획적으로 독살하려는 음모에 가담했다는 죄를 뒤집어씌웠다. 그러나 다행히 아리스토텔레스는 이미 아테네로 돌아와 있었던 데다, 알렉산드로스 대왕 역시 사제 간의 의리를 중시하여 무사하지 않았을까 짐작된다.

소요학파, 아카데메이아를 능가하다

아리스토텔레스는 아테네의 교외에 있는 리케이온 광장에 학원을 세우고 오로지 학문 연구에 몰두하는 한편, 제자들의 교육에만 힘썼다. 아리스토텔레스는 나무가 울창한 가로수 길을 제자들과 함께 산책하면서 강의했기 때문에 자신의 학파를 소요학파逍遙學派라고 불렀다. 그 학원 안에서는 모두 함께 식사를 했으며, 매일 한 번씩 잔치를 베풀어 사교와 대화를 즐겼다.

아카데메이아가 실제의 일을 고려하지 않은 채 머릿속으로만 수행하는 사변철학에 기울어졌다면, 소요학파는 자연과학 방면에 치중하는 경향이 있었다. 아리스토텔레스는 이 학원 안에 방대한 양의 책들을 모아놓았는데, 그 가운데에는 수많은 지도와 외국의 헌법과 동식물의 표본

아리스토텔레스가 세운 리케이온 광장의 학원에서 공부하는 소요학파

도 있었다. 특히 알렉산드로스 대왕은 이 수집을 돕기 위해 아리스토텔레스에게 큰돈을 기부했다. 또한 마케도니아 제국 안의 모든 사냥꾼이나 어부들에게 학술적 가치가 있음직한 것은 무엇이든지 아리스토텔레스에게 보내라고 명령했다. 결국 아리스토텔레스가 광범위한 학문 분야에서 그토록 해박한 지식을 가질 수 있었던 것은 그의 재능과 더불어 제자(알렉산드로스 대왕)가 제공한 풍부한 자료 덕분이었으리라 짐작된다. 결과적으로 학원의 교세는 아카데메이아를 능가했다.

아테네 사람들이여, 철학에 죄를 짓지 마라

으레 학생들이 스승의 일거수일투족에 관심이 많듯이, 아리스토텔레스의 제자들도 스승의 괴팍한 면을 주의 깊게 관찰했다. 아리스토텔레스는 항상 배 위에 뜨거운 기름을 담은 가죽 주머니를 놓고 잠자리에 들었다. 그가 지병인 위장병으로 고생하다가 죽은 사실로 미루어보건대, 그 주머니는 반드시 필요했을지도 모른다.

아리스토텔레스의 제자들이 제일 궁금하게 여긴 것은, '어떻게 스승이 잠자는 시간을 줄였으며, 또 어떻게 재빨리 잠에서 깨어나 사유하는 자세로 돌아오는가?' 하는 것이었다. 그들이 관찰한 바에 따르면, 아리스토텔레스는 휴식을 취할 때 손에 청동 구슬을 쥐고 그 밑에는 그릇을 놓아두었다. 아리스토텔레스가 스르르 잠이 들라치면 구슬이 그릇에 떨어져 큰소리를 내는데, 바로 그 소리에 깜짝 놀라 깨어나 철학적인 사색을 계속한 것이다.

그러나 아리스토텔레스의 학문적인 평화는 오래 지속되지 않았다. 알렉산드로스 대왕이 바빌론 원정 도중에 열병에 걸려 죽자, 아테네 시민들은 소리 높여 환호하며 마케도니아 당을 무너뜨리고 독립을 선언했다. 이때 아테네 시민들은 아리스토텔레스를 알렉산드로스 대왕의 측근으로 지목하여 정치범으로 고소했다. 그러나 그의 죄에 대한 증거가 충분하지 않자, 시민들은 다시 '신을 모독했다'는 구실로 그를 고소했다. 그런데 아리스토텔레스를 심판할 배심원들과 대중들은 소크라테스를 죽인 무리들과는 비교가 되지 않을 정도로 그에게 강한 적개심이 있었다. 상황이 이렇게 되자 아리스토텔레스는 테오프라스토스(고대 그리스의 철학자·과학자이자 식물학의 창시자. 플라톤과 아리스토텔레스에게서 배웠다)에게 리케이온을 인계하고 칼키스로 몸을 피했다. 이때 그가 남긴 말은 다음과 같다.

"아테네 사람들이 두 번씩이나 철학에 죄를 짓지 않도록 하기 위하여 (첫 번째 죄는 소크라테스를 사형시킨 일)!"

아리스토텔레스가 비겁하게 도주했다고 생각할지 모르지만 사실 그렇지 않다. 당시 아테네에서 피고인은 스스로 추방되는 쪽을 선택할 권리가 있었기 때문이다. 아리스토텔레스는 그 이듬해에 상세하고도 사려 깊은 유언을 남기고 오랫동안 앓아왔던 위장병으로 세상을 떠났다.

철 학 속으로

우리가 일상적으로 쓰는 '형이상학'이란 용어는 아리스토텔레스와 관계가 있다. 영어 단어 'Metaphysics(형이상학)'는 그리스어의 'Meta ta Physika(자연학의 다음)'라는 말에서 유래하는데, 이것은 아리스토텔레스 저작의 순서상 형이상학이 자연학의 다음에 편찬되었기에 붙여진 이름이다. 단순한 외면적 명칭이 차츰 자연학의 배후 또는 '그것을 초월해 있는 어떤 것에 대한 학문'이란 뜻으로 전환되어 간 것이다. 다시 말하면 '눈으로 보거나 손으로 만질 수 있는 자연을 넘어서 있는 어떤 것, 비록 나타나지는 않지만 자연의 피안에 자리 잡고 있으면서 존재하는 것을 존재하게끔 하는 바로 그것에 관한 학문'이란 의미로 바뀌어 간 것이다. 그리하여 오늘날에는 '사물의 일반적 원인이나 존재의 근원을 다루는 철학의 한 분과'로 이해하게 되었다.

이 단어가 형이상학으로 번역된 것은 《주역》에 나오는 "형이상자形而上者 위지도謂之道 형이하자形而下者 위지기謂之器(형상보다 위인 자를 도라 하고, 형상보다 아래인 자를 기라 한다)"에서 유래한다. 플라톤이 이데아를 질료로부터 독립된 초월적인 것으로 본 데 반하여, 아리스토텔레스는 형상을 질료에 내재하는 것으로 보았다.

아리스토텔레스는 행복이란 모든 생물이 자기의 타고

나는 하늘에서
이데아를
구하노라.

플라톤

아리스토텔레스

나는 땅에서
이데아를
찾노라.

난 능력을 완전히 발휘하는 데에서 달성된다고 보았다. 식물은 영양과 번식 기능을 함으로써, 동물은 여기에 덧붙여 감각과 운동 능력을 충분히 발휘함으로써 그들의 덕을 다한다. 이와 마찬가지로 인간은 그 본성인 이성 능력을 완전히 발휘함으로써 가장 좋은 상태, 심지어는 신의 본질에까지 접근해갈 수 있다. 이성 능력을 발휘한다는 것은 우리 인간이 양쪽 극단을 피해 중용中庸을 지키는 것을 의미한다. 중용이란 과도와 부족의 중간 상태, 즉 지나치지도 모자라지도 않는 가장 알맞은 상태를 일컫는다.

예를 들면, 만용과 비겁의 중용은 용감함(용기)이고, 방종과 무감각의 중용은 절제, 낭비와 인색의 중용은 관대다. 그러나 우리의 개인적 선만으로는 최고선의 실현이 불가능하며, 그것은 모든 구성원이 참여하는 국가 생활에서 비로소 가능하다.

아리스토텔레스는 때와 장소에 따라 서로 다른 국가 형태가 나올 수 있다고 보았다. 통치자의 수를 중심으로 보자면 1인 지배의 군주제와 소수 지배 체제인 귀족제, 다수가 지배하는 민주주의 체제로 나눌 수 있는데, 이것들이 변해 전제정치·과두정치·우민정치가 나온다. 아리스토텔레스도 플라톤처럼 도시국가와 같은 좁은 공간 안에서 이상 국가를 실현해보려고 노력했다. 또한 다른 그리스인들과 마찬가지로 노예제도를 당연한 것으로 받아들였으며, 부부 생활이나 가정과 공동체에 대해서는 높이 평가했다. 그러나 국가를 '개별적인 인간으로 구성된 어떤 통일적 체제'라고 본 플라톤의 견해는 잘못된 것이라고 비판하면서, '국가적인 공동체란 작은 단위의 공동체로 구분된 하나의 전체여야 한다'고 주장하여 개인을 중시했다.

플라톤은 어디까지나 국가 위주의 교육을 강조했다. 교육이란 국가에 필요한 인재를 양성하는 것이므로 국가가 개인의 교육에 대해 50세까지 간섭해야 한다고 했다. 이에 대해 아리스토텔레스는 인간의 자연적 소질을 완성하는 것이 교육의 임무라고 보았으며, 또 개인의 교육을 국가가 평생 간섭해야 한다고 주장하지도 않았다.

우리가 플라톤을 천재적 영감에 번득이는 시인이라 부른다면 아리스토텔레스는 분석적 사고의 산문가라 불러야 마땅할 것이다. 어떻든 정신적 세계의 제왕(플라톤)을 스승으로 삼고, 현실 세계의 제왕(알렉산드로스 대왕)을 제자로 삼은 아리스토텔레스는 행운아임이 틀림없다고 해야겠다.

상앙(?~기원전 338)

법가의 계통을 잇는 중국 전국시대의 정치가. 위衛나라 왕의 서자로 태어났으나 위나라
에서는 자신의 이상을 펼칠 수 없음을 알고, 위魏나라로 건너가 공숙좌의 가신이 되었
다. 그러나 이곳에서도 등용되지 않자, 다시 진秦나라로 건너가 진나라에서 등용되었다.
관중의 사상에 입각하여 준법정신을 강조했던 그는 진나라 왕 효공의 신임을 받아 법령
과 제도를 개혁하고 부국강병을 꾀했다. 지나친 법령 지상주의를 주장하여 많은 적을
만들었고, 결국 자신이 만든 법에 목숨을 잃었다. 그 때문에 '자신이 만든 법률에 의해
죽은 자'라는 조롱을 받았으며, 갈고리 모양의 '상앙의 극'이라는 무기를 제조했다. 저서
로는 법가의 책인 《상군서》를 남겼다.

법령은 반드시 지켜져야 한다

상앙

나라는 절대 백성을 속이지 않는다

상앙은 원래 위衛나라 왕의 첩에게서 태어났다. 본명은 공손앙인데, 진秦나라에 등용되어 상商이라는 곳에 봉해졌기 때문에, 이후 상앙商鞅이라 불렸다. 처음에 그는 위魏나라의 재상 공숙좌의 가신家臣(높은 벼슬아치의 집에 딸려 있으면서 그 벼슬아치를 받드는 사람)으로 있었는데, 좀처럼 벼슬길이 열리지 않았다. 공손앙의 뛰어난 재능을 알고 있던 공숙좌는 그를 혜왕°에게 천거했다. 그러나 혜왕은 그를 좀처럼 중용하지 않았다. 결국 공숙좌는 죽기 얼마 전 병석에서 혜왕에게 간언諫言했다.

"소신이 죽거든 공손앙을 등용하십시오. 만일 등용하지 않으시려거든 그를 죽여 없애야 하옵니다."

공숙좌는 자신이 한 말을 공손앙에게 전달하고는 빨리 도망치라고 충고했다. 그러나 공손앙은 조금도 개의치 않으며 도리어 웃으며 말했다.

"당신의 천거에도 불구하고 저를 중용하지 않았던 왕이 어찌 당신이 간언했다고 하여 저를 죽이겠습니까?"

과연 그의 통찰대로 혜왕은 공손앙을 죽이지 않았다.

얼마 후, 공손앙은 진秦나라로 건너갔다. 당시 진나라는 국력이 쇠퇴하고, 이웃나라에서 오랑캐라며 배척당하는 등 아주 어려운 처지에 놓여 있었다. 이에 진나라 효공은 과거의 전성시대를 다시 구가하기 위해 널리 인재를 구하는 중이었다. 이때 공손앙은 효공에게 이렇게 건의했다.

"진나라의 부국강병을 위해서는 먼저 낡은 법률과 제도를 개혁해야 합니다."

여러 사람이 반대했지만, 효공은 공손앙의 논리에 찬성하고 결국 그의 손을 들어주었다. 효공은 공손앙을 좌서장左庶長(12등급 가운데 6등급 정도인 벼슬)으로 삼아 법률과 제도를 개정하여 정치 개혁에 착수했다. 이때 공손앙이 만든 법의 내용은 엄벌주의와 연좌제, 밀고의 장려, 신상필벌信賞必罰 등 법률 지상주의였다. 모든 사항을 법으로 세밀히 규정하여 백성의 일거수일투족에 이르기까지 법률의 구속을 받게 한 것이다.

공손앙은 법률을 공표하기 전에 우선 백성에게 '법령은 반드시 지켜져야 한다'는 정부의 굳센 의지를 보여줄 필요가 있다고 생각했다. 그리하여 수도의 남문에 석 자 길이의 장대를 세우고는 공언했다.

"누구든지 이 장대를 북문으로 옮기는 자에게는 황금 열 덩어리를 상으로 주겠노라!"

그러나 백성들은 이를 수상하게 여길 뿐 아무도 옮기려 하지 않았다. 이에 공손앙은 상금을 황금 50덩어리로 올렸다. 그러자 호기심 많은 한

혜왕(기원전 400~기원전 319) 춘추시대 때 위나라의 혜왕惠王(위혜왕)이 수도를 대량大樑으로 옮긴 이후 나라 이름을 위에서 양樑으로 바꾸는데, 이때부터 왕 이름 역시 '양혜왕'이라 일컬어진다.

사람이 용기를 내어 장대를 북문으로 옮겼다. 공손앙은 그 자리에서 즉시 황금 50덩어리를 상으로 주고는, '나라가 결코 백성을 속이지 않는다'는 사실을 보여주었다. 그런 다음 새로 개정된 법률을 공표했다.

이 일이 있고 나서 처음에는 법이 잘 지켜지는 것 같았다. 그러나 새로운 법이 시행된 지 겨우 1년이 지나자마자 많은 사람이 법률의 불편을 호소해왔다. 그러던 중 태자가 법률을 위반하는 일이 있었는데, 공손앙은 "법률이 제대로 시행되지 않는 것은 위에서부터 법을 어기기 때문입니다"라고 하며 태자를 법대로 처벌하려 했다. 그러나 태자는 임금의 뒤를 이을 사람인지라, 관례상 벌을 내릴 수 없었다. 그리하여 태자를 대신해 그의 스승인 태부太傅(태사, 태보와 함께 임금의 고문 또는 국가 최고의 명예직) 공자 건(효공의 형)을 처벌하고, 태사太師 공손가에게는 얼굴을 불로 지지는 형벌을 내리니, 진나라 사람들은 모두 법령에 따랐다.

새로운 법령이 시행된 지 10년이 지나자 진나라는 질서가 잡혀갔다. 길에서 남의 물건을 주워가는 사람도 없고, 산적이 없어졌으며, 개인끼리의 싸움은 서로 피하되 나라를 위한 전쟁에 임해서는 모두 용감했다. 이렇게 전국 방방곡곡이 잘 다스려졌다. 공손앙은 법에 반대하는 사람은 물론이려니와, 법을 찬양하는 사람마저 처벌함으로써 법에 대한 논의 자체를 금지했다. 그저 아무 소리 말고 무조건 따라오라는 식이었다.

상 땅에 봉해지다

부국강병을 이룬 진나라는 마침내 위나라를 공격할 것인가 말 것인가를 놓고 갑론을박하는 중이었다. 이때 공손앙이 효공에게 건의했다.

"진나라와 위나라는 서로 매우 불편한 존재입니다. 결코 공존할 수 없습니다. 오직 먹느냐 먹히느냐 하는 정글의 법칙만이 지배할 뿐입니다. 따라서 지금이야말로 위나라를 공격할 절호의 기회가 아닌가 합니다."

효공은 이 말에 찬성하고, 즉시 그를 장군으로 삼아 위나라를 공격하도록 했다. 이에 위나라는 공자 앙을 장군으로 삼아 맞섰다. 양쪽 군대가 대치하는 동안 공손앙은 사람을 시켜 공자 앙에게 한 통의 편지를 보냈다.

"내가 옛날 위나라에 있을 때 당신과 매우 친하게 지내던 사이인데, 이제 두 나라의 장군이 되어 서로 싸우게 되었구려. 그러나 우린 서로 차마 공격하지 못할 처지가 아니오? 그러니 당신과 내가 직접 만나 화친 조약을 맺고 기분 좋게 술을 마신 다음, 양쪽 군사를 죄다 거두어들입시다. 그리하여 두 나라가 편안하게 지낼 수 있다면 얼마나 좋겠소?"

공자 앙은 이 제안이 그럴듯하다 여겨 찬성하고, 서로 만나 주연酒宴을 열었다. 그러나 공손앙은 잔치 자리에 군사를 숨겨놓고 있다가 공자 앙을 사로잡았다. 그러고 나서 위나라 군대를 공격하여 크게 승리를 거두었다. 이 소식을 들은 위나라 혜왕은 탄식했다.

"내가 그때 공손앙을 등용하라는 공숙좌의 의견을 듣지 않은 것이 한스럽구나!"

이렇게 위나라를 쳐부순 공로로 공손앙은 상商 땅에 봉해졌고, 이때부터 공손앙은 상앙 또는 상군商君이라 불렸다.

강하면 부러진다

곧이어 2차로 시행된 개혁 방안에는 부자父子와 형제가 한방에서 기거하는 것마저 금지했다. 나라에 대한 불평불만이나 유언비어를 만들어 내지 못하도록 하기 위한 처사였으나, 잔악한 법이었다. 이러다 보니 상앙이 재상으로 있은 지 10여 년 동안에 그를 원망하는 사람의 수는 늘어만 갔다. 그런데도 상앙이 오랫동안 재상 자리에 머무를 수 있었던 것은 그에 대한 효공의 신임이 두터웠던 까닭이다. 그러나 이는 효공이 죽고 나면 상앙 역시 실각하리라는 것을 의미하기도 했다.

효공이 죽기 5개월 전, 상앙은 우연히 조량趙良이란 사람을 만났다. 조량은 자신이 '바른 말을 하더라도 나무라지 않겠다'는 상앙의 다짐을 받고 나서 다음과 같이 권고했다.

"제가 생각건대 상군의 위태로움이 아침이슬과도 같은데, 오히려 수명을 더하시려고 하니 참으로 안타까운 일입니다. 차라리 봉지封地(제후로 봉하여 내어준 토지)로 받은 상商 땅의 열다섯 고을을 반납하고 시골로 돌아가 농사를 지으시는 것이 상책인가 하옵니다."

그러나 상앙은 조량의 말을 듣지 않았다. 그날로부터 5개월 만에 효공이 죽고 태자가 왕위에 오르니, 그가 곧 혜문왕이다. 그러니 상앙에게 가혹한 처벌을 받은 공자 건과 그 무리들이 가만히 있을 리 없었다.

"신하된 자의 권력이 너무 크면 나라가 위태롭다고 했습니다. 지금 어수룩한 백성들은 상앙의 법에 의해 나라가 다스려진다고 말합니다. 더욱이 그의 봉읍이 열다섯 개에 이르니, 그 권력이 막대하여 후일 반드시 반역을 꾀하고야 말 것입니다."

태자 시절 자신의 잘못을 질책하여 스승을 처벌한 상앙에게 좋은 감정을 가졌을 리 없는 혜문왕은 기다렸다는 듯이, 그를 관직에서 물러나게 했다. 조량의 충고를 받아들이지 않은 데 대한 대가일 것이다.

그러나 일은 이것으로 끝난 것이 아니었다. 상앙이 사직하고 상 땅으로 돌아가는데 그의 행렬은 어느 제후에 못지않았고, 아직 그의 세력을 두려워한 대신들이 그를 전송하느라 조정이 텅 비다시피 했다. 그러자 마음이 초조해진 혜문왕은 이 기회에 상앙을 제거해야겠다고 결심하고, 군대를 보내 그를 체포하라는 명령을 내렸다. 자신에게 체포령이 떨어진 것을 안 상앙은 급히 도망가다가 관하의 객사에서 하룻밤 머물기를 청했다. 그러나 그가 상앙임을 모른 객사의 관리들은 거절했다.

"상군의 법률에 보면, 여행권이 없는 자를 유숙하게 하면 벌을 받도록 되어 있습니다."

이 말을 들은 상앙은 속으로 '아, 내가 만든 법률의 폐단이 이 지경에까지 이른 줄은 몰랐구나!' 하며 탄식했다.

자신이 만든 법률에 의해 죽은 자

상앙은 그 길로 위나라의 국경을 넘었다. 그러나 그곳 사람들은 상앙이 자기 나라의 군사를 쳐부순 데 대해 원망하고 있던 터라, 그를 받아들이기는커녕 오히려 진나라로 추방했다. 진나라로 쫓겨난 상앙은 다시 상 땅으로 달아나 자신의 무리들과 함께 상 땅의 군사를 동원하여 북쪽의 정나라를 공격했다. 이때 진나라가 군대를 파견하여 상앙을 체포하기에 이르렀다. 혜문왕은 상앙을 차열, 두 대의 우마차에 나누어 묶어놓고 각각 반대 방향으로 말을 몰아 몸을 찢어 죽이는 무시무시한 형벌로 처형했다. 그리고 그 시신을 여러 사람에게 돌려보게 했고, 상앙의 일가까지 몰살했다. 그리하여 사람들은 상앙을 '자신이 만든 법률에 의해 죽은 자'라고 희롱했다.

한편 진나라는 상앙이 쌓아올린 부국강병의 기반 위에서 더욱 강성해졌다. 상앙은 비참하게 죽었으나, 그가 정비한 법과 제도는 진나라의 시황제가 중국 역사상 최초로 통일국가를 수립하게 한 힘의 원천이 되었다.

철학 속으로

춘추전국시대의 혼란을 바로잡기 위해서 유가는 인의 도덕을, 도가는 무위자연을, 묵가는 겸애절용을 제창했으나 세태는 혼미만을 거듭했다. 이때 실제 통치 면에 바탕을 두고 일어난 학파가 바로 법가다. 이들의 특징은 정치사상만을 따지고 모두 군주의 관점에서 이론을 전개한다는 점이다. 법가의 직업은 대개 군주의 참모였다. 따라서 그들의 임무는 부국강병이었다. 그들은 임무를 달성하기 위해 어떤 극단적인 수단도 가리지 않았으며, 맹자가 공격한 패도정치覇道政治(힘에 의한 정치를 일컫는 말로 왕도정치와 대비되는 개념)가 바로 그들의 이상이었다.

상앙은 사람들이 법을 잘 지키지 않는 것은 첫째, 백성들이 정부에서 하는 일을 믿지 못하고 둘째, 고관대작들이 법률을 지키지 않기 때문이라고 보았다. 이것을 고치기 위해 노력했으나, 지나치게 법을 엄격히 적용함으로써 결국 백성들의 원망을 사게 되었다. 보통 법가의 3파라면 상앙의 법法과 한韓나라의 정치가이자 사상가인 신불해의 술術과 조나라의 학자이자 사상가인 신도의 세勢를 든다.

맹자(기원전 372~기원전 289)

추鄒나라의 유교 사상가. 맹자가 살던 전국시대는 학자와 문화인 등이 자기의 학설이나 주장을 자유롭게 발표하여 논쟁하고 토론하는 백가쟁명의 최전성기였다. 또 이 시기는 제자백가들이 등장하여 학문적으로 중흥기를 이루었다. 일찍이 공자를 본받아 배우려 하고, 공자의 손자인 자사에게 가르침을 받아 공자의 학통을 이어받았다. 편모슬하에서 자란 점이라든지 많은 제자를 둔 점 등 공자와 비슷한 면이 많지만, 공자와 달리 맹자는 말썽꾸러기였고 그의 제자는 주로 왕과 권력자 등이었다. 성선설과 왕도정치론, 정전제의 실시를 주장했고, 사서 가운데 한 권인 《맹자》는 맹자의 어록을 모은 것으로 후세에 편찬되었다. 맹자의 어머니는 맹모삼천지교와 단기지교로 맹자 못지않게 유명하다.

인간의 본성은 착하다

맹자

모방성이 뛰어난 맹자

맹자의 가정환경은 공자와 유사했다. 맹자도 3세 때 아버지를 여의고 편모슬하에서 성장했다. 그러나 조숙했던 공자와는 달리 맹자는 말썽꾸러기였다. 특히 모방성이 강해 주위 지방의 습속을 곧잘 흉내냈기 때문에 그의 어머니가 세 번 이사다니며 가르쳤다고 하는 맹모삼천지교孟母三遷之敎가 유명하다. 《열녀전》에 그에 관한 내용이 있다.

맹자가 어렸을 때 그의 집은 공동묘지 근처에 있었다. 그가 무덤을 만들고 발로 달공(장례 절차의 제일 마지막 의식으로, 관을 내린 다음 흙을 덮고 땅을 다질 때 부르는 노래) 하는 흉내를 내는 놀이를 하므로 맹자 어머니는 "이곳은 아이를 기를 만한 데가 못 된다"며 시장 근처로 이사했다. 그런데 여기서는 물건을 사고파는 장사꾼의 흉내를 내는

맹자의 어머니가 아들의 교육을 위해 이사를 세 번 했다는 내용의 〈맹모교자도〉

놀이를 하는 것이 아닌가? 이에 맹모는 "이 곳도 아이를 교육할 만한 곳이 못 된다"고 하여 이번에는 학교 근처로 이사했다. 이곳에서는 놀이를 하되, 제기祭器를 차려놓고 어른에게 인사하거나 겸손하게 양보하는 예절을 다하는지라, 이때에 맹모는 비로소 마음을 놓고 "이곳이야말로 자식을 가르칠 만한 곳이구나" 하고 그곳에서 살게 되었다.

맹모가 모성 교육의 사표師表(학식과 인격이 높아 세상 사람의 모범이 되는 일이나 그런 사람)로서 후세에 길이 빛나는 이유가 여기에 있다고 하겠다. 이 밖에도 맹모의 유명한 이야기가 몇 가지 더 있다. 맹자가 어렸을 때 나가 놀다가 이웃집에서 돼지 잡는 것을 보고와 어머니에게 "돼지는 왜 잡습니까?" 하고 물었다. 맹모는 무심코 "너를 먹이려고 그런다"고 대답하는데, 사실 고기를 사다 먹일 생각은 없었다. 그러나 잠시 후 맹모는 크게 후회하여 말하기를 "내 듣건대 예전에는 태교도 있었다는데, 이 아이가 무엇을 알려고 묻거늘 내가 거짓말을 한다면 이것은 불신을 가르치는 결과가 된다"고 하고, 결국 그 돼지고기를 사다 먹였다.

맹자에게 최고의 스승은?

맹자는 본래 노나라 사람이었으나 나중에 추나라 땅(지금의 산둥성 쩌우)으로 옮겨와 추나라 사람이 되었다. 그는 학교에 나가며 열심히 공부했다. 몇 년 후 선생님이 그를 불러서 "너는 내게서 배울 것을 다 배웠으니 이제부터 학교에 나올 필요가 없다"고 말했다. 그 뒤로 맹자는 노나라의 취푸로 가서 자사*의 문하에 들어가 배우기 시작했다. 맹자는 공자가 태어난 곳에서 6리밖에 떨어지지 않은 곳에 있었기 때문에, 일찍이 그를 사숙*하고 그와 같은 성인이 되는 것을 목표로 삼았다고 전한다.

얼마 후 맹자는 말타기를 배우다가 넘어져 팔을 다쳤다. 어머니를 뵌 지도 오래되어 고향으로 갔다. 길쌈을 하던 중인 어머니는 맹자에게 공부가 얼마나 성취되었느냐고 물었다. 맹자가 별로 나아진 바가 없다고 대답하자, 맹모는 칼을 들고 길쌈하던 것을 끊으며 말했다.

"네가 공부를 하다가 중단하는 것은 내가 이 칼로 여태까지 애써서 짜던 이 길쌈을 끊는 것과 같다."

맹자는 어머니의 말을 들은 후 크게 깨닫고, 아침저녁으로 부지런히 공부하며 쉴 줄을 몰랐다. 이것이 맹모의 단기지교斷機之敎다. 즉, 학업을 중간에 그만두는 일은 짜던 베의 날을 끊는 것과 같아 아무런 이익이 없다는 뜻으로 학업을 중단해서는 안 된다는 것을 경계하는 말이다.

《한시외전》에는 맹자가 성인이 되어 사회인으로 활동할 때도 그 어머니의 교훈이 의연함을 기록하고 있다.

어느 날 맹자의 아내가 방 안에 혼자 있을 때 두 다리를 쭉 뻗고 앉아 있었다. 때마침 맹자가 문을 열고 들어오다가 그 모습을 보고, 어머니에게 아내가 무례하여 내쫓아야겠다고 말했다. 맹모는 그 모습을 어떻게 보게 되었느냐고 물었고, 맹자의 대답을 듣고 나서 말했다.

자사(기원전 483?~기원전 402?) 노나라의 유학자. 공자의 손자이자 공리孔鯉의 외아들. 할아버지의 제자인 증자의 제자가 되어 유교의 맥을 이어갔다. 맹자가 자사에게 직접 배운 것은 아니라는 의견도 있다.

사숙私淑 누구를 마음속으로 본받아 그의 저서나 작품 등을 통해 간접적으로 배운다는 뜻이다. 반면에 사사師事란 스승에게 직접 배우는 것을 가리킨다.

"그것은 네가 무례한 것이지, 네 아내가 무례한 것은 아니다. 오례*에 말하지 않았더냐? 대문에 들어갈 때는 누가 있느냐고 묻는 법이고, 대청 위에 올라갈 때는 반드시 기침 소리를 내는 법이며, 또 방 안에 들어갈 때는 반드시 앞만 보고 남의 좋지 않은 점은 보지 말라고. 그런데 네가 갑자기 방에 들어가면서 기척을 내지 않았기 때문에 네 아내가 다리를 뻗고 앉은 모습을 보게 된 것이니, 이것은 네가 무례한 것이지 어찌 네 아내가 무례하단 말이냐? 또한 네가 무례한 것은 너에게 예법을 잘 가르치지 못한 내게 죄가 있으므로, 그 벌은 내가 받아야 한다."

말을 마친 후 맹모는 스스로 자신의 종아리를 피가 나도록 때렸고, 맹자는 자신의 잘못을 깊이 뉘우쳤다.

왕에게 바른 소리를 하다

학식과 덕망으로 유명해진 맹자가 제자들을 거느리고 여러 나라를 돌아다니며 유가의 이상을 실현하고자 할 때였다. 그의 뒤로는 수레 수십 대가 넘는 긴 행렬과 제자 수백 명이 따랐다. 그 모습은 멀리에서 보기에도 그야말로 일대 장관을 이루었다. 그는 호탕하게 열국을 향해 진군했다. 씩씩한 기상과 굳은 절개를 가졌던 그는 왕들에게 이상 정치(왕도정치)를 시행할 것을 강력히 권유했다.

맹자가 양나라의 혜왕을 만난 것은 53세 때였다. 혜왕은 자기 나라가 점차 약화되는 것을 염려하여 사방에서 현인들을 초빙했다. 이에 맹자

오례五禮 나라에서 지내는 다섯 가지 의례로 길례吉禮, 흉례凶禮, 군례軍禮, 빈례賓禮, 가례嘉禮 가 있다. 그러나 여기에서는 주로 가정에서 지켜야 할 예법을 이른 듯하다.

가 찾아가니 혜왕은 매우 기뻐하며 나라에 도움이 될 방법을 물었다.

맹자는 "만일 왕께서 어떻게 하여 내 나라를 이롭게 할까 주장하신다면 대부°들도 반드시 어떻게 하여 내 집안을 이롭게 할까 할 것이며, 또 선비나 백성들도 어떻게 하여 나 자신을 이롭게 할까 할 것입니다. 이렇게 하여 위아래가 서로 자기의 이득만을 다툰다면 나라가 위태롭게 되고 말 것입니다"라고 충고했다. 이어서 그는 "신하된 자가 자기 이익을 생각하여 임금을 섬기고, 자식된 자가 자기 이익을 생각해서 어버이를 섬기고, 동생된 자가 자기 이익을 생각해서 형을 섬긴다면, 그것은 인의가 아니라 이익 때문에 서로 만나는 것입니다. 그러고서도 멸망하지 않은 경우는 여태껏 없었습니다"고 말했다. 이른바 모든 일에 개인의 공명 功名(공을 세워서 자신의 이름을 널리 드러냄)과 이익만을 추구하는 공리주의의 폐해를 통렬히 비판한 것이다.

하루는 맹자가 왕에게 물었다.

"형리刑吏가 자기가 맡고 있는 감옥 내의 질서를 바로잡지 못할 때는 어떻게 해야 합니까?"

"그 형리를 파면시켜야 한다."

"나라 전체가 문란해졌을 때는 어떻게 해야 합니까?"

그러자 왕은 다른 이야기로 말꼬리를 흐렸다.

맹자에 따르면, 군주의 의무를 게을리하여 백성들에게 원망이나 불평을 듣는 자는 마땅히 자리에서 물러나야 한다. 또 왕이 자리에 연연하여 독재를 하거나 백성들을 억압하려 든다면 살해되어도 무방하다. 그리고

대부大夫 중국에서 벼슬아치를 세 등급으로 나눈 품계의 하나. 주나라 때에는 경鄕의 아래, 사 士의 위였다.

이것은 절대 임금과 신하의 의리 혹은 명분을 파괴하는 일이 아니다. 왜 그럴까? 둘 사이에는 벌써 군신君臣 간의 관계가 깨졌기 때문이다.

예를 들어, 걸주* 같은 왕은 이미 왕으로서 존재 의의를 상실했기 때문에 임금과 신하의 도리가 지켜질 수 없는 것이다. 어떤 의미에서 맹자는 '혁명의 정당성'을 주창했기 때문에 끝내 군주들에게는 환영받지 못했다. 심지어는 그의 초상화와 글이 공자묘에서 철거된 일도 있었다. 60세 이후의 삶에 대해서는 알려진 바가 없고, 다만 고향에 은거하며 제자 교육과 저술 작업에 몰두했다고 전한다.

맹자는 인간의 본성이 착하다는 성선설을 주장하면서 사단설四端說을 근거로 들었다. 사단이란 인간에게 있는 네 가지 선함의 시초를 말하는데, 그 내용은 다음과 같다.

"측은하게 여기는 마음은 어짊의 시작이요(측은지심 - 인), 부끄러워하는 마음은 의로움의 시작이요(수오지심 - 의), 사양하는 마음은 예절의 시작이요(사양지심 - 예), 옳고 그름을 가리는 마음은 지혜의 시작이다(시비지심 - 지)."

그러나 아무리 착한 본성이라도 그대로 방치하면 황폐화되기 쉽기 때문에 이를 잘 보존하기 위해서 후천적인 교육이 필요하다고 역설했다. 교육을 통해 우리 인간이

걸주桀紂 중국 하나라의 걸왕桀王과 은나라의 주왕紂王을 아울러 이르는 말. 천하의 폭군을 비유적으로 이르는 말로, 이와 반대되는 말은 요순堯舜이다.

감각기관의 요구에 얽매이지 않고 사유 기관의 요구에 따르도록 해야 하며, 그래야만 선악과 시비를 가리어 착함과 옳음에 따르게 된다는 것이다. 더불어 인간은 외부의 유혹이나 협박에 넘어가기 쉬운 존재이므로 흔들리지 않는 마음(부동심)을 얻어야 하고, 그러기 위해서는 평소에 호연지기浩然之氣('거침없이 넓고 큰 기개'라는 뜻. 지극히 크고 굳세며 곧은 마음으로 진취적 기상의 바탕이 된다)를 길러두어야 한다.

또한 맹자는 사람의 본성은 어질기 때문에 통치자는 반드시 인의로써 나라를 다스려야 한다고 하여 이른바 왕도정치를 주장했다. 그가 말하는 왕도정치란 인의에 기초하여 공리주의를 물리치고, 백성들의 뜻에 따라 정치를 펴는 것을 말한다. 그러나 민생 문제를 소홀히 할 수는 없기 때문에 이를 위해서 정전제*를 실시해야 한다고도 주장했다. 그리고 민심民心은 곧 천심天心이기 때문에 임금은 백성들의 신뢰를 받는 현자 중에서 뽑아 선양禪讓(임금이 살아 있으면서 다른 사람에게 왕위를 물려줌. 유교에서 생각하는 이상적인 정권교체 방식)해야 한다고 했다. 이러한 맹자의 정치론은 바로 민본주의에 다름 아니다.

정전제井田制 토지의 한 구역을 우물 '정#'자로 9등분하여 8호의 농가가 각각 한 구역씩 경작하고, 가운데 있는 한 구역은 8호가 공동으로 경작하여 그 수확물을 국가에 조세로 바치는 토지제도다.

장자(기원전 365?~기원전 270?)

중국 전국시대의 송나라 철학자. 산문가. 제자백가 중 도가 사상의 중심인물로 자연으로 돌아갈 것을 주장했다. 맹자와 비슷한 시대에 활동한 것으로 전하나 정확한 생몰년은 알려져 있지 않다. 천지 만물의 근원을 도라고 보았고, 평생 벼슬길에 나아가지 않았다. 양혜왕의 재상을 지낸 혜시와 우정이 두터웠고, 그와 변론을 즐겼다. 혜시가 죽은 후에는 변론의 상대를 잃었다며 한탄했다. 10만여 자로 쓰인 그의 저서 《장자》는 우화 중심으로 쉽게 쓰였고, 도가의 경전이 되었다. 그중 장자가 스스로 나비가 되어 노닐다가 자신이 장자라는 사실도 잊고 말았다는, 자신이 나비인지 나비가 자신인지 구별할 수 없다는 〈나비와 장주〉의 예화가 유명하다.

변론의 상대를 잃어버렸도다
장자

아내의 주검 앞에서 노래를 부르다

장자의 이름은 주周이고, 중국 송나라의 허난성 상추 근처에서 태어났다. 본래 이곳은 호수와 숲이 많고 경치가 아름다우며 기후 역시 온화하여, 그의 정신세계에 큰 영향을 주었으리라 추측된다. 장자는 처음에 공자의 제자인 전자방田子方에게서 배웠다고 하는데 확실하지 않다. 장자는 남에게 배우기보다는 스스로 책을 읽으며 자신의 독자적인 사상 체계를 형성해 나간 듯하다.

장자의 아내는 결혼한 지 얼마 안 되어 죽고 말았다. 이때 친구 혜시*가 조문을 왔는데, 장자는 두 다리를 뻗고 앉아 물동이를 두드리며 노래를 부르고 있었다. 이를 보고 혜시가 말했다.

"그대는 지금까지 아내와 잘 살아왔고 그래서 애정도 두터울 터인데 노래를 부르고 있다니, 이것은 너무하지 않은가?"

이에 장자는 이렇게 답했다.

"그것이 아닐세. 나도 처음에는 놀라고 슬퍼서 소리내어 울었다네. 그런데 가만히 생각해보니, 가소롭기 짝이 없지 않은가? 왜냐하면 그녀는 본래 삶도 없고, 형체도 없고, 그림자조차 없었지 않은가? 그러다가 어느 날 큰 혼돈 속에서 음양의 두 기氣가 일어나 형체를 이룸으로써 그녀에게 비로소 삶이 주어졌네. 그리고 이제 삶에서 다시 죽음으로 돌아갔거늘, 이것은 춘하추동의 변화와 똑같은 것이 아니겠는가? 아마 내 아내는 지금쯤 천지天地라고 하는 한 칸의 큰 거실 안에서 단잠을 자고 있을 걸세. 그런데도 내가 소리를 치고 통곡을 하며 운다면, 천지간에 얼마나 불행한 사람이 되겠는가?"

흙탕물 속에서 살겠다

장자는 젊은 시절에 잠시 하급 관리 노릇을 한 적이 있는데, 경제적으로 아주 어려웠다. 끼니를 굶을 지경이 되자, 치수治水(물을 관리하는 일)를 담당하는 관리에게 쌀을 좀 빌리고자 했다. 그러나 그 관리는 "내가 수확기에 전세田稅(밭을 빌려주고 받는 세금)를 받으면 그 자리에서 삼백 냥을 빌려주겠소" 하는 것이었다. 이 말에 불쾌해진 장자는 이렇게 말했다.

"내가 이리로 오는데 누군가가 나를 불러 사방을 둘러보았더니, 시궁창의 붕어 한 마리였소. 그 붕어가 나에게 하는 말이 '나는 동해의 파신波臣이었는데 어쩌다 이렇게 되었습니다. 그러니 나에게 한 말의 물을

혜시(기원전 370~기원전 309) 송나라(현재 허난성) 출신으로서 양나라 혜왕의 재상을 지낸 적이 있으며, 학식 또한 넓었다고 한다. 장자의 친구이자 논적으로 장자가 만물 일체론에 입각하여 천인합일의 경지에 도달했던 반면, 혜시는 서로의 한계를 분명히 함으로써 사물의 관계를 엄격히 구별하고자 했다.

주어 제발 살려주십시오' 하는 것이었소. 그래
서 나는 '내가 남쪽의 오나라와 월나라의 군
주를 만나 큰 강의 물을 끌어다가 당신을
환영하도록 청하리다'* 하였소."

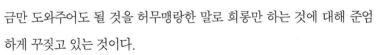

장자는 이 비유를 통해 사람이 급할 때 조
금만 도와주어도 될 것을 허무맹랑한 말로 희롱만 하는 것에 대해 준엄
하게 꾸짖고 있는 것이다.

장자는 아내가 죽은 뒤 관리직을 그만두고 여러 곳으로 유랑했다. 그
리고 그는 세상의 권세나 부귀를 우습게 여겼다. 언젠가 초나라의 위왕
이 장자의 명성을 듣고 그를 재상으로 등용하기 위해 천금千金의 선물
과 함께 대부 두 사람을 보내 초빙해오도록 했다. 대부들은 3개월을 헤
맨 끝에 장자를 찾았다. 그는 물가에서 낚시질을 하고 있었다. 장자는
낚싯대를 잡은 채 돌아보지도 않고 대부에게 물었다.

"천금이라면 대단한 돈이며, 재상이라고 하면 고관 중의 고관이지요.
그런데 듣자니 초나라 조정에는 죽은 지 삼천 년이나 지난 신령스런 거
북이 있다지요? 왕은 그것을 비단으로 잘 싸서 종묘*에 모셔두고 길흉
을 점친다고 들었소. 그 거북이 정말로 신령스럽다면 죽어서 그 껍질로
사람의 존경을 받겠소, 아니면 살아서 진흙 속에서 꼬리치며 살겠소?"

"그야 이를 말입니까? 흙탕물 속에서 자유로이 꼬리를 치며 사는 편
이 좋겠지요."

오월동주吳越同舟 원수끼리 한 배를 탔다는 뜻. 오나라와 월나라는 철천지원수 사이였다. 그런
나라끼리 협력하여 물을 끌어온다고 했으니, 이는 아예 불가능한 일을 나타내는 것이다.
종묘宗廟 역대 왕과 왕비, 추앙하고 존경하는 왕비의 위패(나무에 이름을 새겨 사당 등에 모셔두던
것)를 두던 왕실의 사당. 중국에서는 제왕 가문에서 조상의 위패를 두던 묘를 가리킨다.

이 말이 떨어지기가 무섭게 장자가 말했다.

"그럼 어서 돌아가시오. 나도 살아서 흙탕물에 자유로이 꼬리를 젓고 싶은 사람이오."

권력에 아부하여 일시적으로 부귀영화를 누리다가 어느 날 갑자기 죽임을 당하는 것보다는 차라리 욕심 없이 유유자적하며 사는 편이 더 낫다는 뜻이다.

벼슬 욕심을 버리다

장자는 혜시가 양나라의 재상이 되자 그를 만나러 갔다. 어떤 사람이 이 사실을 미리 알고 혜시에게 귀띔을 해주었다.

"당신보다 재주가 훨씬 뛰어난 장자가 곧 찾아올 텐데, 그러면 아마 당신의 재상 자리도 보전하기 어려울 것이오."

이 말을 들은 혜시는 불안하여 가만히 앉아 있을 수 없었다. 어떻게 해서든 장자를 만나 그 속내라도 알고 싶었다. 부하들을 죄다 풀어 장자를 찾아오도록 했는데, 꼬박 3일간을 수색했는데도 찾을 수가 없었다. 그런데 장자가 스스로 찾아와 혜시에게 이런 말을 했다.

"남쪽 지방에 봉황새*의 일종인 원추라는 새 한 마리가 있었는데, 이 새는 남쪽 바다에서 북쪽 바다로 곧장 날아간다네. 그 새는 먼 여행길에도 불구하고 오동나무가 아니면 쉬지를 않고, 대나무 열매가 아니면 먹

봉황鳳凰 중국의 전설에 나오는 상서로움을 상징하는 상상의 새. 깃털에는 오색 무늬가 있고, 소리는 오음(전통음악에서 한 옥타브 안에 쓰인 기본적인 5음률로 궁상각치우를 말함)에 맞고 우렁차며, 오동나무에 깃들어 대나무 열매를 먹고, 영천靈泉(신기한 약효가 있는 샘)의 물을 마시며 산다고 한다.

지를 않으며, 영천의 물이 아니면 마시지를 않지. 그런데 어느 날 그 새의 아래를 지나가던 솔개 한 마리가 썩은 쥐 한 마리를 물고 있다가 혹시 그 원추가 자기의 먹이를 빼앗지나 않을까 염려하여, 급히 머리를 쳐들고 '끼―' 하고 크게 울었다고 하네. 지금 그대도 이 솔개처럼 양나라의 재상 자리를 놓칠까봐 큰소리를 지르는 것이 아닌가?'

여기서 원추는 장자 자신을, 솔개는 혜시를, 썩은 쥐 한 마리는 재상 자리를 의미한다. 결국 이 말은 '네가 썩은 쥐와 다름없는 알량한 벼슬 자리를 빼앗길까봐 전전긍긍하고 있는 모양인데, 나는 그런 것에 관심도 없으니 너나 실컷 해라!'는 야유인 셈이다. 보통 사람 같으면 이 말에 부끄러워하든지 화를 내든지 할 텐데, 혜시는 벼슬자리에 눈이 먼지라 도리어 안도했다. 즉, 혜시는 장자의 마음에 욕심이 없음을 알아차린 까닭에 홀가분한 마음으로 그를 왕과 만날 수 있도록 주선해주었다.

양혜왕은 거친 베로 만든 누더기를 걸치고 다 떨어진 신을 끈으로 묶어서 신고 있는 장자의 초라한 몰골을 보고 놀라서 물었다.

"당신은 어째서 그런 모습으로 굴러다니시는가?"

이 말에 장자는 이렇게 대답했다.

"옷이 해지고 신발이 떨어졌다고 하여 굴러다닌다고 말할 수는 없지요. 오히려 도덕을 알면서도 행할 줄 모르는 사람이 굴러다니는 것입니다. 그리고 제가 이런 모습을 하고 다니는 것은 불행한 시대에 태어나 성군을 만나지 못하여 그런 건데 어쩌겠습니까?"

장자의 조롱 속에는 양혜왕에 대한 통렬한 질타가 들어 있었다. 양혜왕은 화가 나서 얼굴이 창백해졌으나 달리 할 말이 없었다.

또 송나라에 가난한 선비 조상*이란 사람이 있었다. 그는 왕명을 받고 사신으로 진나라에 다녀왔다. 떠날 때는 불과 몇 량의 수레를 몰고

갔지만, 돌아올 때는 진시황제의 환심을 사서 100여 량의 수레에 선물을 가득 싣고 왔다. 그는 장자를 찾아가서 자랑했다.

"나는 본래 가난하여 누추한 집에서 기거하며 얼굴이 누렇게 뜨고, 목뼈가 앙상히 드러났었소. 그러나 한마디 말로 군주를 기쁘게 하여 백 량의 수레를 끌고 왔으니, 나도 이제 영화를 누리게 되었소."

이에 장자는 큰소리로 호통치며 말했다.

"진나라 왕이 언젠가 병이 들어서 의사에게 고름이 가득 찬 종기를 손으로 터뜨려 주면 한 량의 수레를 주고, 입으로 빨면 다섯 량의 수레를 준다 했소. 당신이 그토록 많이 얻어온 것을 보면 종기 자리를 많이 빨아준 모양이구려. 어서 가시오. 나까지 더러워지기 전에!"

이것은 후안무치厚顔無恥(얼굴이 두껍고 뻔뻔스러워 부끄러움을 모름)한 행위로 명예와 부귀를 바꾸어온 데 대한 통렬한 비난이었다.

장자는 세상 사람들과 논쟁을 하지는 않았으나 친구인 혜시를 만나면 통쾌한 논전을 벌였다. 그런 혜시가 일찍 죽자, 장자는 그와의 옛정을 못 잊어 제자들에게 다음과 같은 이야기를 했다.

"초나라에 사는 어떤 사람이 자기 코에 파리 날개처럼 얇게 횟가루를 묻히고는 그것을 석수장이에게 정으로 쳐서 떨어내라고 했다. 석수장이는 정을 코에 대고 망치로 쳐서 횟가루를 떨어냈으나 코는 전혀 다치지 않았다. 송나라 왕이 그 말을 듣고 석수장이를 불러다가 자신의 코에 횟가루를 묻혀 그것을 떨어내도록 했다. 그러나 석수장이는 그 일을 할 수가 없었다. 왜냐하면 자신의 재주를 펴볼 수 있는 상대자가 아니었기 때

조상 위나라 2대 황제 조예에 의해 무위장군으로 중용되었다. 권력을 독점하게 되자 자만심과 주색에 빠졌고, 촉나라 정벌에 나섰다가 패배하여 사마의의 손에 처형되었다.

문이다. 여기서 말하는 석수장이는 바로 나이고, 그
상대자는 혜시이다. 나는 변론의 상대를 잃어버렸
도다!"

장자는 혜시와 만났다 하면 서로 입씨름
을 하며 으르렁댔으나, 그가 막상 이 세상에
없고 보니 그동안 미운 정 고운 정이 다 든 친구
였음을 깨달았을 것이고, 그런 친구를 잃었다는 사실에 마음이 아팠으
리라 짐작된다. 어떻든 이 대목에서는 장자의 인간적인 면모가 여실히
드러나 있다.

삶과 죽음은 하나

장자가 죽어갈 때 그의 제자들은 스승의 안장 문제에 대해 머리를 맞
대고 상의했다. 이를 보고 장자는 "염려하지 마라. 나는 천지를 관으로
삼고, 해와 달을 벗으로 삼으며, 별들을 보석으로 삼고, 만물을 휴대품
으로 삼으니 모든 장구葬具는 갖추어진 셈이다. 여기에 무엇을 더 좋게
하겠느냐?"고 했다. 이에 제자들이 "선생님! 관이 없으면 까마귀나 독
수리 떼들이 뜯을까봐 걱정이 됩니다"고 하자, 장자는 다시 말했다.

"노천露天에 버리는 것은 까마귀나 독수리 떼에게 뜯어먹도록 주는
것이며, 땅에다 묻는 것은 개미 떼나 땅강아지가 먹도록 주는 것이니 이
둘이 무엇이 다르겠느냐? 이것은 이쪽에서 식량을 빼앗아 저쪽에 보내
는 것과 마찬가지가 아니냐?"

장자가 언제 태어나 언제 죽었는지 확실하게 알려져 있지 않다. 그러나
그는 철학자이자 탁월한 산문가로서, 1000여 년 동안 그의 문학을 모방

하려는 사람이 많았다. 그의 문장은 모두 우화 형식으로 되어 있으며, 내용이 대부분 허구적이기는 하지만 무궁무진한 의미가 들어 있다.

철 학
속으로

장자에 따르면 본체로서의 무, 즉 도는 우주 내의 어떤 사물에든지 존재한다. 만물은 도에서 생겨나고, 다시 도로 돌아간다. 그러므로 진정 도를 깨닫는 사람은 삶을 기뻐하거나 죽음을 싫어하지 않으며, 성공을 과시하거나 실패를 탓하지 않으며, 억지로 일을 꾸미지도 않는다. 사실 이 세상에서 일어나는 모든 일에서 한쪽의 완성은 한쪽의 파멸을 뜻하기 때문에 전체적 질서에는 변함이 없다. 사정이 그러하거늘 인간의 생사화복에 그토록 집착할 필요가 있겠는가?

윤리학적인 면에서 장자는 무엇보다 유가의 인위적인 도덕에 반대한다. 도덕을 사람에게 강요하는 것은 마치 땅에 금을 그어놓고 달리게 하는 일처럼 위험하고 답답한 일이라는 것이다. 둘째, 생명존중의 윤리를 주장한다. 이 세상에서 생명을 지키고 몸을 보존하는 일보다 더 위대한 도덕은 없는 것이다. 셋째, 장자는 본성에 따라 사는, 분수의 윤리를 주장한다. 물오리는 비록 다리가 짧지만 그것을 이어주면 도리어 괴로워하고, 학의 다리는 길지만 그것을 잘라주면 오히려 슬퍼한다. 그러므로 자연적인 본분에 따라 살아가는 것이 최선의 방책이다.

기뻐하지도,
슬퍼하지도
않으리.

달관의
경지!

공자와 묵자, 노자와 장자는 혼란한 세상에서 백성을 불쌍히 여기고 세상을 바로잡아보자는 생각은 같았다. 그렇지만 그 방법은 서로 달랐다. 공자와 묵자는 직접 사회 개혁에 뛰어들어 문제를 해결하려 했고, 노자와 장자는 자연적으로 치유되고 미화되기를 바랐다.

그런데 좀더 살펴보면 노자와 장자 사이에도 차이가 있다. 노자가 정치와 사회의 현실에 어느 정도 관심이 있었던 반면, 장자는 개인의 안심입명安心立命(아무것에도 흐트러지지 않는, 완전히 평정한 마음의 상태)에만 몰두했다. 노자가 혼란한 세상을 구하기 위해 무위자연에 처할 것을 가르쳤던 반면, 장자는 속세를 초탈하여 유유자적悠悠自適(속세를 떠나 아무 속박 없이 조용하고 편안하게 삶)하고자 했다. 노자가 자연의 원리와 그 응용을 가르쳐주었다면, 장자는 천지와 하나가 되는 원리를 설파했다. 노자의 《도덕경》이 깊은 사색을 필요로 하는 철학적 작품이라면, 장자의 《남화경》(《장자莊子》의 다른 이름. 유려한 문체로 유명하다)은 읽는 사람으로 하여금 도취의 망아忘我 상태로 빠져들게 하는 문학적 작품이다.

물론 장자에 대해 허무주의적이라거나 회의주의적이라는 평가도 있다. 하지만 세상사와 정치에 대한 그의 통렬한 비평은 역설적으로 그에게도 격렬한 시비是非의 관념이 있었음을 보여주는 것이라 하겠다. 아예 세상사에 대한 관심이 없었다면 구태여 비웃거나 비판할 필요조차 없었을 것이기 때문이다.

한비자(기원전 280~기원전 233)

전국시대 말기의 법치주의자. 한나라의 귀족으로 태어났으나 말더듬이인 탓에 등용되지
못했다. 한나라가 위태로워지자 임금에게 충언을 하지만 받아들여지지 않았다. 이때 그
답답함을 책으로 쓰는데 바로 이것이 《한비자》다. 진나라 황제는 이 책을 읽고 한비자
를 데려오기 위해 전쟁도 불사했다. 한비자에 대한 진시황제의 총애가 나날이 깊어졌으
나 순자 밑에서 함께 공부했던 이사의 모함으로 목숨을 잃었다. 한비자는 성악설을 주
장한 순자의 제자로 본성이 악한 인간을 법으로 다스려야 한다고 주장했다. 또 법치와
유가의 덕치를 대립시키면서 사람에게는 '은혜와 사랑'의 마음이 전혀 존재하지 않는다
고 역설했으며, 인의도덕은 현실 상황과 맞지 않다고 비웃었다.

유세하는 일은 쉽지 않다
한비자

진시황제가 탐낸 인재

한비자는 한韓나라 명문 귀족의 후예로 본명은 한비다. 한자韓子라고 불리다가 당나라의 문인이자 정치가인 한유(당송팔대가의 한 사람)와 구별하기 위해 한비자로 불렸다. 그는 귀족 가문에서 태어났지만, 날 때부터 말더듬이여서 사람들과 어울리지 못했고 외롭게 성장했다. 그의 문장 속에서 느껴지는 울분이나 냉혹한 법가 사상은 그 영향으로 여겨진다.

당시 한나라는 진나라에 많은 땅을 빼앗기고 멸망의 위기에 놓여 있었다. 답답한 마음에 한비자는 임금에게 편지를 띄워 나라를 다스리는 방법에 대해 건의했다. 그러나 임금은 그의 충정에 아무런 대답이 없었다. 성격이 급하고 괴팍한 한비자는 화가 치밀어 올랐다. 그리하여 자신의 울분을 글로써 풀어보겠다는 마음에서 '세상에 대해 홀로 분하게 여김'을 뜻하는 〈고분〉과 '유세로 인해 당하는 어려움(임금에게 잘못 아뢰어 화를 당함)'을 뜻하는 〈세란〉 등 10만여 자나 되는 책을 썼는데, 이것이 바로 《한비자》다. 그러나 왕은 책을 눈여겨보지도 않았으며, 한비자가 말더듬이라는 이유로 등용하지도 않았다. 그런데 어떤 사람이 이 책을 진나라의 시황제에게 보여주었고, 진시황제는 그것을 읽고 나서 감탄했다.

"참으로 내가 이 사람을 만나 함께 이야기할 수 있다면, 죽어도 여한이 없겠다."

마침 옆에 있던 이사°가 자랑하며 아뢰었다.

"이것은 틀림없이 한비자의 저술인데, 저는 이 자와 함께 공부한 적이 있습니다. 한나라에 가면 반드시 그를 찾을 수 있을 것입니다."

진시황제는 한비자를 만나볼 욕심으로 한나라를 급히 공격하도록 명령했다. 느닷없이 진시황제의 군대가 국경을 넘어오자 한나라는 진의를 파악하기에 정신없었다. 뒤늦게 진나라의 의도를 알아차린 한나라 왕은 즉시 한비자를 진나라로 보냈고, 겨우 화를 모면했다. 그러나 이런 곡절을 겪고 진시황제를 만난 한비자는 '진나라가 한나라를 치는 것은 국익에 전혀 이로울 것이 없습니다'는 내용의 글을 올려 조국의 안녕을 도모했다.

친구의 손에 죽다

한비자를 직접 만나본 진시황제는 그의 탁월한 견해를 높이 평가하

이사(?~기원전 208) 초나라 사람이었으나 순자 밑에서 공부한 후 진나라로 건너가 여불위(시황제의 친아버지)의 식객이 되었다. 이후 진시황제를 도와 천하 통일의 업적을 이룩했다. 그 공으로 승상丞相(황제를 보좌하는 수석 보좌관이자 조정의 영수로 오늘날 국무총리에 해당)이라고 하는 막강한 벼슬을 하사받았다. 진나라의 법령 개혁과 제도 정비에 앞장섰고, 중앙집권 체제의 기반을 갖추도록 했다. 그러나 진시황제로 하여금 분서갱유焚書坑儒(학자들의 정치 비평을 금지하기 위해 책을 불태우고 유생들을 땅속에 묻었던 일)와 불로장생 약초 구하기, 아방궁阿房宮(기원전 212년에 진시황제가 세운 궁전) 축조 등의 정책을 추진하도록 하여 백성들에게 원성을 샀다.

며, 크게 환대했다. 그러나 이사는 학생 시절부터 자신이 한비자보다 못한 줄을 이미 알고 있던 데다, 그가 진시황제의 총애까지 받게 되자 심한 질투심을 느꼈다. 그래서 요가姚賈와 함께 기회를 보아 한비자를 해치기로 공모했다.

어느 날 이사는 진시황제 앞에 나가 참소讒訴하며 말했다.

"한비자는 한나라의 공자公子입니다. 그는 조국 한나라를 위해 이곳에 왔습니다. 결국 진나라를 위하지는 않을 것입니다. 지금 임금께서 그를 등용하지도 않고 붙들어 두었다가 돌려보낸다면, 천하를 통일하는 데 후환을 남기는 일이 될 것입니다. 그는 우리의 사정을 잘 알기 때문에 우리에게 반드시 불리하게 행동할 것인즉, 그에게 죄명을 씌워 일찌감치 죽이는 것이 좋을 것입니다."

그러나 한비자를 모함하는 이사 자신도 따지고 보면 초나라 사람으로서, 진나라가 조국이 아닌 것은 마찬가지였다. 그런데도 미련하고 우둔한 진시황제는 이사의 간교한 말을 믿고 한비자를 옥에 가두었다. 그렇지만 그를 죽일 생각까지는 없었다. 이에 안달이 난 이사는 진시황제의 마음이 변하기 전에 한비자를 죽여야겠다는 결심을 하고, 마침내 진시황제 몰래 하수인을 시켜 독약을 감옥으로 보냈다. 그리고 왕의 뜻임을 암시하며 한비자에게 스스로 자살하도록 명령을 내렸다. 이 모든 것이 이사의 모함임을 눈치챈 한비자는 여러 차례 진시황제에게 상소를 올렸다. 그러나 끝내 기회를 얻지 못한 채 죽고 말았다. 그는 한 스승 밑에서 함께 동문수학한 친구에게 억울하게 죽임을 당한 것이다.

그러나 이사 역시 조고*의 참소로 처형당하고 말았다. 나중에야 모든 것을 깨달은 진시황제는 한비자가 살아 있을 것으로 생각하여, 그의 죄를 벗겨주었다. 그러나 이미 한비자의 몸은 백골로 변해 있었다.

유세의 어려움

한비자는 살아생전에 유세*의 곤란함에 대해 이렇게 말했다.

"유세하는 일은 쉽지 않다. 상대편의 마음을 잘 알고 거기에 내가 말하고자 하는 것을 끼워 맞추는 일이 쉽지 않기 때문이다. 상대편이 명예욕에 사로잡혀 있을 때 재물의 이익을 말하면 속물이라 하여 깔보고, 반대로 그가 재물의 이익을 바라고 있을 때 명예를 이야기하면 세상일에 어둡다고 한다. 군주가 겉으로는 그렇지 않은 척하면서 비열한 짓을 하려 할 때, 유세하는 자가 그것을 아는 체하면 목숨이 위험하다. 임금에게 도저히 불가능한 일을 강요하거나 도저히 중지할 수 없는 일을 그만두도록 해도 목숨이 위험하다. 군주와 함께 어진 임금의 이야기를 하면 군주를 비방하는 것이라 의심받고, 말을 꾸미지 않고 표현하면 무식한 자라고 업신여기고, 여러 학설을 끌어다 해박하게 말하면 말이 많다고 한다. 몇 가지 예를 들어보자. 송나라에 부자가 한 사람 있었는데, 어느 날 큰비가 와서 담장이 무너졌다. 그의 아들이 '아버님, 담을 고쳐 쌓지 않으면 또다시 도둑이 들지 않을까 걱정됩니다' 했다. 그때 이웃에 사는 한 사람도 집주인을 만난 자리에서 역시 같은 말을 했다. 과연 그날 밤, 그 집에 도둑이 들어 많은 재산을 잃었다. 그런데 집주인은 아들에게는 참으로 현명하다고 칭찬하면서, 똑같은 충고를 했던 이웃사람에게는 의심을 품었다. 또 옛날에 미자하彌子瑕라는 아름다운 소년이 있었는데, 위나라 임금의

조고趙高(?~기원전 207) 원래 환관이었으나 수단과 방법을 가리지 않고 진나라의 승상 자리에 올라 조정을 장악했다. 황제인 이세를 죽이고 그 자리를 찬탈하려 했으나 문무백관의 반대가 두려워 행동에 옮기지는 못했다. 결국 호해(이세황제)의 조카인 자영을 황제로 옹립했다가 도리어 그 자영의 계략으로 인해 살해되었다.

유세遊說 각처로 돌아다니며 자기의 의견을 말함. 여기에서는 자기의 의견을 왕에게 진정한다는 의미로 쓰였다.

총애를 받았다. 미자하의 어머니가 병이 나자 한
사람이 미자하에게 그 사실을 알렸다. 이 소식
을 듣고 마음이 급해진 미자하는 바삐 어머
니에게 가기 위해 임금의 수레를 타고 집으로
향했다(당시 위나라 법에 따르면, 군주의 수레를 몰래
타는 자에게 발꿈치를 베는 형벌을 내리도록 되어 있었다).
나중에 이 말을 전해들은 임금은 도리어 그를 칭찬했다.
'참으로 효자로다. 어머니의 병을 걱정하여 자신의 발꿈치가 베이는 것
조차 대수롭지 않게 여기다니.' 어느 날 미자하는 임금과 함께 과수원으
로 행차했다. 나무 사이를 걷던 미자하가 가지에 달려 있는 복숭아 하나
를 따서 먹어보니, 너무나 맛이 좋았다. 미자하는 먹던 복숭아를 임금께
올렸다. 임금은 속으로 '이 얼마나 임금을 생각하는 정이 깊은가. 제가
먹던 것이라는 사실조차 까맣게 잊을 정도로 나만을 생각하다니' 했다.
그러나 세월이 흘러 미자하가 늙자 임금의 사랑도 식었다. 그 무렵 미자
하가 잘못을 저질렀는데, 임금의 반응은 과거와 너무나 달랐다. '미자하
는 일찍이 나 몰래 수레를 훔쳐 탄 놈이며, 제가 먹던 복숭아를 내게 건네
주던 놈이다. 참으로 괘씸하기 짝이 없구나!' 사실 미자하의 행동은 처음
이나 나중이나 별반 다르지 않았다. 하지만 예전에는 훌륭하다 칭찬을
받았고, 나중에는 벌을 받았다. 이것은 사랑하고 미워하는 군주의 마음
에 그 원인이 있었던 것이다. 그러므로 유세하는 요령은 상대편 군주의
긍지를 만족시키고, 그의 수치심을 건드리지 않는 데에 있다. 군주의 결
점을 추궁하지 말 것이며, 그에게 항거하여 분노하게 하지 마라! 오랜 시
일이 지나서 임금의 온정이 두터워지면 자기의 뜻을 추진해도 의심받지
않을 것이며, 임금에게 간언하더라도 죄를 입지 않을 것이며, 오히려 자

기의 몸을 비단으로 장식하고 남음이 있을 것이다."

그러나 한비자는 〈세란〉이 실제로 자기에게 닥칠 줄은 꿈에도 생각지 못했을 것이다. 결국 그는 유세의 어려움을 자신의 죽음으로 후세에 알린 셈이 되었다.

한비자는 법치주의자로서 과거 유가 사상가들이 제시한 방법으로는 천하를 다스릴 수 없다고 보았다. 긴박한 사회 상황에 당면하여 통치자가 인의도덕에 의존하여 무기력한 정치를 편다면, 그것은 마치 고삐나 채찍도 없이 사나운 말을 모는 것과 같아 매우 위험하다는 것이다. 그러므로 통치자는 공평무사하고 엄정해야 하며 냉혹한 법에 의존해야 한다는 것이 한비자의 주장이다.

법가의 논법으로 유가 사상을 받아들인 한비자는 스승인 순자가 성악설을 기초로 예치禮治를 주장한 것과 같은 맥락으로, 인성이기설人性利己說을 바탕으로 법치法治를 주장했다. 인성은 악하고 이기적이므로 이를 다스리기 위한 가장 믿을 만한 특효약은 법밖에 없다는 것이다. 다만 순자가 강조한 예가 귀천을 구별하고 친소親疏를 밝히는 것이라면, 한비자의 법은 귀함과 천함을 타파하고 가까움과 가깝지 않음을 구별하지 않는 평등의 정신이다. 법을 어기는 자는 누구든지 예외 없이 벌을 받아야 한다. 여기에서 한비자는 신상필벌을 주장한다. 백성들에게 선을 권하는 직접적인 방법이 상이라면, 그 간접적인 방법

에 해당하는 것이 벌이다. 또한 나라에서 만든 법이 잘 지켜지기 위해서는 무엇보다 군주의 권위가 바로 서야 한다. 그래야만 군주가 안심하고 법을 운용할 수 있기 때문이다.

한비자는 신도의 '세勢' 개념을 받아들여 법치가 인치人治보다 우수하다는 점과 법과 세가 서로를 보완해줄 수 있음을 주장했다. 그는 군주의 '세'를 호랑이의 날카로운 이빨과 표범의 발톱에 비유했는데, '세'가 없는 군주는 이빨 빠진 호랑이처럼 힘이 없다고 보았다. 그의 이론을 정리하자면 다음과 같다. 법을 공포하여 백성들로 하여금 군주에게 절대 복종토록 하고, 술術로써 신하들의 직무책임제를 확고히 하는 한편 신상필벌의 권세로써 임금이 신하와 백성들 위에 군림하는 체제를 만들어야 한다는 것이다. 법은 문서로 편찬하여 관청에 비치해두고 백성들에게 공포하는 것이지만, 술은 군주의 가슴 속에 꼭 묻어두고 신하의 말과 행동 등 많은 정보를 수집·검토하여 아무도 모르게 많은 신하를 지배하는 것이다. 이런 술 개념 때문에 법가 사상은 권모술수에 치우친 이론이라고 하는 비판도 받는데, 한비자는 '술'로 신하를 다스려야만 '법'을 온 세상에 실제로 적용시킬 수 있다고 보았다. 그러나 한비자의 법은 백성들이 감히 죄를 범하지 못하도록 위협할 수는 있을지언정, 백성 스스로 그것을 지켜나가도록 하지는 못했다. 누구든지 법망을 피하기만 하면 어떠한 부끄러움도 느끼지 않을, 그러한 것에 불과했던 것이다.

아우구스티누스(354~430)

교부철학의 대성자. 마니교를 믿는 아버지, 기독교에서 삼현모로 꼽힐 정도로 독실한 기독교 신앙인 어머니 사이에서 태어났다. 공부에는 관심이 없었으나 웅변 등에 소질을 보이자, 그의 아버지는 아들을 정치가로 만들기 위해 철학자 아플레아우스에게 가르침을 받도록 했다. 아우구스티누스는 서양의 가장 위대한 교부이자, 성인의 반열에 오른 교부로 추앙받지만 젊은 시절에는 방탕함을 일삼았다. 그 예로 노예 출신의 여자와 동거하여 아들을 두었다. 수사학에 뛰어나 로마와 밀라노에서 초빙받아 활동했다. 33세에 이르러서야 영세를 받고, 37세에 사제직을 맡았다. 중세철학에서 철학과 신학을 진지하게 고민했고, 기독교 교리를 확립했으며, 삼위일체설·원죄설·구원설을 주장했다.

성부와 성자와 성령은 하나다
아우구스티누스

이단 종교에 빠진 방탕아

아우구스티누스는 북아프리카 지중해 해안의 작은 도시 타가스테(오늘날 알제리의 수크아라스)에서 태어났다. 로마제국의 세금 징수관이었던 아버지 파트리키우스는 마니교*를 신봉했으나, 어머니 모니카는 훗날 기독교회에서 삼현모三賢母 가운데 한 명으로 손꼽힐 만큼 독실한 신앙인이었다.

아우구스티누스는 6세 때 문법학교에 입학했다. 공부에 취미가 없어 장난과 유희에 몰두하지만, 시 암송이나 웅변 등에는 소질을 나타냈다. 그러자 그의 아버지는 아들을 정치적으로 출세시키기 위해 마다우라로 보내 철학자 아플레아우스 밑에서 공부하도록 했다. 그러나 그는 16세 때 가정 형편이 기울어 학업을 중단한 채 고향으로 돌아왔다.

이때부터 그는 불량한 친구들과 사귀며 도둑질과 거짓 연애 등 나쁜 일을 저지르기 시작했다. 남의 집 정원에서 배를 훔쳐 먹는 것 정도는 아무렇지도 않게 여겼다. 그러니 누가 이렇게 방탕한 청년기를 보낸 그가 장차 '서양의 가장 위대한 교부*'가 되리라고 예상했겠는가?

제멋대로인 아들을 구제하기 위해 그의 아버지는 아들을 빨리 결혼시키려고 했으나 어머니는 반대했다. 어머니는 아들을 죄악에서 구하기 위해 온갖 노력을 다했다. 아버지는 아들을 훌륭한 법률가로 만들기 위해 돈 많은 친구의 도움을 얻어 그를 카르타고에 있는 평민학교에 입학시켰다. 그러나 여기서도 아우구스티누스는 난폭한 학생 집단과 어울렸다. 혁명가로 자처하는 그들은 한밤중에 죄 없는 행인을 덮치기도 했다. 아우구스티누스 자신은 신중하여 그 일에 직접 가담하지는 않았지만 말이다.

어느 날 아우구스티누스는 우연히 대철학자 키케로의 《호르텐시우스(철학의 권유)》란 책을 읽었는데 크게 감명을 받아, 철학에 대해 흥미를 느끼게 되었다. 당시 젊은이들은 여자들과 연애하는 일에 열심이었는데, 아우구스티누스도 마찬가지로 밤이나 낮이나 연애하는 데 시간을 다 보냈다. '세상을 즐겁게 살자!'는 것이 그의 유일한 신념인 것처럼 보였다. 훗날 그는 이때를 "나의 육체적 욕망과 청춘의 끓는 피는 나로 하여금 순수한 사랑과 정욕을 구별하지 못하게 했습니다. 나의 육체적 욕망은 나의 젊음과 나약한 기질을 연료로 삼아 맹렬히 불탔습니다. 그리하여 음행의 구렁텅이에 빠지게 되었습니다"라고 회고했다.

이 무렵 아버지가 세상을 떠났는데, 아우구스티누스는 아버지 임종

시에야 기독교에 돌아왔다. 19세 때에는 어머니의 허락 없이 노예 출신의 여자와 동거하고, 아들까지 낳았다. 그는 항상 육체적인 유혹과 이상의 괴리 사이에서 고민했는데, 마니교에 귀의함으로써 악의 문제에 관한 자기의 고민을 해결하려고 했다. 그는 9년 동안 마니교에 충실하여 지도자로서 존경받기까지 했다.

고향을 떠난 지 4년 만에 그는 아내와 3세 된 아들을 데리고 다시 고향으로 돌아왔다. 그러나 기독교를 버리고 마니교 신자가 되어 돌아온 아들을 보자, 어머니는 눈물을 머금고 아들과 며느리와 손자를 쫓아내고 말았다. 아우구스티누스는 다시 카르타고로 돌아갔다.

극적인 회개

29세 때에는 로마의 수사학(그리스·로마에서 정치 연설이나 법정에서 변론 효과를 높이기 위한 화법話法 연구에서 기원한 학문) 교사로 초빙을 받았다. 카르타고에 와 있던 어머니가 이에 반대했으나 어머니를 속이고 로마로 몰래 도망쳤다. 1년 후에는 밀라노*에서 수사학 교사로 초빙 제의가 들어와서 그곳으로 건너갔다.

아우구스티누스는 이곳에서 당시 가장 뛰어난 인물로 알려진 밀라노의 주교 암브로시우스*의 강론에 큰 감화를 받고 나서, 성경 속에 깊은

밀라노 374년에 암브로시우스가 밀라노의 대주교가 되면서부터 북부 이탈리아의 종교적 중심지가 되었다. 마리아성당 안에 있는 레오나르도 다 빈치의 벽화 《최후의 만찬》, 오페라극장인 라스칼라극장 등이 유명하다.
암브로시우스(390~397) 4세기에 활동한 서방 교회의 4대 교부 가운데 한 사람. 법률가이자 밀라노의 주교. 아리우스파에 맞서 정통 기독교의 개혁을 이룩했다.

계시가 들어 있다는 사실을 알게 되었다.

32세 되던 해의 늦은 여름, 밀라노의 한 정원에서 "펴서 읽어라!"는 어린이들의 노랫소리를 듣고, 불현듯 느끼는 바가 있어 신약성서를 집어 펼친 곳을 읽어 내려갔다. 거기에는 "낮에 행동하듯이, 단정하게 행합시다. 호사한 연회와 술취함, 음행과 방탕, 싸움과 시기에 빠지지 맙시다"(로마서 13:13)라고 쓰여 있었다. 그는 곧바로 학교에 사직서를 제출하고 영세받을 준비를 했다.

한편 이미 이곳에 와서 함께 살고 있던 어머니의 권유로 12세의 양갓집 딸과 약혼하게 되면서 아우구스티누스는 14년 동안 동거하며 아들까지 둔 여자를 버려야만 했다. 아우구스티누스는 이때의 심정을 이렇게 고백했다.

"나는 그 여자를 보낼 때, 마음이 찢어지는 것 같았다."

그러나 얼마 후 그는 다른 여자를 가까이하는데, 약혼녀의 나이가 너무 어려서 2년 후가 아니면 결혼할 수 없었기 때문이다. 아우구스티누스가 이 문제로 고뇌에 빠져 있는 것을 알고 친구 폰티키아누스는 그에게 '20세 때 부모를 잃고 모든 인간의 욕망과 영화를 내던진 채 산 속에 들어가 수도사의 생활로 일생을 마친' 이집트의 가톨릭 사제 안토니우스에 관한 이야기를 들려주었다. 이 이야기를 들은 아우구스티누스는 이렇게 외치면서 새로운 결심을 했다.

당신이 쓴 《참회록》을 읽고 저의 죄가 생각나 많이 울었습니다.

"자, 지금이다. 끊을 때는 지금이다!"

아우구스티누스는 결혼을 기다리던 약혼녀에게 파혼을 선언했다. 아우구스티누스를 위해 30년 동안 정성으로 기도했던 어머니는 아들의 극적인 회개 소식에 너무도 기뻐서 어쩔 줄을 몰랐다.

아우구스티누스는 말년에 젊은 시절을 회고하며 자신의 죄를 회개한 적이 있다. 책임지지도 못할 연애 관계나 웅변술로 공명심을 만족시키며 거드름 피웠던 일은 물론이고, 다른 사람들이 보기에는 전혀 문제될 것 없는 것까지도 죄라고 여겼다. 예를 들어 그가 학생 시절 공부보다 놀기를 더 좋아한 것, 구구단 외우기에 열중하기보다는 트로이의 화재 이야기를 더 많이 한 것, 혹은 극장에 자주 간 것 등도 모두 죄라고 여겼다. 그는 젖먹이 때 젖을 달라고 보채며 큰소리로 울었던 일조차 죄를 지은 것이 아닌지 반문할 정도였다.

말년의 아우구스티누스는 분명 자신이 젊은 시절에 했던 일들을 없던 일로 만들고 싶었을 것이다. 그러나 아우구스티누스가 처음부터 성실한 사람이었다면 성인聖人이 되었을지는 몰라도 더 인간적이지는 못했을 것이다. 그가 그렇게도 한탄하던 젊은 시절의 방탕이 없었다면, 한갓 냉혹한 신학자나 자기 신념에만 매달리는 고지식한 철학자에 머물렀을지도 모른다. 그의 방탕함과 죄는 오히려 빛을 발하여 그를 더 위대하고 인간적이게 했다.

히포의 주교

33세에는 밀라노로 가서 암브로시우스에게서 세례를 받고 어머니와 함께 아프리카로 떠날 계획을 세운다. 하지만 어머니가 병을 얻어 세상을 떠나고 말았다. 아들을 위해 헌신해왔던 어머니의 죽음으로 그는 좌절한 채 다시 로마로 갔다. 그리고 이 위기를 이겨내고 이듬해 고향으로 돌아가 아버지의 유산을 정리하고, 자신의 집에서 몇몇 동지와 함께 안토니우스를 본받아 청빈한 생활을 시작했다. 그는 기도하면서 연구에 몰두했다.

37세에는 발레리우스의 설교를 들으려고 히포*의 거리에 나갔다가 발레리우스의 간청과 시민들의 성화에 못 이겨 원하지도 않던 타가스테의 사제직을 맡게 되었다. 그는 곧 동지들과의 공동생활을 해체하고 아버지의 유산을 전부 교회에 바친 다음, 교회 구내의 집으로 옮겨 그곳에서 죽을 때까지 살았다.

4년 후에는 히포의 부주교가 되었고, 이듬해에 발레리우스가 사망하자 그의 뒤를 이어 주교에 임명되었다. 이 직분은 강론과 사제직이라는 성직자의 정신적 의무뿐만 아니라, 교회의 막대한 재산을 관리하는 성가신 일도 맡아야 했다. 아우구스티누스는 성직자로서의 활동에는 최소한의 시간만을 할애하고, 대부분의 시간을 신학과 철학 분야의 책을 쓰는 데 보냈다.

히포가 반달족(민족 대 이동기에서 게르만인의 부족 이름 중 하나)의 공격을 받아 점령될 때에도 그의 손에는 붓이 들려 있었다고 하는데, 결국 그로부터 3개월 만에 열병에 걸려 76세에 세상을 떠났다. 그가 젊었을 때 격정적으로 사로잡혔던 세계와는 동떨어진 완전한 고독과 적막 속에 은둔하여 유명을 달리한 것이다. 반달족의 공격이 3개월간이나 계속되었으나, 그들은 아우구스티누스의 성당과 도서관에는 손을 대지 않았다고 전한다.

히포 북아프리카의 해안에 있는 2개의 고대 항구 중 하나. 지금의 알제리에 있는 안나바(옛 이름은 본) 시 근처에 있었다.

예수의 제자들이 전파하고, 사도 바울이 그 의의를 밝혀놓은 기독교 복음은 원래 단순하고 소박하다. 다만 그것을 해석하는 입장에 따라 서로 다른 설이 나온 것이다. 그리하여 어떤 해석을 이단적인 것으로 보아 배격할 것이며, 또 어떤 것을 정통으로 보아 받아들일 것이냐 하는 것이 문제가 되었다.

바로 이러한 문제를 해결해가면서 교리 조직에 힘쓴 사람들이 교부들이며, 그 가운데 가장 대표적인 사람이 아우구스티누스다. 오늘날 우리가 알고 있는 거의 모든 기독교 교리는 아우구스티누스가 확립한 것이고, 대부분 정통으로 인정받고 있다.

그 첫 번째는 삼위일체설三位一體說이다. 천지 만물을 창조하신 하나님 아버지와 인간의 육신을 입고 이 땅에 내려온 그의 아들 예수그리스도, 예수가 죽어 하늘로 올라간 후 그를 대신하여 이 땅에 내려온 보혜사* 성령이 비록 위격位格, 즉 나타나는 방식은 달라도 결국 한 몸이라고 하는 교리다. 다시 말해, 성부(하나님)와 성자(예수)와 성령(하나님이나 또는 예수님의 거룩한 영)은 그 본질과 능력과 영광에서 똑같으며 영원히 한 몸이라고 하는 이론이다.

여기에서 특히 중요한 것은 예수그리스도는 신임과 동

보혜사保惠師 원래는 다른 사람을 인도하고 교육하며 변호하는 사람을 일컫는 말. 여기에서는 성령을 가리키는데 성도에게 예수그리스도를 증거하고 가르치며, 보호하고 변호하며 돕는 영을 말한다.

시에 완전한 인간이라고 하는 신인설神人說이 거부할 수 없는 기독교의 교리로 굳어졌다는 사실이다.

두 번째는 원죄설原罪說이다. 하나님은 아담과 하와를 만들고 에덴동산에서 부족함 없이 잘 살아갈 수 있도록 배려했다. 다만 단 한 가지, 선악과만은 따먹지 말도록 하는데, 아담이 그 명령을 어기고 말았다. 이 때문에 아담과 하와는 낙원에서 추방되었다. 이때부터 아담은 노동을 해야 음식을 먹을 수 있게 되었고, 하와는 임신과 출산의 고통을 받게 되었다. 그리고 아담의 후손으로 태어난 모든 인간은 그의 조상(아담)에게 죄의 피를 물려받았기 때문에, 태어날 때부터 예외 없이 죄인이다. 바로 이것이 원죄설이다.

최초의 인간이자, 모든 인류의 조상이기도 한 아담이 죄를 범했기 때문에 그의 씨앗을 물려받은 후손인 모든 인간은 타고날 때부터 원초적으로 죄인인 것이다.

세 번째는 구원설이다. 아담의 후손인 인간은 죄의 대가로 수많은 저주를 받았을 뿐 아니라 죽어야 할 운명을 타고났다. 그러나 자비로운 하나님은 이러한 인류의 비극을 차마 볼 수 없어 그 죄를 대속代贖(대신 갚아준다는 뜻)하기 위해, 오직 하나뿐인 독생자 예수그리스도를 이 땅에 보내셨다.

그리고 예수그리스도로 하여금 십자가 위에서 피를 흘리고 죽게 한다. 예수그리스도의 이 피, 보혈寶血이야말로 신의 은총을 나타내는 단적인 표시다. 죄인인 인간은 그 창조자 하나님 앞에서 하나도 의로울 것이 없으나, 예수그리스도의 생애와 십자가의 공로로 말미암아 구원받을 수 있다. 바로 이것이 사도 바울이 주장하고 아우구스티누스가 역설한 기독교의 정통 교리다.

현장(602~664)

삼장법사로 널리 알려진 중국 당나라 때의 승려, 불교학자, 여행가. 본명은 진위陳禕다. 불교 경전의 원전을 연구하기 위해 육지로 서역을 거쳐 인도에 갔다. 중인도 날란다 사에 이르러 계현 법사에게서 배우고 여러 명사들을 방문했으며, 불교 유적지를 참배했다. 17여 년 동안 두루 다니다가 브라만어 경전을 가지고 중국 장안에 들어와 경론(불교의 삼장三藏, 세 가지 불교서적 경장, 율장, 논장 가운데 경장과 논장을 이르는 말) 75부를 번역해내니, 모두 1,335권이었다. 저서에는 인도, 네팔, 파키스탄, 방글라데시 등지의 고대 역사와 지리, 고고학을 연구하는데 귀중한 자료가 되는 여행견문기 《대당서역기》가 있다. 명나라 때 오승은이 쓴 《서유기》에서 현장은 삼장법사로 등장한다.

불법을 넓히다
현장

《서유기》의 삼장법사

인도에서 중국으로 들어온 불교 사상은 위진 시대를 거쳐 수나라, 당나라에 이르러 그 전성기를 구가했다. 그에 따라 여러 종파가 생겨났는데, 가장 유력했던 종파는 법상종, 화엄종, 천태종 등 불학의 정통 교파다. 현장은 바로 법상종®의 창시자로서 일반인들에게도 《서유기》를 통해 널리 알려져 있는 인물이다. 물론 《서유기》는 기담 소설이지만, 적어도 현장이 불경을 구하기 위해 여행했다는 것만큼은 사실이다. 이제 소설 속의 현장이 아니라, 학술 사상 속의 진정한 현장을 만나보자.

현장은 지금의 허난성 뤄양 사람으로 수나라 초대 황제 때 태어났다. 할아버지는 국학 박사를 지냈고, 아버지는 후베이성 장링 현장을 지내다가 수나라가 망하자 관직을 버리고 고향에 돌아와 은거했다.

현장은 어려서부터 독서와 사색을 즐겨 아이들과 어울려 놀기를 좋아하지 않았다. 그가 13세 되던 해에 아버지가 죽었고, 그 후 둘째 형 장첩

우리의 스승님, 현장법사!

법사를 따라 뤄양의 정토사로 옮겨 살았다. 이때 부터 그는 불교의 영향을 받기 시작했고, 몇 년 후 사미승(막 출가하여 십계十戒를 받기는 했으나, 아직 수행을 쌓지 않은 소년 승려)이 되어 불법을 넓히는 데 힘을 쏟았다. 그러나 지식욕이 왕성한 현장은 어느 한 종파와 교리에 만족하지 못하고 각지로 다니며 견문을 넓히고자 했다. 중국의 여러 곳을 돌아다니는 동안 수많은 고승高僧을 만났고, 유명한 절도 찾았으며, 여러 종파의 경전도 많이 읽었다. 그의 시야도 자연 넓어지고 불교에 대한 조예도 깊어져 명망이 점점 높아졌다. 이 무렵 누군가가 그를 큰 절인 장안사의 주지로 천거했으나 즉시 거절했다.

목숨 걸고 인도로 향하다

현장은 몇 년을 두루 다니면서 불교 경전이 많이 부족하고 사상적 계통 역시 제대로 서 있지 않음을 뼈저리게 느꼈다. 더구나 경전을 번역하는 일도 체계가 없음을 깨달았다. 번역자들이 직접 인도에 간 적도 없을 뿐 아니라, 범문梵文(고대 인도에서 쓴 문자 중 하나인 범자梵字로 기록된 글을 말하며, 보통 불경과 같은 의미로 쓰인다)을 잘 몰랐기 때문에 불법의 해석이 여러 갈래였다. 그 때문에 현장은 이렇게 생각했다.

'혹시 우리는 장님이 코끼리 만지는 식으로 어느 일부분만 보고 있는

법상종法相宗 인도 대승불교의 2대 학파를 이루는 유가행파瑜伽行派의 교학教學으로 중국에서는 현장이 소개하고 그의 제자 규기가 하나의 종파로 성립시켰다.

것은 아닐까? 그렇다면 방법은 오직 하나, 직접 인도에 가서 알아보는 수밖에 없다.'

당시 인도를 여행한다는 것은 하늘에 오르는 것만큼이나 힘들고 어려웠다. 오직 자기의 두 발로 맹수가 우글거리는 고산준령高山峻嶺을 넘어야 하고, 불볕이 내리쬐는 드넓은 사막을 건너야 했다.

'그러나 내가 지옥에 들어가지 않으면 누가 들어갈 것인가? 하물며 법현[•]도 인도에 다녀왔거늘. 나는 목숨을 걸고 인도에 가서 불법을 배워 중토의 백성을 깨우치겠노라.'

현장은 굳게 결심하고 곧 인도에 갈 준비를 했다. 그러나 당나라가 갓 건국되어 불안정한 때인지라, 나라에서는 백성들이 국경을 못 넘도록 통제했다. 여러 방법을 모색하던 그에게 마침내 기회가 왔다. 629년(당 태종 3) 여러 차례의 큰 서리로 농작물에 엄청난 피해가 오자, 나라에서는 백성들에게 소산疏散(특정 지역에 밀집한 주민이나 건조물을 분산시킴)하라는 명령을 내렸다. 현장은 이 틈을 타서 난민 속에 끼어 몰래 관문을 넘었다.

뒤늦게 이 사실을 안 정부는 체포령을 내렸다. 자신을 쫓아오는 추격병 때문에 현장은 낮에는 숨고, 밤에만 길을 걸었다. 국경도시 간쑤성 과저우에 이르러서야 추격병을 걱정할 필요가 없었다. 하지만 이번에는 일망무제一望無際의 끝없는 사막이 앞을 가로막았다. 무수한 고난과 위험을 거쳐 드디어 현장은 서역[•]에 도착했다. 현장은 서역의 여러 작은

법현(338~422) 중국의 승려. 인도에 다녀온 후, 산스크리트 불경들을 한문으로 번역했으며 두 나라의 교류에도 힘을 쏟았다.
서역西域 중국인이 중국의 서쪽 지역을 총칭할 때 사용한 호칭. 서투르키스탄·서아시아·소아시아, 심지어 인도까지 포함했다.

나라에 한동안 머물렀다. 이 나라들은 모두 불교의 영향을 받은지라, 온갖 어려움을 무릅쓰고 인도로 가는 고승에게 진심으로 존경의 뜻을 표시했다. 왕들이 성문에 직접 나와 현장을 환영하고, 그를 위해 성대한 잔치도 베풀었다. 그중에서도 고창국*의 왕이 가장 열성적이었다.

고창국의 왕 국문태는 경건한 불교신자였으며, 당나라의 문물을 흠모했다. 그는 현장을 억지로 성 안으로 모셔와 10여 일이 넘도록 놔주질 않았다. 떠날 것을 고집하는 현장에게 강제적인 방법도 쓰고, 회유책도 썼다. 그러나 단식으로 대항하며 극도로 몸이 쇠약해진 현장을 차마 더는 붙잡을 수 없었다. 결국 왕은 현장에게 많은 말과 법의와 여비를 주고, 전국의 대신과 고승을 데리고 10여 리를 쫓아오며 눈물로 배웅했다.

앞서간 사람들을 볼 수 없다

현장은 1년 후인 630년 겨울, 비로소 인도에 첫발을 내딛었다. 그는 먼저 여러 곳의 성지를 참배하고 마지막으로 석가가 수도하던 곳에 이르렀다. 그는 50척(약 15미터) 조금 넘는 보리수 아래에 섰다. 1000년 전에 한 성인(석가모니)이 나타나 중생을 위해 홀로 적막한 황혼을 수없이 맞고 보냈음을 생각하니, 무한한 감개를 억누를 길 없어 목 놓아 울었다. 현장은 '앞서간 사람들을 볼 수 없고, 뒤따라올 사람을 만날 수 없음'에 대해 슬퍼하고, 또 불법이 점점 쇠퇴해가는 것을 안타까워하며 통곡했다. 그러자 주위에 있던 승려들도 따라서 울음을 터뜨렸다. 현장은

고창국高昌國 5세기에서 7세기까지 동투르키스탄의 투루판 분지에 있던 한漢나라 사람의 식민지국가. 지리상으로 동서 문화의 접촉점에 있어 중국과 서방의 문화적 요소가 혼합되었고, 특히 불교가 번성했다. 그러나 몽골과 이슬람의 침입으로 13세기경 흔적도 없이 사라졌다.

이 성스러운 곳을 차마 떠나지 못해 9일 동안 머물다가 10일째 되는 날, 목적지인 날란다 사로 향했다.

현장은 이곳에서 계현 법사에게 유가론*을 배웠다. 계현 법사는 106세의 고령으로 심한 풍토병을 앓고 있었는데, 극심한 고통을 견디지 못하고 몇 번이나 자살로 해탈을 구하려 했다. 그러한 그도 온갖 위험을 무릅쓰고 찾아온 현장에게 감동하여 5년간 불경을 해설해주었다. 계현 법사에게서 심오한 불법의 경지를 배운 현장은 인도를 두루 다니며 견문을 넓히고, 다시 날란다 사로 돌아와 불경을 강의하기 시작했다. 그의 이름이 인도 전체에 퍼지자 유명한 승려들이 앞다투어 찾아와 현장과 변론을 벌였다. 그러나 모두 그의 의견에 굴복했다. 이 무렵 현장은 귀국하기로 결심하는데, 이 소식을 들은 날란다 사의 승려들이 모두 놀라며 만류했다.

"현장법사님! 이곳은 부처의 탄생지입니다. 반면에 중국은 불법의 진리를 중히 여기지도 않고, 사람들의 도량度量도 좁으려니와 기후 또한 춥지 않습니까?"

이에 현장은 정색하며 말했다.

"몇 천 년의 오랜 문화 전통을 갖고 있는 중국은 인의와 도덕을 중히 여길 줄 알고, 또한 대승불교*를 믿고 있습니다. 내가 이곳에 온 목적은 불경을 가지고 돌아가 중국에 불법을 넓히고자 함에 있습니다."

이 소식을 전해들은 계현 법사는 조용히 고개를 끄덕였다.

유가론瑜伽論 요가yoga론. 요가란 인도에서부터 전해오는 심신단련법의 하나로서 호흡을 억제하고, 감각기관을 제어하며, 정신 통일과 삼매三昧에 의해 초자연적인 힘을 얻는 수행법을 말한다. 이는 불교와 자이나교에서 받아들였으며, 특히 불교에서는 선종을 낳게 했다.
대승불교大乘佛敎 '큰 배를 타고 고통의 바다를 건넌다'라는 뜻. 소승불교에서 수련의 목표를 '스스로 깨닫는 일'에 두는 데 반해, 대승불교에서는 '다른 중생들을 구제하는 일'에 둔다.

대승불법을 베풀다

당시 인도에는 많은 나라가 있었다. 그중에서도 계일왕*의 세력이 가장 컸는데, 일찍이 그는 현장을 초청한 일이 있었다. 계일왕은 만조의 대신들을 거느린 채, 양편에 횃불을 늘어세웠다. 그러고는 한 걸음마다 쇠북을 울리며 기세도 당당하게 현장을 맞이했다. 현장이 가까이 오자 계일왕은 즉시 무릎을 꿇고 경의를 표했다.

다음날 계일왕은 현장을 궁중으로 모셔 불경을 강독하게 하는 한편, 무수한 사신들을 인도 각지로 보내어 명승과 학자들을 곡녀성에 모이도록 했다. 모든 준비가 끝나자 왕은 현장과 함께 갠지스 강을 거슬러 올라가 곡녀성에 도달했다. 갠지스 강의 남쪽 강변에는 왕의 수십만 군대가 늘어서 있었으며, 강 위에는 1만 척의 군함이 현장을 환영했다. 또한 이들이 터뜨리는 북소리와 나팔소리가 천지와 함께 조화되니, 그야말로 역사상 보기 드문 장관이었다.

이 곡녀성 대회에 18개국의 왕과 승려 3,000여 명, 바라문(브라만. 인도의 사성四姓 가운데 가장 높은 자리에 있는 승려 계급) 2,000여 명과 기타 종교의 학자들, 날란다 사에서 파견된 승려 1,000여 명 등 도합 7,000여 명의 관중이 참가했다. 그들은 코끼리를 타거나 혹은 가마를 타고, 혹은 걸어서 몰려와 수십 리 길을 꽉 메웠다. 개회일이 되자 회장 가운데 보좌(옥좌玉座. 불교에서는 부처가 앉는 자리를 일컫는데, 보통 높고 귀한 자리를 칭함)를 설치하고, 왕이 여러 국왕과 대신들을 동반하고 땅에 무릎을 꿇은 채 제자의 예를 갖추어 말했다.

계일왕(590?~647?) 7세기경에 중인도 일대를 통치했던 왕 하르샤바르다나. 굽타왕조가 쇠퇴한 후 세워진 하르샤 왕조의 창시자다. 당시의 도읍지 곡녀성은 무역의 중심지로서 불교와 관련된 유적들도 많이 남아 있었다고 전한다.

"현장 대법사님! 보좌에 오르시어 대승불법을 베풀어주시옵소서."

현장은 만인이 보는 가운데 보좌에 올라 불법을 베풀었다. 현장의 불법 강론이 끝난 후, 왕은 날란다 사의 명현 법사에게 청중을 향해 다시 한 번 읽도록 하고, 한 편은 필사하여 회장 입구에 걸어놓게 했다. 그리고 그 위에 다음과 같이 썼다.

'누구든지 이 글 가운데서 한 자라도 진리에 맞지 않는 말을 지적해내는 사람이 있다면, 현장의 목을 베어 사죄하겠다.'

이렇게 18일 동안 걸어놓았으나, 누구 한 사람 지적하는 사람이 없었다. 곡녀성 대회 이후, 왕은 다시 발라야가 성에서 75일 동안 보시대회(신도들이 승려에게 청하여 불경을 읽거나 불교 행사를 하도록 함)를 열어 현장을 환송했다. 이 대회에 참가한 승려와 민중이 50여 만에 달했으니 이것으로 대회의 성황을 짐작할 수 있다. 또 일개 유학생이 외국에서 이러한 존경과 숭앙을 받는 경우는 매우 드물 것이다.

금의환향

현장의 귀국 광경은 16년 전 겨우 말 한 필을 타고 몰래 빠져나오던 때와는 딴판이었다. 불경을 실은 마필 수만도 22필이었다. 당태종*은 현장의 귀국 소식을 듣고 너무 기뻐서 주변의 작은 나라들에 명을 내려 길가에서 그를 호위하도록 했다. 대열이 지날 때마다 관내의 관리와 백성들은 향불을 들고 현장을 맞이했다.

당태종(599~649) 이세민. 당나라 제1대 황제, 당고조 이연의 차남. 중국 역대 황제 중 최고의 성군으로 불리며, 청나라의 강희제와 비교되는 인물이다.

장안에 도착한 현장은 18만 자에 달하는 《대당서역기》를 쓰는 한편, 대규모의 불교 경전 번역 사업을 벌였다. 이 사업의 규모는 역사상 가장 웅대했다. 현장은 정해진 진도를 다 마치지 못하면 삼경(밤 11시부터 새벽 1시까지) 때까지 계속했다. 잠시 눈을 붙여 쉰 후, 오경(새벽 3시에서 5시 사이)에 다시 일어나 브라만어로 된 불경에 붉은 글씨로 구두점을 찍어 번역 준비를 했다. 그리고 날이 밝으면 곧 작업을 시작했다.

그러나 어려서부터 몸을 돌보지 않고 공부에 열중한 데다 불경을 구하기 위해 인도로 갈 때 많은 풍상을 겪은 탓에, 현장은 냉병冷病을 얻고 말았다. 더욱이 고된 경전 번역 사업으로 인해 병세는 날로 위독해져 갔다. 그런데도 그는 병든 몸을 이끌면서 《반야경》 전체를 번역하고, 계속하여 《대보적경》을 번역하려 했다. 그러나 몇 줄 진행하지 못하고 영영 다시 일어나지 못하고 말았다. 그의 나이 62세였다.

현장은 불경 번역 외에 외교상에서도 커다란 공적을 세웠다. 그의 뛰어난 변론과 해박한 지식은 인도 전체를 흔들어놓고도 남았다. 계일왕은 그의 불법 강의를 들은 후부터 사신을 장안으로 보내어 조공을 바칠 정도였다. 이것은 중국과 인도 사이에 이루어진 외교 관계의 시작일 뿐 아니라 유학생으로서 이만한 외교 성과를 올린 경우는 아마 동서고금을 통해서 그 예를 찾아보기 힘들 것이다.

철 학
속으로

현장은 '아我(나의 존재)와 법法(불경)은 의식이 변화해서 나타난 것에 불과하며, 모두 진실한 존재가 아니므로 아집我執(나의 존재에 집착하는 일)과 법집法執(경전에 집착하는 일)을 깨뜨려야만 성불成佛(부처가 되는 일)할 수 있다고 주장했다.

그러면 어떻게 하여 우리가 부처佛의 경지에 도달할 수 있을까? 먼저 우리의 마음은 선과 악, 그 중간 상태인 무기無記의 인자를 포함하고 있는데, 이 세 가지 인자가 아식我識(물질은 오관五官에 의해 우리의 의식에 들어오는데, 다시 그 의식을 거쳐 도달하게 되는 단계. 즉 물질과 정신의 세계가 서로 교류하며 나타나는 단계)을 통과하여 나타난 것이 나我의 인격이다. 즉 선을 나타내면 선인이 되고, 악을 나타내면 악인이 된다. 그럼에도 이 선인과 악인은 보통 사람에 불과한데, 부처의 경지란 모든 선악을 초월하는 진여眞如(우주 만물의 실체로서 지극히 현실적이고도 평등하며 차별이 없는 절대적 진리)의 경지다. 그러므로 우리는 우리 가운데 있는 선악의 인자를 없애야만 진여의 경지에 들어갈 수 있다.

다만 선종에서 말하는 돈오頓悟가 장식藏識(가장 저차원의 단계로 물질의 씨앗)의 단계에서 갑자기 이 씨앗을 변화시켜 부처의 경지로 들어갈 수 있다고 하는데 반해, 모든 사물은 오직 식識에 의해 나타난다는 유식론에서는 불교도들의 점진적인 수양에 의해서 이 단계까지 올라갈 수 있다고 주장한다. 우리가 악의 인자를 점점 없애가다보면 우리 속에 선의 인자만 남게 되고, 다시 이 선의 인자까지 없애 나가다보면 마침내 부처의 경지로 들어간다는 것이다.

원효(617~686)

신라의 고승. 설총의 아버지. 특정한 스승이 없이 여러 교학과 학승들을 편력하며 혼자 공부했다. 출가하기 전의 이름은 서당誓幢 또는 신당新幢이며, 원효는 그의 법명法名이다. 원효는 왕실과 귀족 등에게만 받아들여진 불교를 일반 백성들에게 전파하고자 노력했다. 제자를 양성하는 데에는 큰 뜻을 두지 않았으며, 신라에서는 높은 평가를 받지도 못했다. 그러나 중국에 널리 알려져 중국 화엄학이 성립되는 데에 선구적 역할을 했으며, 특히 고려 시대에 들어와 의천에 의해 화쟁 국사로 추증되면서부터 재평가되기 시작했다. 불교 사상을 종합하고 실천하려고 노력한 정토교淨土敎의 선구자이자 으뜸가는 저술가다.

모든 것이 내 마음에 달려 있다

원효

한 끼에 밤 한 알도 많다

원효는 신라 진평왕 때에 지금의 경북 경산시 자인면 밤실에서 오색 구름이 찬란한 가운데 첫 울음소리를 냈다. 그의 출생 상황은 석가와 비슷했다. 그의 어머니는 유성(별똥별)이 배 속으로 들어와 요동을 치는 바람에 깜짝 놀라 꿈을 깼다. 그 직후 그녀는 아기를 잉태했으며, 친정집으로 가던 중 아랫배가 아파 밤나무 밑에서 쉬다가 원효를 낳았다. 그녀는 갑자기 산기가 있어 남편의 옷을 그 밤나무에 걸어놓은 채 해산하는데, 그 때문에 그 밤나무를 '사라수'˚라고 불렀다. 그리고 나중에 원효는 이곳에 절을 지어 '사라사'라 이름 지었으며, 집까지 절로 개조하여 초개사初開寺라 했다.

'사라밤'이라 불렸던 사라수의 밤栗은 유난히 커서 다음과 같은 일화가 전해오고 있을 정도다. 후세에 이곳 사라사의 한 노비가 '한 끼 식사로 주는 밤 두 알이 너무 적다'며 관가에 고발했다. 관리가 조사해보니 밤 하나가 큰 사발에 가득 차는 것이 아닌가? 그래서 "한 끼에 밤 두 알은 너무 많으니, 한 알씩만 주라"고 판결했다는 것이다.

세상의 모든 것이 마음먹기에 달렸다

원효의 아버지 설담날은 하급 관리 내마奈麻(17관등 중 11번째)였다. 원효는 일찍이 어머니를 여의었는데, 이때 큰 충격을 받은 그는 '사람은 왜 죽을까? 어머니는 어디로 가셨을까?' 하는 철학적인 사색을 하기 시작했다. 그러면서 인생무상을 절감하고, 생로병사의 오묘한 이치를 터득하고 싶은 생각이 들었다.

원효의 소년 시절에 관한 기록은 거의 없지만, 어려서부터 재주가 남달리 뛰어나 스승에게 배우지 않아도 스스로 깨우쳤다고 전한다. 다른 청소년들처럼 화랑*이 되어 학문은 물론 궁술, 검술, 기마술과 풍류 등을 익혔으며, 백제와 치른 전투에도 참가했을 것으로 추측된다.

그가 불교에 귀의한 것은 29세 무렵으로, 백제와의 전투에서 동료들이 죽어가는 것을 직접 눈으로 보고 큰 충격을 받았기 때문이라고 한다. 그러나 혹자는 그가 출가하게 된 계기를 방울스님과의 만남 때문이라고도 한다. 원효가 방울스님을 만났는데, 그 스님은 그의 근심이 무엇이고 또 왜 번민에 젖어들고 있는지를 환히 꿰뚫어보고, 원효에게 이렇게 말했다.

사라수娑羅樹 용뇌수과의 상록 교목으로 30미터까지 자라며, 목재는 건축재와 가구재로 쓰인다. 여기서는 사라(명주실로 거칠게 짠 비단)를 걸어놓았기 때문에 붙여진 이름으로 보인다.
화랑花郎 신라의 왕과 귀족의 자제로 구성된 청소년 심신 수련 조직. 한국 고유의 사상과 도교·불교·유교 등의 이념에 입각하여 훈련했으며 국가 차원에서 조직되었다. '화랑'은 화랑도의 지도자를 일컫는 말이고, 소속된 청년들은 낭도라 불렸다.

"부귀와 영화는 헛된 꿈이야. 생사병고, 고통, 시련, 번민 같은 것은 모두 이치를 깨닫지 못하기 때문에 일어나는 것이지. 진정한 이치를 깨닫게 되면 괴로움에서 벗어나 삶의 희열을 느끼게 되는 거야."

원효가 이 말을 듣고 불교의 도를 닦자는 결심을 했다는 것이다. 그리고 그는 전국을 두루 다니면서 불교의 진리 탐구에 매진하며, 장차 이차돈* 같은 고승이 되리라고 마음먹었다.

그는 어려운 사람을 돌보아주고 병든 사람을 불공으로 치유하는가 하면, 노인을 공경하고 어린아이를 귀여워했다. 그의 설법을 듣기 위해 몰려드는 사람들로 초개사는 난데없이 붐비기도 했다.

이 무렵 친척지간인 의상대사(해동海東 화엄종의 창시자)가 찾아왔다. 불법을 더 깊이 알고 또 행세하기 위해서는 당나라에 다녀와야 한다며 같이 갈 것을 청했다. 650년, 원효의 나이 33세에 두 사람은 함께 길을 떠났다. 그러나 당나라를 지척에 둔 요동 근처에서 고구려의 순찰대에 붙잡혀 첩자 혐의로 심문을 받고, 얼마 후 풀려나서 귀국했다.

661년에 의상대사와 원효는 바다를 건너 당나라로 가기 위해서 서해안의 당주(지금의 경기도 남양주시 부근)에 도착했다. 어느 날 바닷가에서 무역선을 기다리다가 해가 저물었다. 두 사람은 하룻밤 지낼 곳을 찾아 어둠 속을 헤매다가 빈 초막을 찾아 들어가 잠들게 되었다. 밤중에 심한 갈증을 느껴 잠을 깬 원효는 주위를 더듬다가 그릇에 물이 들어 있음을 알고 그 물을 마셨다. 그리고 다시 잠이 들었다. 잠에서 깨었을 때는 해가 이미 중천에 떠올라 있었다. 정신을 차리고 주위를 살펴보니 그가 잠

이차돈(506~527) 신라 법흥왕 때의 승려. 불교의 공인을 위해 순교를 자청했는데, 그가 처형되자 피가 하얀색으로 변하는 기적이 일어나 불교가 공인되었다고 한다.

들었던 곳은 초막이 아니라 무덤이었으며, 맛있게 들이켰던 물은 해골에 괴인 썩은 물이었다. 그것을 알자마자 원효는 뱃속에 든 것을 전부 토해내고 말았다. 바로 그 순간, 원효는 세상의 모든 것이 오직 마음 하나라고 하신 부처님의 말씀을 깨달았다.

"내가 미처 깨닫지 못하고 법을 구하러 당나라에 들어가려 했으나, 이제 구태여 당나라에 갈 필요가 없게 되었다."

원효는 의상대사에게 이렇게 말하고 신라로 되돌아왔다. 원효는 그 뒤로 좋고 나쁨, 길고 짧음, 나와 너의 구별을 초월하고 어떤 계율이나 형식에도 얽매이지 않게 되었다. 한편, 의상대사는 초지일관하여 당나라로 가서 지엄智儼에게 화엄학을 배워왔다.

이와 약간 다른 이야기도 전하는데, 원효와 의상대사는 노곤하여 굴속에 드러누워 잠이 들었는데 아침에 일어나 보니 그 굴은 무덤이었고, 무덤 안에는 해골이 뒹굴고 있었다. 두 사람은 온몸이 오싹해졌으나, 그 다음날도 비바람이 계속 몰아쳐서 어쩔 수 없이 그 무덤에서 다시 밤을 보내게 되었다.

첫날밤의 평온함과는 달리 꿈속에 온갖 잡귀들이 나타나 원효를 괴롭혔고, 또 잠에서 깨어났을 때는 번뇌와 망상이 머리를 어지럽혔다. 그리하여 원효는 '모든 것이 내 마음에 달려 있다'는 사실을 깨달았다는 것이다.

요석 공주와의 하룻밤

경주로 돌아온 원효는 엄한 계율에서 벗어나 문란한 생활을 즐겼다. 계율을 깨뜨린 '파계승'이라는 비난이 쏟아지자, 원효는 이렇게 맞섰다.

"더러움과 깨끗함이 따로 있는 것은 아니다. 속된 것과 참된 것 역시 따로 떨어져 있는 것이 아니다."

그런데도 원효의 법회는 선풍적인 인기를 끌었다. 그는 잘생겼고 우렁찬 목소리를 가졌을 뿐 아니라, 설법의 내용 또한 감동적이어서 듣는 사람의 마음을 사로잡았다. 어느 날 그는 "도끼에 자루를 낄 자가 없느냐? 내가 하늘을 받칠 큰 기둥을 깎아보련다!"고 노래를 부르며 돌아다녔다. 아무도 그 뜻을 몰랐는데 태종무열왕*이 이 노래를 전해 듣고 '대사가 귀부인을 얻어 어진 아들을 낳고 싶은 모양이구나!' 하고 과부가 된 자신의 둘째 딸 요석 공주를 마음에 두고 관리에게 원효를 찾게 했다.

관리들이 때마침 문천교를 건너는 원효를 발견했다. 관리들이 자기를 찾는 것을 눈치챈 원효는 일부러 다리에서 뛰어내렸다. 물에 빠져 옷이 흠뻑 젖었으므로 관리들은 그를 가까운 곳에 있는 요석궁으로 데려갔다. 원효는 옷을 말리기 위해 옷을 벗고 하룻밤을 지내다 공주와 잠자리를 같이하게 되어 파계했다. 그는 승려의 옷을 벗어버리고 자기를 소성小性거사 또는 복성卜性거사라고 불렀다. 그 후 요석 공주가 임신하여 아들을 낳으니, 그가 바로 설총*이다.

그러나 원효는 결혼 2주 만에 회의를 느끼고 다시 불자의 본래 모습

태종무열왕(602~661) 신라의 제29대 왕으로 성은 김金, 이름은 춘추春秋다. 법령을 정비하고 당나라와 연합하여 백제를 멸망시키고 삼국통일의 기반을 닦았다.
설총(655~?) 원효 버금가는 성인으로 추앙받았다. 아버지가 불교에서 거목이었다면 아들은 유교에서 거장이었다. 강수, 최치원과 함께 신라의 3대 문장가로 꼽히며, 이두吏讀(한자의 음과 훈을 빌려 한국어를 적던 표기법)를 만든 이로 널리 알려져 있다.

으로 돌아갔다. 그는 늘 백성들에게 쉽게 불교를 이해시킬 수 있는 방법을 고민했다. 어느 날 우연히 원효는 광대들이 표주박을 가지고 춤추는 것을 구경하다가 '광대와 같은 복장을 하고 불교의 이치를 노래로 지어 세상에 퍼뜨리면, 무지한 대중들에게도 부처님의 가르침을 알릴 수 있겠구나!'라는 생각이 들었다.

이리하여 그는 광대와 같은 복장을 하고 표주박을 두드리면서 화엄경의 이치를 노래로 지어 불렀다. 노래를 부르면서 큰 길 위를 걷기도 하고, 거지들과 한데 어울려 잠을 자기도 하며, 귀족들 틈에 끼여 기담(이상하고 흥미로운 이야기)으로 날을 새우기도 했다. 때로는 깊은 산중의 암자에서 꼼짝하지 않고 좌선*하고 지낼 때도 있었으며, 분황사 무애당에서 홀로 밤을 새우며 책 쓰는 일에 골몰하기도 했다. 이러한 행동 때문에 그는 다른 승려들로부터 멸시받고 소외되었다. 그러던 중에 불교에 관심이 많은 왕이 '불교 경전 중 왕들에게 부처의 도를 닦는 법과 나라를 보호하는 방도에 대해 설교하는 내용'인 《인왕경》을 듣기 위해 전국의 고승들을 불러들였는데, 이때 원효도 추천되었다. 그러나 다른 승려들에게 배척을 받아 그 자리에 참석하지 못했다.

백 개의 서까래와 하나의 대들보

얼마 후 왕이 당나라에서 《금강삼매경》*을 구했는데, 그 해설을 듣고

좌선坐禪 두 다리를 포개 가부좌跏趺坐를 하고, 사려와 분별을 끊어 정신을 집중하여 무념무상無念無想의 경지에 들어가는 수행 방법을 말한다.
금강삼매경金剛三昧經 중국 남북조 시대부터 당나라 초기까지 중국 불교에서 제기된 모든 교리를 다루고 있는데, 원효의 주석이 없이는 이해하기 어려우리만치 압축된 경전이다.

싶어 대규모의 법회를 열도록 명했다. 전국의 고승들을 초대하고 강의할 대사를 물색했으나, 《금강삼매경》은 대단히 이해하기가 어려웠기 때문에 강의할 만한 마땅한 인물을 찾아낼 수 없었다. 이때 어떤 승려가 당나라 유학을 마치고 돌아온 대안 법사를 추천했다. 그러나 대안 법사는 《금강삼매경》을 훑어보고는 머리를 가로 저으며 "이것을 강의할 수 있는 사람은 원효밖에 없습니다"고 대답했다.

경주에서 멀리 떨어져 있는 초개사에 머물던 원효는 왕이 보낸 사신을 따라나섰다. 그는 소를 타고 가면서 양쪽 뿔 사이에 벼루를 놓고 붓을 들어 강론할 《금강삼매경》을 풀이했다. 후세 사람들은 이것을 각승角乘이라고 불렀다. 그런데 5권으로 된 이 책을 누가 훔쳐가고 말았다. 원효는 하는 수 없이 왕에게 아뢰어 사흘을 더 연기하고는 다시 3권으로 소疏(임금에게 올리는 글)를 지었다. 이것이 바로 《금강삼매경론》이다.

왕은 물론 여러 대신들과 전국의 명망 높은 스님들 앞에서 원효는 강해를 시작했다. 그 강론은 흐르는 물처럼 도도히 장내에 울려 퍼졌으며, 위풍당당한 그의 모습을 찬양하는 소리가 고승들의 입에서 저절로 흘러나왔다. 그중에 처음부터 계속 눈물을 흘리는 한 여인이 있었으니, 그녀는 다름 아닌 요석 공주였다. 감격에 겨워 그녀는 "부처님 고맙습니다. 부처님 고맙습니다"만 되풀이했다. 그리고 마침내 장내에 다음과 같은 외침이 울렸다.

"원효대사는 살아 있는 부처님이시다!"

강론을 끝마친 원효는 장내의 고승들을 훑어보며 말했다.

"얼마 전 나라에서 백 개의 서까래를 구할 때에 나는 감히 그 축에 낄 수도 없었는데, 이제 하나의 대들보를 구하게 되니 비로소 나 혼자 그 역할을 하는구나!"

그때부터 더욱더 연구에 몰두하니, 그의 연구가 미치지 않는 불경은 하나도 없었다.

그리고 686년 3월 30일, 산중 깊숙이 자리 잡은 경천 남산의 작은 절에서 조용히 숨을 거두니, 원효의 나이 69세였다.

원효가 과제로 느낀 것은 불교가 공인된 지 100여 년이 지난 시점에서 물밀듯이 쏟아져 들어온, 언뜻 보기에 서로 모순된 불교 이론들을 어떻게 정리하고 체계화할 것인가 하는 것이었다. 그리하여 당시에 존재하던 거의 모든 경전을 분류하고, 거기에 각각 독자적 해석을 더하여 주석을 달았다. 특히 그는 서로 모순되고 대립하는 견해들을 극복하는 데에 '화쟁'이라는 자신의 독특한 개념을 사용했다. 화쟁은 원효의 핵심 사상인 화해和解와 회통會通의 논리 체계를 이르는 말로 특정 종파를 고집하지 않고 전체 불교를 하나의 진리에 귀결시켜 사상 체계를 세우고자 한 것이다. 이는 우리나라 불교 사상의 특징으로 자리 잡았으며, 고려 시대의 의천과 지눌에게도 큰 영향을 미쳤다.

원효의 사상은 일심一心이라는 용어에 응집되어 있다. 일심이란 모든 중생의 마음을 가리킨다. '사물의 있는 그대로의 모습'이라는 뜻의 진여眞如의 입장에서 보면 마음은 항상 망념과 번뇌에서 벗어나 있다. 그러나 이러한 사실을 모르는 무지無明 때문에 미망의 현상적 세계가 전개되는 것이다. 그러므로 이것을 깨달으면 곧 마음은 그 원천으로 돌아와 본래의 모습을 회복한다. 마찬가지로 이러한 입장에서 보면 진眞과 속俗, 부처와 범부, 보리(불교 최고의 이상적 경지인 정각正覺〔올바로 깨달음〕의 지혜)와 번뇌 간의 대립이 해소되는 것이다.

주자(1130~1200)

남송의 유교 사상가. 주자학의 완성자. 중국 철학사에서 가장 체계적이고, 가장 큰 영향력을 끼쳤다. 그의 경서 문헌 비판과 훈고의 고증은 청조 고증학의 선구로 일컬어진다. 어떤 이는 주자를 서양의 칸트에 비유하기도 하는데, 그 이유인즉 칸트가 없었더라면 서양 근세 철학의 방향이 바뀌었을 것처럼, 주자가 없었더라면 송·원·명·청의 사상 역시 중심이 없었을 것이라는 뜻이다. 만년에 권신의 미움을 사 벼슬에서 쫓겨났고, 그의 학문은 위학僞學으로 몰렸으며, 박해를 받았다. 사후에 이종이 그의 학문을 인정하여 시호를 내렸고, '주자朱子'로 높여 불렀다. 사창법社倉法(환곡을 창고에 저장해두었다가 춘궁기인 봄에 백성에게 곡식을 꿔주고 추수기인 가을에 받아들이는 제도)과 향약의 제정에도 노력했으며 백록동서원의 교육 조항을 완성했다.

저 하늘 위에는 또 무엇이 있을까?

주자

《효경》을 따르지 않으면 사람이 아니다

주자의 이름은 희熹로, 송나라 고종 때에 푸젠성 유시에서 주송朱松의 아들로 태어났다. 그의 부친 주송은 나예장˚의 제자로서, 일찍이 사훈 이부랑司勳吏部郞의 벼슬을 지낸 적이 있다. 하지만 주자가 태어날 무렵에는 이미 관직에서 물러나 있었다. 당시 송나라는 영토의 절반 가까이를 금나라에 빼앗겼는데, 조정에서는 금나라와 화평하자는 의견과 항전하자는 의견이 팽팽히 맞서고 있었다. 이때 주자의 부친은 화평을 주장하는 재상 진회˚에 반대하여 분연히 사직했다. 그러고는 우계성 밖에 있는 자그마한 초당에 은거했다.

주자는 어려서부터 자질이 뛰어나고 사색하기를 좋아했다. 겨우 말을 배우기 시작했을 때, 아버지가 손가락으로 가리키면서 "저것이 하늘이란다" 하고 말하자, 이렇게 되물었다고 한다.

"그럼 저 하늘 위에는 또 무엇이 있습니까?"

5세 때는 《효경》을 읽고, 책머리에 '이렇게 하지 못한다면 사람이 아니다'라고 써놓았다. 다른 아이들과 놀 때에도 혼자 조용히 앉아 모래 위에 손가락으로 팔괘*를 그리곤 했다. 주자는 10세 때 유학의 경전을 읽기 시작하면서부터 공자를 숭배했다. 그는 '만약 하늘이 공자를 낳지 않았다면 세상은 밤처럼 어두웠을 것이다'라고 말하고, 장차 공자나 맹자와 같은 성인이 되어야겠다고 마음속으로 굳게 맹세했다.

《춘추》는 물론이거니와 불교 서적과 노자의 책을 다 읽어보았으나, 도무지 마음에 차지 않았다. 24세가 되자 절절히 우러나오는 구도求道의 마음을 누를 길 없어, 수백 리 길을 걸어가 부친과 동학인 이연평 선생을 찾아가 스승으로 모셨다. 이연평은 명예나 재물에는 관심이 없어 40여 년 동안이나 은거하며 학문을 닦고 있었다. 그는 낙학*을 받아들여 실제 생활에서 체험하며 실천했다. 주자는 이연평을 만나본 후 탄식하며 말했다.

"선생님을 만나뵙고 보니 이전에 불교와 노자의 학설을 혼자서 이리저리 연구한 것이 잘못이었음을 깨달았습니다."

이연평 역시 주자를 칭찬했다.

"그는 품성이 우수하고 부지런히 힘써 공부하니, 나예장 선생 이래로

나예장(1072~1135) 본명은 나종언羅從彦. 중국 북송 말기, 남송 초기의 유학자. '예장 선생'이라 불린다. 푸젠성 남검 출생으로 이정二程 형제(중국 북송의 정호와 정이 형제를 아울러 이르는 말)의 학문을 같은 고향의 후배 이연평에게 전하여 주자에게 이르게 했으므로, 이들 세 사람을 '남검의 3선생'이라 부른다. 구산龜山(북송의 유학자 양시) 문하의 제1인자다.

진회(1090~1155) 중국 남송 초기의 정치가. 악비岳飛(금나라에 대항할 것을 주장하다가 옥사함)를 죽이고 전쟁을 하자는 주전파를 탄압하면서 금나라와 굴욕적인 화약을 맺은 뒤에 간신으로 몰렸다.

팔괘八卦 중국 상고시대에 복희씨가 지었다는 여덟 가지의 괘. 《주역》에서는 세상의 모든 현상에 대해 음양을 겹치어 여덟 가지의 상으로 나타내고 있다.

낙학洛學 인물동성론人物同性論(사람과 사물이 본래 똑같은 성품을 갖고 있다고 하는 이론)을 주장하는 성리학의 한 학파. 정호·정이 형제의 고향이 뤄양인 데에서 그 이름이 유래한다.

이렇게 뛰어난 인재를 본 적이 없다."

이리하여 주자는 불노(불교와 노자 사상)의 허망한 이론을 포기하고 이정 형제의 낙학을 일생의 학문적 기초로 삼았던 것이다.

무고하게 반당으로 몰리다

주자는 이미 17세에 진사에 합격하여 푸젠성 동안同安의 주부가 되었다. 효종이 즉위한 지 얼마 되지 않았던 터라, 금金나라 군사들이 물밀듯이 쳐들어왔고 조정의 문무백관들은 모두 당황하여 어찌할 바를 몰랐다. 이에 혈기왕성한 주자가 효종에게 두 편의 글을 올렸다. '명석한 군주란 먼저 사물의 도리를 연구하여 참된 지식을 얻은 후에야 국가를 편안하게 다스린다'는 내용과 '금나라와 화해하는 것은 옳지 않다'는 것이었다. 특히 주자는 두 번째 글을 강조하며 말했다.

"돌아가신 왕의 피로 맺어진 원수와는 같은 하늘을 머리에 이고 살아갈 수 없습니다. 오늘 우리의 유일한 길은 끝까지 대항하여 싸우는 것뿐입니다."

화해를 강력히 반대하는 그의 견해는 아버지가 진회의 화해 정책에 불만을 품었던 것과 맥을 같이한다. 그러나 당시의 재상인 탕사경 역시 진회와 마찬가지로 담이 작고 겁이 많은 사람인지라, 주자의 건의를 받아들이지 않았다. 주자는 비분강개한 심정으로 조정을 떠나 은거하면서 독서와 저술에 온 힘을 쏟았다. 그는 학자 장남헌과 여동래와 절친했는데, 여동래의 소개로 육상산*을 알게 되었다. 주자는 당시 심학파의 영수였던 육상산을 만나 대화를 나누지만, 두 사람은 서로 의견이 맞지 않아 처음부터 끝까지 논쟁의 결론을 얻지 못했다.

주자는 해뜨기 전에 일어나 가묘(집 안에 있는 사당)에 가서 조상과 성현들께 예배하고 하루 일과를 시작했다. 그의 안색은 언제나 장중했고, 말씨는 엄격했으며, 행동거지는 유연했고, 앉은 자세는 단정하고 곧았다. 친척들에게는 정리情理(인정과 도리)를 다하고, 마을 사람들에게는 지위와 신분을 막론하고 공손히 접대했다. 그 자신은 검소한 옷에 간소한 음식으로 만족했고, 사는 곳은 겨우 비바람을 막을 정도였다. 언제나 청빈하여 손님들이 찾아오면 콩밥에 아욱국을 끓여 함께 먹으면서 도를 즐겼다.

주자가 50세 되던 무렵, 효종은 그에게 다시 장시성 싱쯔 지역을 맡아 달라고 청했다. 그는 장시성 루산 산기슭에 있던 백록동서원˙을 다시 일으켜 사방의 유명한 학자들을 초빙했다. 그중에는 그와 견해를 달리하는 육상산도 있었다. 백록동서원의 교육 조항은 요순堯舜의 도를 이어받아 주자가 서술한 것인데, 이후 700년 중국 교육의 지표가 되었다.

주자는 교육적인 면에서는 많은 공적을 남겼음에도 불구하고, 정치적으로는 수많은 곡절을 겪어야 했다. 백록동서원을 재건한 이듬해에 그곳에 큰 가뭄이 들었는데, 백성들이 살 곳을 잃고 헤매는 데도 나라에서는 조금도 관심을 보이지 않았다. 이에 주자는 효종에게 상소문을 올려 비분강개한 말투로 하나하나 꼬집었다.

"나라를 다스리는 첫째 임무는 백성을 사랑하는 데 있으며, 백성을 사랑하는 근본은 오직 군주가 마음을 바르게 하고 어진 신하를 가까이하

육상산(1139∼1192) 중국 남송의 철학자. 교육가. 심즉리心卽理의 학설을 세웠는데, 이것이 나중에 왕양명에 의해 실천에 중점을 둔 심학心學, 지행합일설로 전환됨으로써 '육왕陸王의 학'으로 불리게 된다.

백록동서원 9세기 초에 당나라의 이발이 창건했으며, 주자가 학문을 가르친 곳으로 유명하다. 이곳의 교육 조항에는 부자유친과 군신유의, 부부유별, 장유유서, 붕우유신 등이 있다.

는 데 있습니다. 그러나 현재 황제께서는 소인의 무리에 둘러싸여 나라의 운명이 위태로운 지경에 있는 줄을 모르고 계시옵니다."

하지만 주자의 격렬한 문장을 본 효종은 도리어 노발대발하고, 마침내 재상 조웅의 말을 듣고 그를 장시성의 상평 지방으로 내쫓아버렸다.

영종*이 왕위에 오를 때, 주자의 나이는 이미 66세의 고령이었다. 그러나 그의 열정은 젊은 시절과 조금도 다름이 없어서 권세나 세력을 멋대로 휘두르며 횡포하게 날뛰는 한탁위 같은 무리들을 너그러이 보아주지 못했다. 그러나 주자의 간언을 들은 영종은 도리어 그를 해직하여 시골로 돌려보냈다. 이 기회를 틈타서 반대파들은 주자학*을 금지하도록 압력을 가했고, 심지어 몇몇 간신배들은 이렇게 참소했다.

"주자가 작당하여 나라를 도둑질하려 하니, 그의 목을 베어 여러 백성들 앞에 보여야 합니다."

이처럼 주자가 무고하게 반당으로 몰린 것은 외교상 화해를 주장하는 파와 그 반대파 사이의 의견 대립이 결국 정치적 투쟁으로까지 비화되었기 때문이다. 주자를 따르던 많은 학자들은 이에 연루될까봐 전전긍긍하여 하나둘씩 그의 곁을 떠났다. 어떤 이는 산속으로 은거하고, 어떤 이는 장사를 하며 도학道學(성리학)을 하는 자가 아니라고 우기는가 하면, 심지어 어떤 이는 반대파에 붙어 주자를 모함하기까지 했다. 그리하여 황제가 "조정에 사람을 추천할 때 반드시 성리학도가 아님을 보증하라!"는 명령을 내릴 정도였다.

영종(1427~1464) 중국 명나라의 제6대 · 제8대 황제. 어린 나이에 즉위하여 환관들의 횡포로 내정이 문란해지자 도처에서 난이 일어났다. 한때 몽골에 사로잡히기도 했으나 다시 복위했다.
주자학朱子學 중국 송나라 대에 일어난 새로운 경향의 유학. 주돈이, 정호, 정이, 장재 등에게서 비롯되어 주자가 집대성했기 때문에 주자학이라고 부른다. 노장 철학과 불교에 대항하기 위한 고도의 철학 체계다.

이에 분개한 주자는 수만 단어에 이르는 장문의 상소문을 작성하여 성리학이 그릇된 것이 아님을 변호하려 했으나, 제자들이 강력히 만류했다. 주자도 처음에는 자신을 만류하는 제자들의 말을 듣지 않았으나, 점괘에 흉괘가 나오자 두려워하여 몰래 상소문을 태워버렸다. 그리고 조정에 뉘우치는 글을 올림으로써 간신히 중형을 면했다고 전한다.

뜻을 굳게 가져라

그러나 주자는 이러한 일에 낙심하지 않았다. 제자들과 편지를 주고받으며 가르침을 이어나갔다. 이미 삶과 죽음의 문제를 초탈하고 있던 그는 친구에게 다음과 같은 내용의 편지를 보냈다.

"내 한 몸의 이로움과 해로움은 생각지 않네. 다만 내가 염려하는 것은 진시황이 분서갱유의 폭정을 베푼 것처럼, 장차 이러한 폭정이 다시 몰려와 우리의 학술이 화를 당하지 않을까 하는 것일세!"

이때 주자의 나이 69세였으나 하루 종일 독서와 연구에 몰두하여 몸은 점점 쇠약해져 갔다. 거기에다가 안질을 심하게 앓아 책을 볼 수가 없었다. 그러나 그는 조금도 한가하게 지내지 않고, 학생들을 가르치는 데 온힘을 쏟았다.

그가 세상을 떠나기 이틀 전, 학생들이 문병을 왔다. 주자는 간신히 일어나 온힘을 다해 주렴계°의 《태극도설》과 장횡거°의 《서명》을 자세히 설명해주었다. 그리고 이것이 그의 마지막 강의였다.

주렴계(1017~1073) 본명은 주돈이. 북송 대의 철학자. 1000여 년 동안 국가의 이념 역할을 했던 이학理學의 토대를 마련했다. 그의 사상은 주자가 성리학을 체계적으로 전개하는 데 바탕이 되었다.

푸젠성 유시에 있는 주자와
그 아내의 묘

주자는 1200년 3월 9일, 지켜보고 있던 문인들에게 "뜻을 굳게 가져라!"는 마지막 말을 남기고 70세의 일기로 숨을 거두었다.

그가 세상을 떠나자 반대파들은 "만약에 세상을 혼란시키는 무리들이 모여 거짓을 가르친 스승을 장사지낸다면 반란죄로 처벌할 것이다"고 위협했다. 그러나 주자의 사상에 감명을 받은 사람들 중 1,000여 명이 그의 장례를 지켜보기 위해 찾아왔다.

주자는 살아생전에는 지배자들에게 인정받지 못했으나, 세상을 떠난 후 새롭게 평가받았다. 남송의 황제 이종˚은 주자의 글을 읽은 후, 신하들 앞에서 "짐은 이 책에 매료당하고 말았도다. 한 번 읽기 시작하면 도무지 책을 놓을 수가 없으니 말이오!" 하고 말했다.

그 후 이종은 주자에게 천자의 교육을 담당하던 최고의 관직인 태사의 관직을 추서하고, 그의 위패를 공자묘에 모시도록 명했다. 또 그가

장횡거(1020~1077) 본명은 장재. 북송의 유교 철학자. 유가와 도가의 사상을 조화시켜 우주의 일원적 해석을 설파함으로써 이정·주자의 학설에 영향을 끼쳤다. 기氣철학으로 불교의 관념론적 사상을 극복하고 오륜오행五倫五行의 도덕을 확립하려 했다.
이종(1205~1264) 남송 제5대 황제. 영종의 후계자로 지명되어 제위를 계승했다. 그러나 여색에 빠져 정사를 등한히 했다.

주석을 단 사서四書(《대학》《중용》《논어》《맹자》)를 학생들의 교과서로 지정하고, 과거에서 인재를 선발할 때의 표준으로 삼도록 했다. 주자학은 우리나라에 고려 말엽에 들어와서 조선 시대의 정치와 사상계를 완전히 지배했다.

철학
속으로

먼저 주자는 우주의 본원을 무극이태극無極而太極으로 보았다. 그러나 그것은 둘이 아니고 하나다. 태극 외에 따로 무극이 있는 것이 아니다. 다시 말해 무성, 무취, 무형, 무술無述한 태극의 묘를 일컬어서 무극이라 한 것뿐이니, 그것은 허무가 아닌 실재로서 만물을 생산하는 근원인 것이다. 그렇다면 태극이란 무엇인가?

"나누어지기 이전의 전체로 보자면 모든 사물이 하나의 태극이고, 나누어지고 새로 생겨난 각 개별적 사물의 입장에서 보자면 하나하나의 사물이 각각 하나의 태극이다. 이를 다시 비유하자면 '달이 떨어져 모든 시냇물에 있고 곳곳에 동그란 모습을 비추니, 하나가 모두요, 모두가 하나'인 것이다."

둘째, 주자는 이동기수설理同氣殊說을 주장했다. 모든 사물은 모두 이理를 갖추고 있기 때문에 이理로써 보면 똑같다. 그럼에도 불구하고 실제 나타나는 현상에 무수한 차별이 있는 것은 기氣에 바르고 치우침, 혹은 맑고 흐림이 있기 때문이다. 그런데 음양의 이 두 기운은 다시 오행으로 나뉘고, 이 오행이 결국 모든 사물을 이룬다.

그리하여 이 가운데 바름正을 얻으면 인간이 되고, 치우침偏을 얻으면 다른 사물이 된다. 인간이 만물의 영장이요 가히 소우주라 하는 까닭도 여기에 있는 것이다.

그럼에도 우리 인간에게는 수양이 필요하다. 왜 그럴까? 각각의 사람은 타고난 기질이 서로 다르므로 기질지성氣質之性도 각기 다르다. 가령 성인은 기질이 아주 맑기 때문에 그 안에 깃들어 있는 본연지성本然之性이 온전히 드러나지만, 보통 사람은 그 기질이 흐리므로 본연지성이 가려지기 쉽다. 결국 수양이라고 하는 것은 이 흐릿한 기질을 변화시켜 맑게 만드는 작업에 지나지 않는다. 주자는 인격 수양의 2대 강령으로 거경居敬(마음을 동요하지 않고 모든 일에 공경의 자세를 유지하는 것)과 궁리窮理(만물의 이치를 추구해가는 것)를 들고 있다. 이 두 가지 공부는 마치 수레의 두 바퀴와 같고, 새의 두 날개와 같다.

주자는 이정 형제의 사상을 날줄로 삼고, 주렴계와 장횡거의 철학을 씨줄로 삼아 거대한 이학의 체계를 짰다. 그리고 위로는 공자와 맹자를 거슬러 오르고 옆으로는 불학과 도가에까지 미쳐 유가의 새로운 사상과 방법을 완성했다. 이러한 능력을 두고 어떤 이는 주자를 서양의 칸트에 비유하기도 한다.

이규보(1168~1241)

고려 시대의 시인이자 철학자. 호탕하고 활달한 시풍詩風은 당대를 풍미했으며, 특히 벼슬에 임명될 때마다 그 감상을 읊은 즉흥시가 유명하다. 어려서부터 신동 소리를 들었으나 과거에 여러 차례 떨어졌다. 무신정권의 최고 권력자 최충헌에게 등용되어 엇갈린 평가를 받기도 했다. 몽골 왕에게 고려에 대한 억압을 누그러뜨려 줄 것을 간구하는 진정표陳情表로 유명하다. 저서에는 아들이 간행한 시문집《동국이상국집》등이 있다. 미신과 관념론을 비판하고, 한국의 유물론적 사상의 기반을 닦은 인물이다.

죽은 자에게 무엇이 돌아가겠느냐

이규보

권신의 압객인가 충신인가?

이규보의 호는 백운거사白雲居士와 삼혹호 선생三酷好先生이다. 백운거사라는 호를 통해 그가 산촌에 한가롭게 은거하면서 인생을 달관한 멋스러운 일생을 보냈음을 짐작할 수 있다. 그리고 삼혹호 선생이라는 호는 세 가지를 몹시 좋아하여 붙여진 것으로서 그 세 가지란, 거문고와 술과 글을 일컫는다.

아버지 이윤수는 개성에서 지방 관리를 지낸 사람이었고, 그의 집안은 80여 명의 노비를 거느리는 등 비교적 부유한 편이었다. 이규보는 어려서부터 '기동奇童(기이한 아이)'이라 불렸다고 한다. 그는 여러 가지 문헌을 두루 독파해냈고, 한 번 읽은 것은 끝까지 잊지 않는 재사才士로 통했다. 고려 명종 때의 이름난 유학자 오세재가 30년이나 손아래인 이규보와 교류했다는 사실은 그의 글재주가 그만큼 뛰어났음을 말해준다.

아버지의 명에 따라 몇 차례나 소과小科에 응시하지만, 음풍농월吟風

弄月하는 한시만을 좋아하고 의례적인 과거의 문체에 소홀한 탓인지 계속 낙방했다. 23세가 되어서야 진사에 합격하지만 말과未科는 기피하여 사양한 탓에 중용되지 못했다. 그 후로 그는 오랫동안 천마산 등지에서 은거하며 오로지 독서와 책 쓰는 일에만 힘을 기울였다.

이규보는 10여 년에 걸친 은거와 유랑 생활을 하다가 32세 때에 비로소 권력을 쥐고 있던 최충헌 부자의 눈에 띄어 벼슬길에 오르게 되었다. 그 때문에 한때는 권신의 압객狎客(주인과 허물없이 터놓고 지내는 사이)이라는 비난도 받았다. 또 권신들의 무고와 배척을 받아 여러 차례 유배 생활을 했다.

한편 그는 경주에서 반란이 일어나자 "국난을 피하는 것은 사나이의 도리가 아니다"라고 하며 자진하여 종군함으로써 용맹을 떨쳤다.

1202년 남쪽 지방 곳곳에서 농민 봉기가 일어나자 나라에서는 이들을 진압하기 위해 산관散官(직위만 있고 직무는 없던 관리)과 과거의 급제자들을 불러들였다. 이때 이규보는 농민 봉기를 진압하는 관군에 가담하여 병마녹사 겸 수제라는 관직을 제수받았다. 그는 농민들을 진압하는 과정에서 농촌 생활의 비참함과 사회의 갖가지 폐단들을 직접 목격했다. 3년 후 봉기를 진압하고 개선한 수많은 장정이 너나 할 것 없이 논공행상을 벌였지만, 그는 어떤 대가도 요구하지 않았다.

여러 차례 관직에 나아갔다가 물러나기를 거듭하던 이규보는 1231년, 원의 몽골군이 고려를 침입하자 백의의 산관으로 전쟁에 참가했다. 그 무렵 고려에서 작성한 수많은 외교문서들은 모두 그가 초안을 잡은 것이다. 그 덕분에 고종의 신임을 받아 관직을 돌려받고, 세상을 떠날 때까지 여러 고급 관직을 지냈다.

관념론을 비판하다

이규보는 당시의 자연과학 수준에서 갖가지 관념론의 오류를 공격했다.

"사람은 저절로 태어나는 것일 뿐, 하늘이 태어나게 하는 것이 아니다. 나는 조물주에게 감히 묻는다. 흔히들 하늘이 사람을 내고 그 뒤에 오곡을 내었으므로 사람이 그것을 가져다 먹을 수 있으며, 또 뽕나무와 삼을 내었으므로 사람이 그것을 이용해 옷을 지어 입을 수 있다고 한다. 그런데 어찌하여 해악적인 것들을 만들어냈는가? 큰 것에는 곰·호랑이·표범·이리, 작은 것에는 모기·등에·벼룩·이 같은 것들이 있다. 이것들이 사람에게 주는 피해가 막심하니, 이처럼 하늘의 미워하고 사랑함이 일정하지 않은 것은 무슨 까닭인가?"

이규보는 사람의 화복흥망이 스스로의 힘에 달려 있다고 생각했는데, 이를 물건을 빼앗긴 사람의 예를 들어 설명했다.

"강도가 들이닥쳐 빼앗아가는 것 또한 하늘의 명命이라 하니, 이것이 도대체 무슨 말인가? 차라리 나는 '내가 그때 좀더 주의하여 틈을 주지 않았더라면 이런 일은 없었을 것'이라고 말하겠다. 강도를 당한 것은 내가 자초한 일이다. 그러니만큼 하늘의 명命하고는 아무 상관도 없다."

당시의 전설에 따르면, 일엄日嚴이라는 승려가 소경이나 귀머거리, 정신병, 문둥병까지 다 낫게 해준다고 했다. 사람들은 그를 신불神佛이라 떠받들면서 그가 먹다 남은 찌꺼기나 목욕한 물마저 천금보다 귀하게 여겨서 나누어 먹을 정도였다. 그는 이들에게 이렇게 말했다.

"모든 것은 오직 마음에 있다. 네가 만약 부지런히 염불을 외면서 '내 병은 이미 나았다'고 하면 병은 나은 것이다."

이규보는 이에 대해 한탄하며 말했다.

"소경에게 이미 보이게 되었다고 말하게 하고, 귀머거리에게 이미 들

린다고 말하게 하여 사람들을 속이는 것이야말로 나라를 망치는 요망한
짓이 아니고 무엇인가?"

미신을 비판하다

이규보는 무당에게 점을 치는 것이나 제사를 지내는 것에 대해서도
비판을 멈추지 않았다. 그는 무당들을 '구멍 속에 사는 천년 묵은 쥐'라
거나 '숲 속에 숨어 사는 구미호'라고 부르며 증오에 찬 비난을 퍼부었
다. 그는 무당들에 대해 노골적으로 적개심을 드러냈다.

"삶과 죽음, 재앙과 복을 자기들 마음대로 추측하는가 하면 그 능력을
믿고 사람들에게서 끝없이 먹을 것을 끌어모으고 의복을 빼앗는다. 만
약 내게 서슬이 시퍼런 칼이 있다면, 다시는 그런 짓을 못하게 하고 싶
으나 법이 있어 그러지 못할 뿐이다."

당시 사람들은 '암탉이 우는 것은 집안이 망하거나 사람이 죽게 될 징
조'라고 생각했으며, '까마귀가 우는 것은 불길한 징조'라고 여겼다. 심
지어는 '사람이 죽기 전에는 시루가 저절로 깨진다'는 얘기도 있었다.
이규보는 이에 대해 자기 집에서 일어난 일을 예로 들어 이를 반박했다.

"시루가 깨지는 것은 불이 뜨거워서 그럴 수도 있고, 물기가 다 말라
서 그럴 수도 있는 것으로 전혀 괴이쩍은 일이 아니다. 우리 집에서 금
년 2월 시루가 갑자기 쩍하고 갈라졌는데, 마치 소가 우는 듯한 소리를
냈다. 마침 지나가던 점쟁이의 말을 듣고 집사람이 기도하려는 것을 나
는 가로막았다. 그런데 지금까지도 내가 죽지 않고 살아 있지 않은가?"

또 이규보는 사람이 죽은 뒤 그 자손들이 막대한 재산을 낭비해가면
서 장례와 제사에 공을 들이는 것은 살아생전에 술 한 잔을 따라드리는

것보다 못하다고 했다.

"이 한 몸이 죽어 백골이 된다는 것은 서글픈 일이기는 하다. 하지만 자손들이 일 년에 몇 차례씩 무덤에 찾아와 절을 한다 해서 죽은 자에게 무엇이 돌아가겠는가?"

철학
속으로

이규보가 살던 시대의 통치자들은 봉건 질서를 유지하기 위해 '하늘과 사람이 서로 감응感應한다'는 목적론적 신학과 길흉화복을 예언하는 참위설, 풍수지리설 등 미신적인 사상을 적극적으로 퍼뜨렸다. 또한 삼세윤회설이라든지 인과응보, 영혼 불멸과 같은 신비화된 불교 교리를 가지고 호국護國, 호왕護王을 부르짖었다.

그러나 이미 내우외환의 소용돌이에 휩싸이기 시작한 13세기 고려에서 미신 사상이나 불교 교리로 국운을 되돌려놓기란 불가능한 일이었다. 이런 상황에서 이규보는 원기일원론적元氣一元論的 자연관을 내놓았다. 말하자면 삼라만상은 '음양 두 기가 혼돈하여 아직 나누어지지 않은 상태의 물질적 실체'인 원기에 의해 생겨나고 발전한다는 것이다. 이러한 유물론적 입장에서 그는 신학적 목적론이나 관념론적 신비론을 강력히 공박하고 나섰다. 그의 무신론 사상은 후대의 사람들에게 본보기가 되었으며, 한국의 유물론 사상을 발전시키는 원동력이 되었다.

김시습(1435~1493)

조선 초기의 성리학자, 문학가. 방랑의 천재 시인으로 꼽기도 하고, 절의를 지킨 생육신의 한 사람으로 꼽기도 하며, (유교) 선비 출신이면서 승려가 되어 기행을 벌인 기인으로 꼽기도 하고, 최초로 남녀 사이의 사랑을 주제로 한 소설 《금오신화》를 지은 작가로 꼽기도 한다. 또 농민의 고통을 대변한 저항 시인으로, 철저하게 기氣일원론(주기론)을 주창한 성리학자로 평가하기도 한다. 처음에는 성리학적 세계관의 확립에 힘을 기울였다. 그러나 수양대군이 조카에게 왕위를 빼앗고 집현전 학자들을 탄압하자 유가적 명분이 무너졌음을 깨닫고 승려가 되어 전국을 방랑했다. 어려서부터 신동 소리를 들어 세종대왕이 감탄하여 훗날 크게 쓰겠다고 할 정도였다.

세상에 네 것 내 것이 어디 있느냐
김시습

세종대왕이 감탄한 신동

김시습은 강릉 김씨인 김일성의 장남으로 태어났다. 그의 증조부는 안주 목사, 조부는 오위 부장을 지냈는데, 아버지는 조부의 덕분으로 음직蔭職인 충순위°의 벼슬을 받았다. 그러나 워낙 병골이어서 실제로 벼슬자리에는 나가지 못했다. 그래서인지 그의 집안은 뼈대는 있었으나 행세는 별로 하지 못했던 것 같다.

김시습은 태어난 지 8개월 때부터 배우지 않고도 글을 알았다고 전한다. 마침 이웃에 먼 할아버지뻘 되는 최치운이라는 학자가 살았는데, 그는 명나라를 왕래하며 외교 분야에서 공을 세우고, 이조참판을 지낸 적도 있었다. 그 최치운이 김시습의 재주를 보고 그의 외할아버지에게 '시습'이라는 이름을 지어주었다고 한다. '시습'은 바로 《논어》의 첫 머리에 나오는 '배우고 때때로 익히면 또한 기쁘지 아니한가?'에서 따온 것으로, 재주만 믿지 말고 끊임없이 노력하라는 의미가 담겨 있다.

외할아버지는 김시습에게 천자문을 가르쳤다. 그는 말을 제대로 못하면서도 그 뜻은 모두 알아들었고, 붓을 쥐어주면 그 뜻을 나타낼 줄도 알았다. 3세 때부터는 스스로 글을 짓기 시작했고, 5세 때에는 이웃에 사는 수찬 이계전˚의 문하에 들어가 배웠다. 이러한 소문을 들은 정승 허조가 마침내 찾아와 그를 시험해보았다.

"내가 늙었으니 늙은 노老자를 넣어 시를 지어보아라."

이에 김시습은 다음과 같이 대답했다.

"늙은 나무에 꽃이 피듯이 마음은 늙지 않았네老木開花 心不老(노목개화 심불로)."

그러자 허조는 감탄하며 말했다.

"이 아이야말로 말 그대로 신동이로구나."

신동이라는 소문이 점차 퍼져 김시습은 대궐에까지 불려가게 되었다. 세종대왕은 지신사 박이창˚에게 신동 이야기가 사실인지 알아보라고 명했다. 이에 박이창은 어린 그를 무릎에 앉히고 말했다.

"어린 그대의 배움은 백학이 소나무 가지 끝에 앉아 춤을 추는 듯하구나童子之學 白鶴舞靑松之末(동자지학 백학무청송지말)."

이 말을 들은 김시습은 재빨리 대답했다.

"성스러운 임금의 덕은 황룡이 푸른 바다 가운데서 날아오는 듯하구

충순위 조선 시대 세종 때 설치된 양반 숙위군. 일정한 수준 이상의 고급관료 자제 가운데 특채한 것으로 보인다.
이계전(1404~1459) 조선 전기의 문신. 고려 말의 거유 이색의 손자. 수양대군 편에 서서 정난공신 1등에 책록되었으며, 호조판서와 병조판서로 승진했다. 조카이자 사육신의 한 사람인 이개는 그가 변절했다 하여 상종하지 않았다.
박이창(?~1451) 조선 전기의 문신. 문종의 즉위 직전, 형조참판으로 평안도 관찰사 겸 병마도절제사가 되었다. 그러나 명나라에 사신으로 다녀올 때, 국법을 어긴 것에 대해 자책하고, 스스로 목숨을 끊었다.

나 聖主之德 黃龍飛碧海之中(성주지덕 황룡비벽해지중)."

구구절절이 대구를 맞춘 명문장이 아닐 수 없었으니, 이 소식을 들은 세종대왕은 다음과 같은 전지(傳旨)를 내렸다.

"내가 불러보고자 하나 남들이 해괴하게 여길까 두렵다. 너무 드러내지 말고 잘 가르치도록 해라. 나이가 들고 학업이 성취되면 내가 크게 쓰겠노라."

그리고 비단 50필을 선물로 내려주면서 혼자 힘으로 가져가라 일렀다. 호기심에 그의 행동을 유심히 바라보던 벼슬아치들 사이로 김시습은 비단의 끝을 모두 묶고서 유유히 끌고 나갔다.

사육신의 시체를 거두다

13세 때 어머니가 세상을 떠나 외가로 옮겨간 김시습은 외할머니의 손에서 자랐다. 외할머니는 어머니를 잃은 그를 애지중지 키웠다. 훗날 김시습은 '할머니는 나를 마치 아들처럼 길러주셨다'고 회고하는데, 그런 외할머니마저 곧 세상을 뜨고 말았다. 형편이 이렇게 되자 그의 아버지는 하는 수 없이 가족을 거느리고 시골로 내려갔다. 하지만 늘 병석에 누워 있는지라 가사를 돌볼 수 없었으므로 가세는 점점 기울어갔다. 그는 의붓어머니가 들어오고서야 다소 늦은 나이인 20세에 장가를 들었다. 그리고 다시 서울로 올라와 글공부를 하는 한편, 친구들과의 교류도 넓혀나갔다.

21세 때 삼각산 중흥사에서 글을 읽으며 지냈는데, 하루는 서울 나들이를 하고 온 사람이 말했다.

"수양대군이 금상今上(임금)이 되었다 하오. 금상(단종)은 상왕으로 모셔지고……."

　김시습은 '드디어 올 것이 왔구나!' 생각하고 책을 덮고는 문을 걸어
닫았다. 그리고 사흘 동안 문 밖을 나오지 않았다. 사흘째 되던 날 저녁
그는 대성통곡을 하고는 읽던 책을 모두 불살라버렸고, 미친 척하면서
측간에 들어가 있다가 절을 빠져나왔다.

　그 뒤로 이어지는 피비린내 나는 권력투쟁과 세조의 폭압정치, 봉건
권문세력들의 농민에 대한 횡포와 수탈 등에 김시습의 불만은 점점 커
졌다. 결국 그는 관리가 되어 나라를 다스리고자 했던 원래의 꿈을 접
고, 평생 벼슬과는 인연을 끊고 살아갔다. 그는 유학자의 갓을 팽개치
고, 작은 시통(얇은 대나무 조각에 한시의 운두를 적어 넣어가지고 다니는
통) 하나만 덜렁 등에 지고서 전국 곳곳을 떠돌면서 그렇게 항의의 뜻을
표현했다.

　그는 서울로 올라와 세상 돌아가는 사정을 여기저기서 주워들으며 지
내다가 몇몇 사람들과 뜻을 맞추었다. 그를 포함하여 의기투합한 9명의
구의사°는 강원도 금화현에서 남쪽으로 10여 리 떨어진 사곡촌 골짜기
에 초막을 지었다. 나무 잎사귀에 시를 쓰고 통곡하다가 물에 띄워버리
기도 하고, 담소도 하고, 한탄도 하고, 돌 소리와 물소리를 들으며 스스
로 방외인方外人(세상을 등지고 살아가는 사람)으로 자처했다.

　그러나 그들은 이곳에 오래 머물지 않았다. 수양대군이 임금 자리에
오른 이듬해에 사육신 성삼문·박팽년·이개·하위지·유성원·유응부
가 상왕 복위를 꿈꾸다가 장찬손 등에게 발각되어 곧 참형되는 사건이

구의사九義士 수양대군의 왕위 찬탈에 반대한 9명의 의사인 김시습·조상치·박도·박재·박규
손·박효손·박천손·박인손·박계손을 말한다. 단종복위의 뜻을 이루지 못했지만 충절을 지킨
이들을 모신 사당을 구은사라 한다.

있었다. 김종서, 황보인 등을 제거한 뒤에 일어난 두 번째의 대량살육이었다. 이때 9명의 은사는 자신들에게 화가 미치는 것을 피하고, 각자 새로운 길을 모색하기 위해 뿔뿔이 흩어졌다.

단종에 대한 충절을 지킨 구의사를 모신 사당 구의사

　사육신의 시체가 길거리에 버려져 있었으나 누구 한 사람 시체를 거두어주지 않았다. 사육신의 가족들마저 모두 잡혀가 있는 데다 서슬이 시퍼렇던 시절이었으니 말이다. 이때 어떤 승려가 이들의 시체를 거두어 노량진 길가 남쪽 언덕에 묻었다고 전하니, 이 승려가 바로 김시습이라는 것이다.

《금오신화》를 완성하다

　이 무렵 김시습은 설잠이라는 승려로 지냈는데, 승려치고는 모습이 괴상야릇했다. 머리는 깎았으되 수염은 기르고 있었으니 말이다. 이에 대해 김시습은 이렇게 말했다.

　"머리를 깎은 것은 세상을 피하기 위함이요, 수염을 기른 것은 대장부의 기상을 나타내기 위함이다."

　1463년(세조 9) 그가 책을 사러 서울로 올라왔을 때, 세조는 자기 손에 죽은 사람들의 명복을 빌기 위해 불교 행사를 크게 벌이려던 중이었다. 또한 효령대군(태종 이방원의 둘째 아들)의 주도로 《묘법연화경》의 번역 사업을 추진하는데, 이때 많은 승려가 이 일의 적임자로 김시습을 추천했다. 효령대군의 간청으로 김시습은 신미, 학조 등 이름난 승려들과 함께 내불당(경복궁 안에 있는 왕실 사찰)에 들었다. 그러고 나서 일단 임금의 공덕을 칭송했다. 그답지 않게 권력 앞에 굴절하는 모습을 보인 것이다. 임금은 이에 대한 보답으로 귀한 햇과일들을 보내주었고, 김시습은 이에 대해 '물건은 비록 작은 것이지만, 성의는 크다'고 적었다. 그리고 10여 일쯤 내불당에 있다가 다시 금오산으로 돌아오고 말았다.

경주의 남산인 금오산에 폐허가 된 절 하나가 있었는데, 이것이 용장사였다. 절이 폐허가 된 데다 골짜기가 깊어서 사람의 발자취가 거의 닿지 않았다. 김시습은 바로 이곳에 토굴을 짓고 매화를 심어 이 토굴을 '금오산실'이라고도 하고 '매월당'이라고도 했다. 이렇게 해서 김시습의 호가 매월당이 된 것이다.

1467년 그의 나이 32세가 되던 해 3월 그믐날, 서울에서 종자從者가 말 한 필을 끌고 내려와 "효령대군께서 보내서 왔습니다. 성상께서 옛 흥복사를 새로이 세우고 이름을 원각사라 지었습니다. 스님들을 모시고 낙성회落成會를 갖는데 여기에 참석하시게 하라는 분부를 받고 왔습니다"고 전했다. 이에 김시습은 그날로 말을 타고 서울로 올라왔다.

낙성회 첫날 임금이 대사령(일반 사면령)을 내리자 김시습은 이를 찬탄하는 시를 지었다. 이어 효령대군의 부탁으로 '원각사 찬시'를 지어 임금에게 올렸고, 임금은 이를 보고 효령대군에게 분부했다.

"이 찬시는 매우 아름답소. 내가 그를 직접 만나볼 테니 이 절에 거처하도록 하시오."

그러나 김시습은 서울에서 지낸 지 며칠이 못 되어 끝내 길을 떠났다. 경주로 내려가는 길에 임금이 보낸 사자(심부름꾼)를 중간에서 만나 다시 올라오라는 분부를 받았으나, 병을 핑계대고 끝내 다시 서울로 올라가지 않았다.

금오산실에서 지내던 김시습은 틈틈이 바닷가를 거닐기도 하고, 교외나 시전市塵에 나가 구경을 하기도 했다. 비록 몸은 병이 들었으나 동가식서가숙* 할 때보다는 고달프지 않았다. 그 덕분에 저술에 몰두할 수가 있었다. 이때 그는 소설을 썼는데 이것들을 묶어 《금오신화》라 이름 붙였다.

수락산 매월당 정상에 세워진 김시습의 '금오신화를 짓고'

그리고 석실(돌로 쌓아 만든 묘실)에 간직하며 "뒷날 이 소설을 알아줄 사람이 있을 것이다"라고 말했다. 한편 김시습의 시 짓는 버릇은 괴상했다고 전한다. 서 있는 나무를 깎아 시를 써 놓고는 한동안 읊고 나서 통곡을 하며 깎아버리거나 종이에 시를 써서 한참 바라보다가 물에 던져버렸다.

한명회를 조롱하다

김시습은 금오산실에서 7년을 살았는데 그동안 세조도 죽고, 그 뒤를 이은 예종도 죽었다. 그리고 새 임금 성종이 문치文治를 표방하며 널리 인재를 구하는 때였다. 친구들이 그에게 정국이 새로운 기운을 맞고 있으니 서울로 올라와 벼슬살이를 하라고 권유하자, 김시습은 행장을 꾸려 정들었던 금오산실을 떠나 수락산 폭천정사로 옮겼다.

그는 남소문동에 있는 이정은(태종의 손자이자 영의정 이원익의 할아버

동가식서가숙東家食西家宿 동쪽 집에서 먹고 서쪽 집에서 잔다는 뜻으로 먹을 곳, 잘 곳이 없어 떠돌아다니며 이집 저집에서 얻어먹고 지내는 사람 또는 그러한 일을 가리킨다.

지)의 집을 거처로 삼기도 했다. 그는 김시습을 늘 도와주었을 뿐만 아니라 선비들과도 잘 어울려 그의 사랑채에는 많은 식객食客이 들끓었다.

그런데 당시의 권신 한명회(김종서 등을 참살하게 하여 수양대군의 즉위에 큰 공을 세움)는 한강 가에 화려한 압구정을 짓고 서강 가에는 별장을 두고 이를 찬탄하는 현판들을 걸어놓았다. 워낙에 권세가 있는 사람의 건물이어서 일반인들은 감히 오르지도 못했다. 어느 날 김시습이 이곳에 갔다가 별장의 현판을 발견하는데, 거기에는 이런 시가 적혀 있었다.

청춘에는 사직을 붙들고靑春扶社稷(청춘부사직)
늙어서는 강호에 누웠네白首臥江湖(백수와강호).

김시습은 이것을 다음과 같이 고쳐놓았다.

청춘에는 사직을 위태롭게 했고靑春危社稷(청춘위사직)
늙어서는 강호를 더럽혔네白首汚江湖(백수오강호).

부扶를 위危로, 와臥를 오汚로 바꾸어 놓으니 영락없이 맞아 떨어지는 것이었다. 이를 보고 사람들이 정말 그럴듯하다고 수군거리자 한명회는 나중에 현판을 아예 없애버렸다.

세상에 네 것 내 것이 어디 있느냐

언젠가 김시습은 종들과 가옥, 전답을 모두 간특한 사람에게 빼앗긴 적이 있었다. 그는 한동안 잠자코 있다가 어느 날 상대방을 찾아가 재산을 돌려달라고 요구했다. 물론 그 사람은 거절했다. 그러자 김시습은 그 사람을 한성부에 고소했고, 두 사람은 대질심문을 받기 위해 불려갔다. 보통 양반들 같으면 이런 송사가 있을 때, 종을 보내는 것이 관례였다. 그러나 그는 직접 대질에 임하여 입에 거품을 물고 싸웠다. 본래 자신의 재산을 빼앗긴 터라 승소할 것은 너무나 당연한 사실이었다. 송사에 이긴 김시습은 문서를 받아 관아 문 밖을 나오더니 하늘을 보고 크게 웃었다.

"아하하, 이 세상에 네 것 내 것이 어디 있나?"

그러고 나서 문서를 갈가리 찢어 개천에 던져버렸다.

어느 날 그는 무량사에서 무슨 마음이 들었는지 붓을 잡고 자화상을 그리기 시작했다. 마침내 그림이 완성되자 그 위에 이런 글귀를 써넣었다.

"너의 모양은 조그마하고 너의 말은 크게 분별이 없구나. 너는 구덩이 속에 처박아 두어야 마땅하다."

실제로 김시습은 키가 작고 얼굴이 못생겼다고 한다. 그러나 그의 글 내용은 인생을 마감하면서 남긴 처절한 자기반성이 아닌가 싶다.

58세 되던 해에 김시습은 이렇게 유언했다.

"내가 죽거든 화장을 하지 말고, 임시로 관을 절 옆에 두어라."

그의 제자들은 유언에 따라 관을 절 옆에 그대로 조용히 모셔두었다. 그리고 3년 후에 장사를 지내려고 관을 열어보니, 시신의 얼굴색이 살아 있는 사람과 똑같았다. 여러 승려들이 놀라 '성불했다'고 말했다. 불교의 장례의식에 따라 다비(시신을 불사르는 일)를 하자 사리*가 나왔고,

---

사리舍利 원래는 신체 또는 석가모니나 성자의 유골을 지칭하는 용어이나, 오랜 수행을 한 스님을 화장하면 나오는 구슬을 이르기도 한다. 불교에서는 사리를 오랜 기간 수행한 공덕의 결과물로 이해하나, 과학적으로 보면 담석의 일종으로 식물성 단백질이 둥글게 뭉친 것이다.

그 사리를 담아 무량사에 부도(고승의 사리나 유골을 안치하는 묘탑)를 만들어 안치했다.

죽은 지 89년 후, 선조는 그의 충절을 기려 생육신으로 떠받들게 했고, 또 정조는 그에게 이조판서를 증직했으며, 이어 곳곳에 그를 기리는 서원과 사당이 세워졌다.

생육신은 단종이 숙부 수양대군(세조)에게 왕위를 빼앗기자 관직에 나가지 않고 절의를 지킨 6명의 신하, 김시습·원호·이맹전·조려·성담수·남효온을 말한다. 단종복위 운동의 실패로 죽임을 당한 사육신에 비해서 살아서 절개를 지켰다는 의미에서 생육신으로 불렸다.

철 학
속으로

김시습은 당시의 사상적 혼란을 바로잡기 위해 유·불·도 삼교三敎를 원융적圓融的으로 일치시키려 했다. 가령 불교적 미신은 배척하면서도, 불교에서 강조하는 자비에 대해서는 만물을 이롭게 하고 마음을 밝혀 탐욕을 없애주는 것으로 파악했다. 또 비합리적인 도교의 신선술은 부정하면서도, 기氣를 다스리는 일은 천명天命을 따르게 하는 데 가치가 있다고 보았다. 다시 말하면, 기를 강조하는 성리학의 입장에서 불교와 도교를 흡수하여 그의 철학을 완성시키고자 한 것이다.

김시습은 현실과 이상 사이의 갈등 속에서 어느 곳에도 안주하지 못한 채 기구한 일생을 보냈는데, 그의 사상과 문학은 이러한 고민에서 비롯한 것이라 할 수 있다. 전국을 두루 돌아다니면서 얻은 생활 체험은 현실을 직시하는 비판력을 갖출 수 있도록 해주었고, 불의한 위정자들에 대한 비판과 맞닿으면서 백성을 중시하는 왕도정치의 이념으로 발전했다. 그리고 군주가 그 백성을 사랑하여 부도덕한 정치를 없애는 것은 부처의 자비 정신에도 부합한다고 보았다.

그러나 김시습이 지향했던 근본 목표는 어디까지나 유가적 혹은 주자학적 민본주의를 실현하여 주자학적인 명분을 회복함과 동시에 백성들의 삶을 안정시키는 것이었다. 그는 오히려 봉건 윤리를 철저히 수립함으로써 당시의 사회적·사상적인 문제를 해결하려고 한 것이다. 이와 같은 맥락에서 그의 기氣철학은 불교의 윤회설, 영혼불멸설, 극락 지옥설, 무속 신앙 등의 미신을 타파하고 성리학(유교)적인 세계관을 확립하는 과정에 불과했다고 말할 수 있겠다. 김시습의 사상은 관념적 주리론主理論에 반대하는 기氣일원론, 유물론으로 해석된다.

왕양명(1472~1528)

명나라 때의 사대부 사상가이자 교육가. 명필가 왕희지의 후예로 육상산의 학설을 발전시켜 이정 형제와 주자 계통의 성리학인 정주학程朱學에 대항했다. 육상산의 사상인 심학으로써 나라를 구하려 했고, 그를 맹자 이후 첫째가는 사람이라며 높이 평가했다. 조산아로 태어나 허약했던 까닭에 양생법에 관심이 많았다. 처음에는 주자학에 심취했으나 신선술 공부를 하기도 했다. 훗날 주자의 이론이 잘못된 것을 깨닫고 스스로 이론을 세워나갔으며, 양명학의 기초를 세웠다. 《전습록》은 왕양명의 제자들이 스승의 학문과 삶에 대한 어록과 편지글을 모아 엮은 책이다.

큰 도리란 곧 내 마음이다
왕양명

육상산의 심학을 계승하다

육상산이 세상을 떠난 지 300여 년 만에 한 철인이 나타나 그와 마음을 같이하여 세상에 널리 펼쳤으니, 이 사람이 바로 왕양명이다. 왕양명은 친구에게 보낸 편지에서 육상산에 대해 "상산의 학문은 간략하고 평이하며 거추장스럽지 않으니, 맹자 이후에 첫째가는 사람일세"라고 말했다. 그리고 격렬한 어조로 "나는 천하의 모든 사람들의 책망을 무릅쓰고서라도 상산을 위해 한마디 하고자 하며, 또 그것 때문에 다른 사람들로부터 누명을 쓴다고 해도 절대로 후회하지 않겠네"라고 했다.

왕양명은 '송나라가 멸망의 지경에 이르게 된 까닭은 학술이 제대로 밝혀지지 않았기 때문'이라고 보았다. 학문에 대한 바른 길이 확립되어 있지 않기 때문에 선비들의 기풍이 문란해지고, 백성들의 마음이 흔들리게 됨으로써 나라가 약해졌다는 것이다. 그래서 어떻게든 육상산이 주창한 심학*의 깃발을 계승하고 도로써 나라의 몰락을 구하려 했다.

왕양명의 이름은 수인守仁인데, 스스로 양명자陽明子라 했다. 그래서 모든 사람들이 그를 양명 선생이라 불렀던 것이다. 그는 명나라 헌종 때에 저장성 위야오의 서운루에서 태어났다. 원래 이름이 운雲이었으나 5세가 되도록 말을 하지 못하자 할아버지가 수인守仁으로 이름을 바꾸었다. 왕양명은 명필 왕희지*의 후예였으며, 아버지 화華는 진사 시험에 장원 급제하여 난징 이부상서를 지내기도 했다.

부엉이는 죽은 어머니의 혼

왕양명은 팔삭둥이로 태어난 탓에 몸이 약해 이미 청년기에 폐병에 걸려 피를 토하기도 했다. 10세 무렵 어머니가 죽고 새어머니가 들어왔는데, 그녀는 그를 매우 차갑게 대했다. 그가 하루는 부엉이 한 마리를 사서 계모 방에 집어넣었다. 깜짝 놀란 계모 앞에 이미 왕양명과 입을 맞춘 점쟁이 노파가 나타나 이렇게 말했다.

"그 부엉이는 죽은 양명 어미의 혼이오. 당신이 양명을 너무 괴롭히기 때문에 나타난 것이오. 그러니 또 그를 괴롭히면 당신이 죽고 말 것이오."

점쟁이가 돌아간 후로 계모는 그를 따뜻이 대했다고 한다. 왕양명은 어려서부터 남달리 총명하고 기상이 범상치 않아 11세 때는 큰 잔치 자리에서도 시를 읊었다. 그러나 그는 자신의 큰 뜻에 걸맞은 선생을 만나

심학心學 중국의 정주학程朱學과 대립되는 심즉리心卽理 학문 체계. 넓은 뜻으로는 마음을 수양하는 학문으로 유교 전체를 말하기도 하나, 보통은 송나라 때의 육상산, 명나라 때의 왕양명이 제창한 학문을 일컫는다.
왕희지(307~365) 중국 동진東晉의 서예가. 그의 해서楷書, 행서行書, 초서草書의 우아하고 힘차며 품위 있는 글씨체는 일찍부터 서성書聖(글씨의 성인)으로서 존경을 받았다.

지 못했다. 무능하고 부패한 선비들은 오히려 그의 의혹을 가중시키기만 했다. 한번은 그가 참다못해 서당 선생에게 이렇게 물었다.

"천하에서 제일가는 일이 무엇입니까?"

이에 선생은 참으로 엉뚱한 대답을 했다.

"책을 읽으면 벼슬자리에 오를 수 있지."

그러나 이 말을 들은 왕양명은 애써 좋게만 해석하려고 했다.

'아마 단순히 벼슬길에 나아가라는 뜻은 아닐 거야. 독서를 열심히 하여 성인이 되라는 뜻이겠지.'

첫날밤을 독수공방한 신부

왕양명의 아버지는 아들의 마음을 안정시키기 위해 17세 되던 해 7월, 결혼을 하도록 명령했다. 그러나 결혼식 당일, 그는 혼자서 집 근처의 철주궁(일종의 도교 사원) 안으로 들어가다가 도사 한 사람이 앉아 있는 것을 발견했다. 호기심에 그는 그 도사에게 물어보았다.

"병에 걸리지 않고 오래 사는 방법, 즉 양생이 무엇입니까?"

그러고는 조용히 앉아서 그것을 배우느라 집으로 돌아가야 하는 것도 잊었다. 화려한 신방에서 아름다운 신부와 함께 달콤한 첫날밤을 보내야 할 신랑이 생면부지의 도사와 밤을 지새운 것이다. 어쨌거나 이날 밤의 인연으로 왕양명은 도사가 되겠다는 뜻을 품게 되었다.

먼저 그는 주자의 학설을 연마한 다음, 격물* 공부에 큰 흥미를 느꼈

격물格物 주자학에서는 '사물의 이치를 연구하여 끝까지 따지고 파고들어 궁극에 도달함'을 이르지만, 양명학에서는 '사물에도 일종의 의지가 있다'고 보아 그에 의하여 마음을 바로잡음을 일컫는다.

다. 어느 날, 친구와 함께 뜰 앞의 대나무를 마주하고 격물을 시작했다. 둘은 하루 종일 대나무를 대면하고 깊이 생각했다. 그러나 결국 친구는 3일 만에 병이 나 누웠고, 왕양명 자신은 7일 만에 눕고 말았다. 그런데도 대나무는 그 자리에 그대로 서 있었다. 대나무는 역시 대나무였고, 그는 그였다. 이에 왕양명은 "성현은 따로 있는 것이로구나!" 하고 학문을 버리고 입산하려고 마음을 먹는다.

그가 입산하려고 한 데에는 다른 배경도 있다고 전한다. 즉, 왕양명은 20세에 제1차 과거시험 향시에 합격하고, 회시에 응시했으나 낙방했다. 4년 후에 응시하나 또 낙방했다. 자신의 재주만을 믿고 남을 가볍게 여긴 결과였다. 설상가상으로 그때 폐병에 걸리자 산속에 들어가 양생법을 공부하려고 했다는 것이다.

그는 몇몇 친구들과 더불어 용천사에서 시 모임을 조직하고, 매일 시 읊는 데 도취했다. 2년째 되던 해에 서울로 돌아온 그는 나라의 변두리 지역이 위태롭다는 사실을 알고 무술을 연마하는 한편, 병법에 관한 책을 두루 읽었다. 무인으로 크게 성공해볼까도 생각했던 왕양명은 결국 이 방면에서도 꿈을 실현하지 못했다.

몇 번의 실패를 경험하고 나자 그의 몸과 마음은 지칠 대로 지치고 말았다. 학문이나 문학에 대한 공부가 그의 웅지雄志(커다란 뜻)를 채워주지 못했고, 무예에서도 특출한 소질을 발휘하지 못하자, 그는 방황하기 시작했다. 그러다가 우연히 임금에게 올린 주자의 글을 보게 되었다.

"독서의 근본은 거경*으로 뜻을 잘 보존하는 것이고, 독서의 방법은

거경居敬 주자학에서 강조하는 학문 수양 방법의 하나. 순수한 심신 상태를 유지하여 늘 한 가지에 집중함으로써 덕성을 함양하는 것이다.

순서에 따라 정성을 들이는 것입니다."

이 글을 읽고 왕양명은 과거에 자신의 뜻이 너무 높고 먼 데에만 있어서 실제에 적응하지 못했음을 깨달았다. 그때부터 그는 방황하던 마음을 가라앉히고 독서에 정진하기 시작했다. 28세 되던 해에는 진사進士 시험에 합격했다. 이후 몇 해 동안 왕양명은 정치에 대단한 열정을 쏟았는데, 임금에게 수천 자나 되는 상소를 올려 폐단에 대한 시급한 조처를 건의하기도 했다. 그러나 자신의 열렬한 충정이 효종에게 받아들여지지 않자 실망한 나머지 점점 낙심해갔다.

그가 35세 되던 해였다. 명나라 제10대 황제 무종이 즉위하자 환관 유근이 권력을 마음대로 휘둘러 신하들이 임금에게 옳은 말을 하기만 하면 잡아다가 감옥에 넣었다. 왕양명은 충신들을 풀어주도록 상소를 올렸다. 그러나 유근은 도리어 그를 무고하게 끌어다가 곤장 40대를 때려 기절하게 만들었다. 결국 유근은 왕양명을 용장 지방의 역승驛丞(각 지방의 역驛에 있는 말에 관계되는 일을 맡아보는 외직) 자리로 내쫓아버렸다.

왕양명이 용장으로 길을 떠나는데, 어떤 사람이 그를 미행했다. 그는 화를 당할 것을 미리 알고 저장성 항에 이르러 투신자살을 가장하려고 강가에 옷을 벗어놓았다. 또 글까지 써두고 몰래 상선에 붙어서 그곳을 피했다.

그는 푸젠성에 도달하여 산중을 방황하다가 어떤 절을 찾았다. 그런데 뜻밖에도 과거에 만나서 양생법을 배운 적이 있는 철주궁 도사가 그곳에 있었다. 깜짝 놀란 왕양명은 그에게 자초지종을 설명하고 몰래 숨어살고 싶다고 했다. 그러나 도사는 "만일 그대가 몸을 감추어버리면 유근이 그대의 아버지를 잡아다가 문초할 것이 아닌가?" 했다. 왕양명은 그의 말이 옳다고 생각하여 부임지 용장으로 떠났다.

마음이 밝으니 무슨 할 말이 더 있겠는가

용장은 구이저우성(중국의 서남부에 있는 평균 해발 1,000미터 정도의 고원지대)의 서북쪽에 있었는데, 첩첩이 쌓인 산과 우거진 산림으로 뒤덮인 곳이다. 독충이 우글거리고 질병이 퍼져 있을 뿐만 아니라, 오랑캐들이 모여 사는 지방으로 말조차 통하지 않았다. 이런 곳으로 내몰리자 왕양명은 한순간에 자신의 모든 꿈이 물거품이 되는 것 같았다. 그가 마주할 수 있는 것은 우뚝 솟은 산봉우리와 말없이 푸르른 하늘뿐이었다.

그러나 이처럼 험악한 환경은 도리어 그를 깊은 사색으로 이끌었다. 왕양명은 숲속에 초막을 짓고 살다가 다시 암굴(바위굴)로 들어가 살았다. 그곳 야만족들은 한인漢人이 오면 여러 가지 꾀를 내어 죽이려 들었으나, 왕양명의 성실하고 인자한 성품에 감동하여 그를 따르게 되었다. 왕양명은 원주민들을 다스리는 한편, 돌관을 만들어 그 위에 앉았다 누웠다 하면서 밤낮을 가리지 않고 진리를 깨우치려고 애썼다.

그러던 어느 깊은 밤, 그는 홀연히 격물치지(사물의 이치를 구명하여 자기의 지식을 확고하게 하는 일)의 도리를 깨닫고 벌떡 일어나 앉았다. 마치 꿈속에서 어떤 사람이 그에게 일러주는 것 같았다. 어찌나 기뻤던지 소리치고 날뛰자 옆에서 자던 사람들까지 깜짝 놀라 일어났다. 그들은 그에게 왜 그러냐고 물었다. 왕양명이 대답하기를 "내가 이전에는 격물의 도리를 깨닫지 못했는데 이제야 깨달았소"라고 했다.

이 순간의 깨달음을 기초로 하여 그의 모든 철학 체계가 확립되었다. 지난날 고민하며 가슴에 품어두었던 모순과 고통이 마치 얼음이 녹듯이 한꺼번에 녹아 달콤한 옛 추억으로 변하는 순간이었다. 그는 흥분을 가라앉히지 못하고 큰소리로 노래 불렀다.

"큰 도리란 곧 사람의 마음으로서, 이는 만고에 변한 적이 없다네. 금단*은 결코 밖에서 주어지지 않는다네. 내 잘못이어라! 삼십 년의 헛된 세월이여, 오늘에야 내가 비로소 후회하도다!"

용장 지방으로 쫓겨난 지 3년 만에 왕양명은 장시성 노릉의 지현知縣(현縣의 으뜸 벼슬)으로 승진하고, 이어서 환관 유근이 죽자 형부주사의 벼슬을 받고 서울로 돌아왔다. 그는 정무를 보면서도 독서를 게을리하지 않았다. 문장과 무예에 두루 능하던 그는 마침내 대군을 통솔하는 순무(반란이나 전시戰時 때에 군대 일을 맡아보던 임시 벼슬)가 되었다. 소년 시절에 가졌던 호걸의 꿈이 이제야 이루어진 것이다.

이후 10여 년 동안 왕양명은 적지 않게 큰 공을 세웠는데, 먼저 변두리 국경 지방에서 수십 년 동안 활개치던 도적 떼들을 말끔히 토벌했다. 그 이듬해에는 번개 같은 솜씨로 신호宸濠의 반란을 평정하여 도탄에 빠진 백성들을 구출했다. 그러나 그의 공을 시기하는 사람이 왕에게 왕양명을 무고했다.

"왕양명은 반드시 반란을 일으킬 것입니다. 한번 시험 삼아 불러보십시오. 절대로 오지 않을 것입니다."

이에 황제는 정말로 왕양명을 불러보았다. 왕양명은 왕명을 받은 즉시 입궐을 서둘렀다. 그러나 그를 시기하는 무리들이 갖은 방법으로 방해했다. 결국 왕양명은 구화산으로 들어가 암자에 숨었다. 얼마 뒤 무종*이 사람을 보내어 전후 사정을 알아본 다음, 그의 무고함을 알았다.

금단金丹 금이나 단사丹砂를 정련하여 만든 신령스러운 약. 먹으면 신선이 되어 불로장생한다고 전한다.

무종(1491~1521) 중국 명나라의 제10대 황제. 재위하는 동안 오로지 쾌락만을 추구하여, 조정은 환관들의 손에 놀아났다. 나중에 이를 깨닫고 환관 유근을 처형하는데, 과연 유근의 집에는 금은보화가 가득 쌓여 있었다. 배가 뒤집혀 젊은 나이에 죽었다.

명 세종이 즉위하여 왕양명의 공로를 알고 조정에 들어오게 하려 했으나 대신 양정화 등이 모함하여 실현되지 못했다. 얼마 후 왕양명은 신건백新建白에 봉해지고 세록(오늘날의 연봉) 1,000석을 세습하게 되었으나, 역시 그를 시기하는 무리들 때문에 지급받지 못했다.

왕양명의 나이 56세 때 광시성의 전주에서 야만족이 반란을 일으키는데, 그곳 총독이 이를 막지 못했다. 조정에서는 왕양명을 총독에 임명하여 반란군을 토벌하도록 했다. 이 무렵 그는 폐병에 이질까지 겹쳐 간곡히 사양했으나 받아들여지지 않았다. 그는 불편한 몸을 이끌고 광시성으로 향했다. 왕양명이 그곳에 당도하자 반란군은 지레 겁을 먹고 항복했다. 그러나 이들의 반란이 그곳 관리들의 악정惡政 탓임을 알게 된 왕양명은 태장* 100대씩으로 다스려 그 죄를 면해주었다. 또한 그는 학교를 세워 교육과 교화에도 힘썼다.

그런데 날씨가 좋지 않은 데다 과로까지 겹쳐 마침내 쓰러지고 말았다. 도적 떼를 몇 번이나 토벌하고 난을 평정하는 동안 왕양명의 기력은 모두 소모되고 말았던 것이다. 그는 날 때부터 선병질*인 데다 더욱이 학문과 사색을 좋아했기 때문에 신체가 더욱 허약해져 결국 몸에서 피를 토하는 각혈병을 얻고 말았다. 도저히 회복될 기미가 보이지 않았는데, 어느 날 제자가 찾아와 물었다.

"선생님, 무슨 유언이라도 남길 말씀이 없으십니까?"

그는 눈을 깜박거리며 다음과 같이 대답하고는 영원히 눈을 감았다.

태장笞杖 작고 가는 가시나무 회초리로 볼기를 치는 형벌인 태형笞刑과 큰 형장으로 볼기를 치던 장형杖刑(60대부터 100대까지 다섯 등급이 있었음)을 아울러 이르는 말이다.
선병질腺病質 선병(온몸에 나타나는 결핵성 병)의 어린이에게 체질상 나타나는 특별한 증세. 대개 피부가 꺼칠해지고 입술과 코가 두꺼워지는 경향이 있고, 목 부분의 임파선이 붓고 빈혈이 나타나기도 한다.

"이 마음이 밝으니 무슨 할 말이 더 있겠는가?"

철학
속으로

일찍이 육상산은 '하늘, 인간, 사물의 이치 모두가 내 마음속에 갖추어져 있기 때문에 마음이 유일한 실재'라고 생각했다. 이러한 육상산과 그의 제자들이 형성한 학파를 우리는 남송유학 또는 심학이라 부른다.

왕양명은 육상산의 심학을 바탕으로 하여 치양지설致良知設을 주장했다. 여기에서 양지良知란 사람이 날 때부터 가지고 있는 올바른 마음의 작용과 타고난 지혜를 말하는데, 양명학에서는 '마음의 본체'를 일컫는다. 이전의 정주학 또는 주자학의 주요 내용이었던 성즉리性卽理가 가지고 있는 이론적 모순을 극복하고 전통적 유교 도덕을 회복하려고 했던 것이다.

도가의 철학자들은 '도道'로 세계를 설명하고, 또한 그것으로 우주의 통일성을 설명한다. 정주학자들은 '이理'를 우주적 통일성의 실체로 삼는다. 이와는 달리 육상산이나 왕양명 같은 심학 학자들은 '마음心'으로 우주를 설명하려 든다. 특히 왕양명은 밖에 있는 사물을 자신의 마음속으로 끌어들여 그것들에게 존재의 의미를 부여하고자 했다. 다시 말하면 인간의 주관적 관념으로 객관적 세계를 구성함으로써 천지 만물, 삼라만상이 사람의 주관에 의해서 존재한다는 것을 증명하려 했던 것이다.

마음이야말로
완전한
우주야!

서경덕(1489~1546)

조선 중종·인종 때의 유학자. 황진이, 박연폭포와 함께 송도삼절로 불렸다. 가난한 집
에서 태어나 독학으로 어렵게 공부했으나 벼슬길에도 나아가지 않고, 일생을 송도 화담
에서 초막을 짓고 청빈하게 살며 학문에만 정진하며 살았다. 유학의 근본 입장에서 받
아들여질 수 없는 기일원론을 주장하여 퇴계 이황의 격렬한 비판을 받았다. 그러나 율
곡 이이는 독서에만 의존하지 않고 스스로 연구하고 탐구하는 서경덕을 높이 평가했다.
저서에는 시문집인 《화담집》이 있다. 《토정비결》의 저자 이지함과 허균의 아버지 허엽
을 제자로 두었다. 1578년 선조는 그를 우의정에 추증하고, 문강文康이라는 시호를 내
렸다.

죽고 사는 이치는 이미 잊은 지 오래다
서경덕

공자의 묘에 들어가는 꿈을 꾸다

서경덕의 호는 화담花潭이며 송도(현재의 개성) 사람이다. 그의 조상은 대대로 개풍군(현재 개성직할시의 한 군으로 재편성됨) 풍덕(고려 태조의 무덤인 현릉과 박연폭포 등의 명승고적이 있음)에서 살았다. 아버지 서호번은 낮은 벼슬에 있었다고 하나, 남의 땅을 소작하여 생계를 꾸려나간 것으로 보아 녹봉도 받지 못한 것 같다. 그럼에도 성품이 정직하여 소작료를 속이지 않고 꼬박꼬박 내어 지주는 확인해보지도 않고 받았다고 한다.

서호번은 개성에 사는 한씨에게 장가를 든 까닭에 개성에 옮겨와 살았는데, 한번은 개성에 큰불이 나서 그의 집에까지 옮겨 붙었다. 이때 그가 향을 사르고 축문祝文을 지어 "저는 평생에 감히 의롭지 않은 일을 한 적이 없습니다" 하고 하늘에 아뢰자, 갑자기 바람이 일어 불이 붙은 초가지붕을 걷어버렸다. 이에 대해 사람들은 이 집안사람들이 여러 대에 걸쳐 쌓은 덕에 하늘이 감응했다고 입을 모았다.

그의 어머니가 공자의 묘에 들어가는 꿈을 꾸고 그를 임신했다고 하며, 그 때문인지는 몰라도 서경덕은 어려서부터 대단히 총명하고 영특했다. 그러나 집안 형편 때문에 14세가 되어서야 비로소 유가 경전을 배웠고, 또 정해진 스승이 없었기 때문에 어떻게 보면 자기 자신의 노력으로 학자가 된 사람이라고 할 수 있다.

종달새가 하늘을 나는 이치

서경덕은 궁리하지 않은 채 책을 읽는 것은 소용없는 일이라 생각하여 잘 모르는 글자는 벽이나 천장에 써붙여 놓고 하나씩 사색하며 연구해나갔다. 가령 하늘의 이치를 알고 싶으면 '하늘 천天' 자를 벽에 붙여놓고 문을 잠근 채 한없이 그 글자를 바라보며 이치를 생각하고, 또 땅의 이치를 알고 싶으면 '땅 지地' 자를 붙여놓고 계속 궁리해나가는 그런 식이었다. 그는 훗날 이렇게 말했다.

"나는 좋은 스승을 만나지 못했기 때문에 스스로 많은 노력을 기울여야 했다. 하지만 후세 사람이 내 말에 따라 공부를 한다면 나와 같이 힘들이지 않아도 학문에 통달하게 될 것이다."

그가 《상서》(《서경》을 다르게 일컫는 말)를 공부할 때 서당의 훈장은 "선생도 잘 몰라 뒤로 물러앉은 것을, 이 아이는 홀로 깊이 생각하여 십오 일 만에 알아냈도다!"며 탄복할 정도였다.

16세 때에는 《대학》을 읽어 그 뜻을 깨우치고는, 기쁨을 이기지 못해 눈물을 흘렸다. 이렇게 공부에 열중할 때면 그는 밥을 먹어도 맛을 몰랐고, 길을 걸어도 어디를 갈지 몰랐다. 어디 그뿐인가? 며칠씩 잠을 자지 않는가 하면, 조금 눈을 붙이는 중에 꿈속에서 풀지 못한 이치를 알아내기도 했다.

한번은 어머니가 그를 불러 밭에서 푸성귀를 좀 뜯어오라고 시킨 일이 있었다. 그러나 그가 돌아왔을 때, 광주리에는 푸성귀가 얼마 들어 있지 않았다. 어머니가 그 이유를 묻자 그는 "종달새가 땅에서 하늘로 날아오르는 것을 보고, 하루 종일 그 이유만 생각하다 보니 푸성귀 뜯는 걸 잊어버렸습니다"고 대답했다.

그 후로도 며칠 동안 계속 어두워진 후에야 집에 돌아오자 부모는 재차 그 까닭을 물었고 그는 이렇게 말했다.

"저는 나물을 캐다가 새끼 새가 날아오르는 것을 보았습니다. 첫 날은 땅에서 한 치를 날고, 다음 날은 두 치, 그 다음 날은 세 치를 날다가 차차 하늘을 날아다니게 되었습니다. 새끼 새가 나는 것을 보고 그 이치를 곰곰이 생각해보았으나 터득하지 못하여 나물도 얼마 못 캐고 늦게 돌아왔습니다."

이 어린 소년의 종달새에 대한 관찰과 회의懷疑는 훗날 이른바 기철학氣哲學을 확립하는 데 중요한 소재로 작용한다.

벼슬에 나가지 않고 은둔하다

서경덕은 몇 년 동안 계속된 지나친 독서와 사색 탓으로 과로가 겹쳐 다시는 책을 읽을 수 없을 정도로 몸이 상하고 말았다. 문지방을 넘지 못할 정도로 몸이 쇠약해지자 사색을 그만두기로 마음먹은 적도 있었다. 그러나 워낙 천성적으로 탐구심이 강해 스스로도 억제할 수가 없었다. 결국 21세 때에는 학업을 포기하고 전국 곳곳의 명산 등지를 찾아다니며 몸을 회복하는 데 힘써야 했다.

서경덕은 25세 때에 이미 전국의 대학자들 사이에서 이름을 날릴 정도였으며, 많은 사람들에게서 존경을 받았다. 조광조는 현량과*를 신설하여 인재 120명을 선발하면서 서경덕을 제1로 추천했다. 그러나 그는 이를 거부했다. 또 조정에서는 과거를 보지 않은 그에게 한때 벼슬을 천거했지만, 서경덕은 벼슬에 뜻을 두지 않았다. 쌀이 떨어져 며칠씩 굶고 지내는 판인데도 조정의 녹봉에는 전혀 관심이 없었다. 당시 조정에서는 고려 왕조에 대한 향수가 짙은 개성 사람들을 소외시켰다. 또 문벌을 자랑하는 양반이 주름잡는 시절이었는데 보잘것없는 문벌의 그에게 벼슬을 천거한 것은 보통 대우가 아니었다. 그러나 서경덕은 아예 초야草野에 묻혀 산천山川과 벗하고 지내기로 작정하고, 34세에 유람을 떠났으며 속리산, 변산을 거쳐 지리산에 올랐다.

얼마 후, 서경덕은 제자 이지함*을 데리고 지리산을 다시 찾았다. 이때 그들이 만난 사람은 지리산 언저리에서 은거하고 있던 대곡 성운*과 남명 조식*이었다. 성운과 조식은 조정에서 내리는 벼슬을 거절하고 철저하게 은둔자적 삶을 살던 선비들이었다. 이들은 서로 어울려 시와 술을 주고받았고, '벼슬에 나가지 않고 산에 묻혀 사는 삶'의 의미를 노래했다.

현량과賢良科 조선 중종 때 조광조의 건의에 따라 시행된 관리 등용 제도. 학문과 덕행이 뛰어난 인재를 천거하여 채용하는 제도다. 과거제도를 기반으로 인재를 등용하던 기존의 틀을 깨는 것으로 보수파의 반대도 높았다.
이지함(1517~1578) 조선 중기의 학자. '토정土亭'이라는 호는 그가 마포 나루에 '토정'이라는 흙집을 짓고 가난한 사람들과 같이 살았기에 붙여진 이름이다. 《토정비결》의 저자로 널리 알려져 있다.
성운(1497~1579) 중종 때 사마시에 합격했으나 형이 을사사화로 화를 입자 벼슬을 버리고 숨어 살았다. 조정에서 여러 차례 등용을 꾀했으나 모두 사절하고 오직 학문 연구에만 정진하여 후학들에 의해 산림학파山林學派의 영수로 추대되었다.
조식(1501~1572) 성리학의 대가이자 사림의 영수. "몸소 갈고 닦은 것을 실제로 행동에 옮긴다"는 실천 유학을 강조했으며, 불의와 타협하지 않고 당시 사회 현실과 정치적 모순에는 적극적인 비판의 자세로 임했다.

성균관을 뛰쳐나오다

이렇게 자연을 벗 삼아 은둔 생활을 하던 서경덕도 어머니의 간곡한 부탁을 뿌리치지 못해 43세에 과거장으로 나갔다. 참으로 그의 이상에 걸맞지 않은 행동이었지만 어쨌든 생원시*에 합격했다. 생원시에 합격하면 누구나 성균관에 들어가 앞으로의 벼슬살이에 대비한 훈련을 받아야 했으므로 그 역시 성균관에 들어가기는 했다.

그러나 그는 성균관에서 별로 인정받지 못했다. 어수룩한 행동과 촌스러운 몸가짐이 세련된 권문세가 자제들의 눈에 좋게 비쳤을 리가 없었다. 개성 무지렁이로 따돌림을 받았는데, 다만 생원시에 장원으로 합격하고 영남의 암행어사가 된 이담이라는 사람이 그에게 호의를 보여 뒷날 칭송을 받았다고 전한다.

결국 서경덕은 성균관에서 뛰쳐나옴으로써 벼슬자리에 나가는 것을 포기했다. 개성으로 돌아온 그는 송악산 자락 화담에 자리를 잡았다. 그곳에 초막을 짓고 못다 한 학문에 정진했다. 이때부터 '화담 선생'이라는 별호가 그에게 붙여졌다. 그의 소문은 널리 퍼져 개성 일대는 물론이요, 서울에서까지 제자들이 몰려들었다.

학문에 정진하는 그의 모습은 참으로 성자와 같았다. 어느 날 제자 강문우가 쌀을 짊어지고 가보니 스승이 화담 위에 앉아서 한낮이 되도록 사람들과 이야기에 열중하고 있었다. 사람의 마음을 감동시키는 열변을 계속하는 데도 얼굴에는 조금도 피곤한 기색이 보이지 않았다. 강문우는 짚이는 것이 있어 부엌에 들어가 부인과 이야기하는데, 부인은 "어제

생원시生員試 조선 시대의 문과 가운데 소과小科인 생원시와 진사시 중에서 생원(진사와 더불어 성균관에 입학하는 자격과 하급 관료에 취임할 수 있는 자격을 부여받았음)을 뽑는 생원시만을 가리키는 말이다.

부터 양식이 떨어져 밥을 짓지 못했습니다"고 말했다.

　한번은 제자 허엽이 그를 찾아갔는데 장마가 계속되다 보니 화담의 집으로 건너가는 냇물이 불어나 있었다. 엿새 동안 기다린 끝에 마침 냇물이 조금 줄어들어 건너가니 화담은 태평하게 거문고를 타며 글을 읊고 있었다. 인사를 마친 허엽이 저녁밥을 지으러 부엌으로 들어가자, 화담은 "나도 저녁을 먹지 않았으니 내 밥도 지어라"고 말했다. 허엽이 솥뚜껑을 열어보니 솥 속에 이끼가 가득 끼어 있었다. 허엽이 "왜 솥에 이끼가 끼어 있습니까?" 하고 물으니, 서경덕은 "물에 막혀 집사람이 엿새째 오지 않아서 그랬나보다"고 말했다.

황진이의 유혹

　세상 사람들이 화담을 존경한 것은 그의 학문상의 업적보다도 고결한 성품 때문이 아닌가 싶다. 황진이가 화담을 여러 번 유혹했으나 끝내 성공하지 못했다는 이야기는 너무나 유명하다. 개성 출신의 명기 황진이는 원래 진사의 서녀였다. 사서삼경과 시서, 음률에 모두 뛰어났으며 특히 용모가 빼어났다. 15세 무렵 이웃 총각이 자기를 연모하다가 상사병으로 죽자 기녀가 되어, 시를 짓는 탁월한 재주와 아름다운 용모로 문인들을 매혹했다. 그중 10년 동안 수도에 정진하여 '살아 있는 부처'라 불리던 천마산의 지족 선사를 유혹하여 파계시켰다는 이야기도 있다.

　이어 당대의 대학자인 화담을 유혹하기 위해 어느 비 오는 날, 얇은 가사袈裟를 걸치고 그의 집으로 향했다. 빗물에 흠뻑 젖은 옷이 아리따운 몸에 달라붙어 그야말로 맨몸이나 다름없었다. 그녀는 온갖 교태를 부리며 화담의 손을 끌어당겼으나, 그는 끝내 요지부동이었다. 이에 황진이가 말했다.

"지족 선사는 나의 농락으로 이전에 쌓았던 공을 하룻밤 사이에 허물어뜨리고 말았다. 그러나 화담 선생은 내가 가까이한 지 여러 해가 되었건만 그분의 마음과 몸을 어지럽히지 못했다. 그야말로 참 성인聖人이시로다!"

이후 개성 사람들은 황진이와 박연폭포, 화담을 묶어 송도의 세 가지 빼어난 것, 즉 '송도삼절'이라 불렀다.

화담의 임종은 실로 도학자다웠다. 그는 2년 가까이 병상에 누워 있다가 죽기 직전 시자侍者에게 업혀 화담으로 갔다. 그곳에서 목욕하고 돌아와 세상을 떠나니 때는 1546년 7월 7일, 그의 나이 57세였다. 임종할 때에 한 제자가 "선생님! 지금 심정이 어떻습니까?" 하고 물었다. 이에 화담은 "죽고 사는 이치를 이미 알고 있은 지 오래다. 마음이 편안할 뿐이다"고 했다.

철학
속으로

서경덕은 북송의 성리학자 장재의 영향을 받아 기氣가 만물의 근원이라고 보는 기일원론을 주창함으로써 주리론主理論으로 기울어가는 당시의 학계에 큰 충격을 주었다.

서경덕에 따르면, 천지 만물은 모두 기로 말미암아 생성되는 물질적 실체다. 깨끗하게 비어 있는 선천先天의 기는 본래 하나이긴 하나 그 하나는 둘을 낳고, 둘은 그 자체의 능력으로 변화의 작용을 일으켜 나간다. 여기에서 말하는 둘은 곧 음양과 동정(움직임과 정지), 감坎(달과

물)과 이離(해와 불) 등을 가리킨다. 하나의 기가 나뉘어 음양이 될 때 양이 변화의 극치를 이룬 것은 하늘이 되고, 음이 모이고 응결한 것의 극치는 땅이 된다. 또 양의 정수가 모여 해가 되고, 음의 정수가 모여 달이 된다. 나머지 기운들이 하늘에서는 별이 되고, 땅에서는 물과 불이 된다.

화담은 이처럼 선천先天에서 후천後天으로 옮겨가는 과정을 기의 운동으로 파악했다. 그리고 이 기의 운동은 다른 어떤 것에 의해 좌우되는 것이 아니라 기氣 스스로 능히 그것을 일으킨다고 보았다. 결국 화담은 모든 운동과 변화의 원인을 기 자체에 두고, 기의 모임과 흩어짐을 통해 현상계를 설명함으로써 이理라는 관념적 존재의 실재성을 부인했다. 그에 따르면 이는 기가 취산(모이고 흩어짐)하는 법칙에 불과한 것으로, 기에 부수된 이차적 존재일 뿐이다. 만물의 근원은 기이며, 따라서 인간의 존재와 인간의 정신, 지각까지도 기의 모임과 흩어짐에 의해 설명이 가능하다.

그런데 이 물질적인 기는 시작도 종말도 없으며, 창조나 소멸도 없다. 따라서 구체적인 사물은 소멸되어도 그를 구성하고 있는 물질적인 기는 흩어질 뿐 소멸되지는 않는다. 이와 같은 그의 견해는 이理를 기氣에 선행하는 1차적 존재라고 주장한 주회(주자)의 견해와는 뚜렷이 구분되는, 독창적인 것이었다. 나아가 그는 귀신이나 죽음의 문제도 기의 모임과 흩어짐으로 설명함으로써 당시

성행하던 풍수지리설과 같은 미신을 배척했다. 결국 기일원론적인 그의 유물론적 사고에 의해 불교의 공空이나 도교의 무無, 기타 미신적인 귀신관 등은 설 땅을 잃게 되었다.

현실 문제에도 관심을 가져, 왕릉이나 기타 묘지가 무분별하게 지정되고 확장되는 데 따른 폐단이나 왕릉의 축조를 위한 돌 채취의 노역 동원을 지적하는 상소를 올렸다. 중종이 죽었을 때에는 생업에 종사하는 백성들의 형편에 맞게 삼년상을 3개월로 고칠 것을 건의하기도 했다. 그러나 그의 기일원론은 유학의 근본 입장에서 받아들여질 수 없었기 때문에 퇴계 이황의 격렬한 비판을 받게 된다.

이황(1501~1570)

조선 명종과 선조 때의 유학자이자 명신. 중국 정주학에 기초한 자신의 독창적인 철학
체계를 세움으로써 조선의 통치 이념을 완성했다. 정치보다는 학자 지향형 인물로 한국
의 성리학 발전에 커다란 발자취를 남겼다. 환갑을 바라보는 노학자가 30대에 불과한
젊은 학자 기대승과 8년 동안 편지로 '사단칠정 논쟁'을 한 일화가 유명하다. 말년에는
임명을 받고도 관직에 오르지 않는 등 임명과 사퇴를 반복하고, 50회의 사직서를 제출
했다. 사액 서원의 효시가 되었고, 도산서당을 세우고 후학 양성에 전념했다. 도산서당
은 그가 죽은 후 도산서원이 되었다.

사단은 이가, 칠정은 기가 발한 것이다
이황

가난한 선비 집안

이황의 증조부 이정은 선산 부사를 지냈고 할아버지 이양과 아버지 이식은 진사를 지냈다. 이로 보아 고관대작을 지낸 명문은 아니지만 그의 가문 역시 양반 집안임을 알 수 있다. 그의 아버지는 3남 1녀를 남긴 채 부인이 세상을 떠나자, 재혼하여 4형제를 얻었다. 하지만 아버지는 퇴계가 태어난 지 7개월 만에 40세의 나이로 죽고 말았다. 32세였던 퇴계의 어머니는 농사와 길쌈 등으로 7남 1녀의 대가족을 부양해야 했다. 어머니는 혼자 힘으로 감당하기 어려운 살림을 꾸려나가면서도 자식들의 교육에 소홀히 하지 않았다. 그의 어머니는 항상 이렇게 타일렀다.

"글을 외고 짓는 것에만 힘쓸 것이 아니라, 특히 몸가짐과 행동을 성실하게 해야 한다. 세상 사람들은 과부의 자식들에 대해 가정교육이 부족하여 버릇이 없다고 욕을 하는 법이니, 너희들은 남보다 백 배 이상 노력해서 예의바르게 행동해야 한다."

퇴계는 6세 때부터 《천자문》을 배우기 시작하는데, 아침 일찍 일어나 세수를 하고 머리를 단정하게 빗고 나서 문 밖에 선 채 전날 배운 것을 외워본 다음 들어가 공부했다. 12세 때에는 숙부인 이우에게 《논어》를 배웠다. 이우는 권근, 이첨, 하윤 등과 함께 《동국사략》(단군 때부터 고려 말기까지의 사실을 편년체로 기록한 역사서)을 편찬한 사람으로, 병이 들었을지라도 책을 손에서 놓는 일이 없었다. 그는 문장과 시에 능했고, 조카들을 친자식처럼 돌봐주었다. 이 무렵 퇴계는 많은 사람이 주변에서 소란을 피울지라도 벽을 바라보고 앉아 책을 읽거나 사색에 잠겼다.

퇴계의 집에는 많은 장서가 있었는데, 아버지의 첫째 부인의 어머니에게서 받은 것이다. 그녀는 남편이 죽자 사위에게 그 책들을 주며 말했다.

"모름지기 서책이란 글을 좋아하지 않는 사람이 사사로이 가지고 있을 것이 아니요, 글을 좋아하는 선비의 집으로 돌려보내야 한다."

이에 퇴계의 아버지는 살아생전에 자식들을 훈계하며 당부했다.

"나는 밥 먹을 때에도 책이요, 잠잘 때에도 책이요, 앉으면 같이 앉고 가면 같이 가서 어느 때나 책을 품에서 뗀 적이 없다. 너희들도 이와 같이 하여라! 부질없이 허송 세월을 보낸다면 어찌 너희들의 소망이 이루어질 수 있겠느냐?"

도학군자의 첫날밤

19세에는 《성리대전》*의 일부를 읽었으며, 이듬해에는 《주역》을 읽었

성리대전性理大全 중국 명나라 성조 때에 호광 등이 황제의 명령에 따라 편찬한 책. 장자, 주자 등 여러 학자의 성리설·이기설理氣設을 모아 수록했으며, 70권이다.

다. 이때 잠자고 밥 먹는 일조차 잊어가며 독서와 사색에 매진하는 등 너무 무리한 탓에 소화불량증을 얻어 오랫동안 고생을 해야 했다. 특히 고기만 먹으면 체하여 채식을 즐겼다고 한다.

퇴계는 밤낮을 가리지 않고 끊임없이 독서에 열중했다. 그가 학문에 몰두할 적에는 천둥이 치는지 벼락이 치는지, 마당에 널어놓은 나락(벼)이 떠내려가는지도 모를 정도였다. 하루 종일 꼿꼿이 앉아 책을 읽었고, 머리가 아프면 꽃들을 바라보면서 시를 지었으며, 의문점에 대한 해답을 얻기 위해 오랫동안 사색에 잠기기도 했다. 그가 어릴 적부터 이런 나날을 보냈기 때문에 혹자는 그를 파리한 샌님이나 혹은 아주 근엄한 스승쯤으로 여겼을지도 모른다. 그러나 그는 단조로운 생활을 하지도, 또 본능을 지나치게 억제하지도 않았다.

그와 관련한 이야기가 하나 전하는데, 그는 20세 때 장가를 들었다. 이때 이미 그는 상당히 높은 학식을 지닌 청년으로 소문이 나 있던 까닭에 장모는 딸의 첫날밤이 여간 염려스러운 것이 아니었다. 도학군자에게 딸을 시집보냈으니 아내를 거들떠보지도 않을까 걱정스러웠던 것이다. 그리하여 이튿날 신방에서 나오는 딸을 붙들고 은근히 물어보았다.

"신랑이 귀여워해주더냐?"

"말도 마이소. 개입디더!"

물론 이 이야기는 민간에서 우스개로 전해지는 것이다. 그러나 그가 도학자인 채 본능을 억제한 인물이 아니라는 것을 시사해준다.

벼슬과 학문 사이에서

23세 때 서울로 올라와 태학太學(성균관)에 들어갔다. 이때는 기묘사화*의 피 바람 속에 조광조가 사형을 당한 지 얼마 지나지 않았던 때로, 유생들은 사기가 떨어져 도학을 기피하고 문학만 숭상하는 풍조가 유행했다. 그러다 보니 퇴계의 도학 공부는 유생들의 비웃음을 샀다. 그러나 퇴계는 이에 아랑곳하지 않았다. 24세에 과거에 응시하는데, 세 차례나 연거푸 낙방했다. 그러나 노력에 노력을 거듭하여 3년 후에는 진사시에 수석으로 합격하고, 생원시에는 차석으로 합격했다. 그러나 그 해에 아내가 세상을 떠났다. 2년 후인 1530년, 30세에 재혼했다.

4년 후에는 대과에 급제하여 승문원 권지부정자(종9품)에 임명되었다. 그러나 그의 관리 생활은 순탄하지 못했다. 세도가 김안로*가 같은 고향 사람(김안로의 땅이 퇴계의 전 아내 허씨의 고향인 영천군에 있었다 하여 동향인이라 했음)이라 하여 퇴계를 불렀으나 찾아가지 않은 탓에 김안로의 미움을 받게 되었던 것이다. 물론 퇴계는 이와 상관없이 여러 관직으로 승진되어 발령받았으나 건강을 이유로 사양했다. 그는 일찍부터 학문 연구에만 뜻을 두었다. 그러나 집이 워낙 가난한 데다 어머니와 형의 권고도 있고 하여 과거에 응시했던 것인데, 이 점을 두고두고 후회했다. 그는 간혹 속세를 떠나서 독서를 즐기며 성현의 도道를 찾고 싶은 심정을 토로하곤 했다.

45세 되던 해에 둘째 부인 권씨마저 잃고, 그 다음해 1546년에는 마

기묘사화己卯士禍 1519년(중종 14)에 남곤, 심정, 홍경주가 조광조 등 핵심인물을 몰아내어 죽이거나 귀양 보낸 사건. 조광조의 위훈 삭제 사건(자격이 없는 공신들의 훈장을 박탈한 사건)에 대한 불만이 원인 중 하나였다.

김안로(1481~1537) 조선의 문신. 기묘사화 때 조광조 등과 함께 유배되었다가 다시 채용되어 대사헌을 거쳐 이조판서로 승진했다. 권력을 남용하다가 영의정 남곤·좌의정 심정, 대사헌 이항 등의 탄핵을 받고 유배되었다. 유배에서 풀려나자 심정·이항 등을 죽이고 전권을 장악했다. 그러나 중종의 계비인 문정왕후를 폐하려 하다가 실패하여 사사당했다.

을 동쪽에 양진암養眞菴을 지어 그곳에서 학문에 전념했다. 이때 스스로 호를 '퇴계'라 했다. 조정에서 여러 관직을 내렸으나 대부분 사양하고, 대신에 단양 군수 자리를 희망했다. 그러나 단양군이 감사가 된 그의 형의 관할 아래로 들어갔기 때문에 부임한 지 9개월 만에 풍기 군수로 다시 발령받았다. 이때 백운동서원에 사액(임금이 사당, 서원 등에 이름을 지어주는 일)해줄 것을 청해 허락받았는데, 이것이 사액 서원書院(조선 중기 이후 유명한 학자를 제사지내고 인재를 키우기 위해 전국 곳곳에 세운 일종의 사설 교육기관)의 효시가 되었다. 1548년에는 퇴계의 서쪽 양지바른 곳에 한서암寒栖菴이라는 집을 짓고, 그곳에서 조용한 은둔 생활을 시작했다. 이때부터 독서와 사색으로 나날을 보냈다. 49세 때는 병을 이유로 경상도 감사에게 사직원을 냈다. 3개월 동안 세 번이나 올렸어도 회답이 없자 행장을 꾸려 가지고 귀향했다. 다음 해에는 허락 없이 직책을 버렸다 하여 2계급 강등 처분까지 받았지만, 그는 개의치 않았다. 벼슬살이를 하는 것보다 오히려 학술에 몰두하는 편이 더 좋았던 것이다. 개인적인 정서가 그것을 선호하기도 했지만, '사화士禍'라는 유혈 사태가 계속되었던 당시의 환경도 어느 정도 작용했다고 보아야 할 것이다.

노대가, 젊은 학자 기대승과 논쟁을 하다

학문이 깊고 덕행이 높은 퇴계에게 제자들이 몰려들 것은 당연한 이치였다. 그러나 아무리 제자가 많아도 싫어하거나 물리치지 않았다. 또 제자 대하기를 마치 벗을 대하는 것처럼 했다. 어린 제자라 할지라도 함부로 이름을 부른다거나 하대를 하지 않았고, 보내고 맞을 때에는 항상 공손히 대했다. 그리고 언제나 제자들의 아버지나 형제의 안부를 물었다.

제자들이 먼 길을 떠날 때에는 술을 대접하여 보내기도 했다. 퇴계 역시 젊어서 술을 많이 마셨으나 한 번 과음하여 말에서 떨어진 뒤로는 두 잔 이상 마시지 않았다. 문인들에게도 그의 벗인 정지운*과 김인후*가 술로 건강을 해쳐 일찍 죽었다고 한탄하며, 과음하지 않도록 타일렀다.

1559년, 드디어 고봉 기대승*과 '사단칠정 논쟁四端七情論爭'이 시작되었다. 이는 8년 동안에 걸쳐 전개된 것으로, 당시의 정체된 학문 풍토에 참신한 기풍을 일으켜 우리나라 성리학의 독특한 발전을 가져오게 했다. 사단칠정 논쟁은 인간의 본성에 대한 논쟁으로, 이황은 사단四端*이란 '사물의 이理에 해당하는 마음의 본연지성本然之性에서 발현되는 것'이고, 칠정七情*이란 '사물의 기氣에 해당하는 마음의 기질지성氣質之性에서 발현되는 것'이라 여겼다. 그러나 기대승이 "사단 역시 기에 의해 일어날 수밖에 없다"고 주장하여 두 사람 사이에 8년간의 논쟁이 시작되었다. 당시 퇴계는 성균관의 으뜸 벼슬인 정3품의 당상관직 대사성까지 지낸 59세의 노대가였고, 고봉은 겨우 과거에 급제한 33세의 소

정지운(1509~1561) 조선 중기의 학자. 《천명도설》을 지어 조화의 이치를 규명한 뒤 이황을 만나 지도를 받았는데, 이것이 뒷날 사단칠정 논쟁의 발단이 되었다. 마음이 곧아 남과의 교제에서도 매우 신중했으며, 벼슬에 천거되었는데도 사양했다.

김인후(1510~1560) 조선 중기의 문신. 홍문관 박사 겸 세자시강원 설서說書(세자에게 경전과 역사, 도의를 가르친 정7품관)를 역임하여 당시 세자였던 인종을 가르쳤다. 을사사화가 일어나자 고향으로 돌아가 성리학 연구와 후학 양성에만 정진했다.

기대승(1527~1572) 조선 중기의 성리학자. 32세에 이황의 제자가 되었으며, 사단칠정 논쟁 이후 퇴계는 그의 학식을 존중하여 대등한 입장에서 대했다. 대사성, 부제학, 대사간 등을 지내다가 병으로 사직서를 내고 귀향하는 도중 고부에서 객사했다. 조선 시대 성리학을 독자적인 학문으로 발전시키는 데 크게 이바지했다.

사단四端 인仁, 의義, 예禮, 지智의 단서가 되는 네 가지 마음으로, 측은하게 여기는 마음과 부끄러워하는 마음, 사양하는 마음, 시비를 가리는 마음을 말한다.

칠정七情 사람의 일곱 가지 감정. 기쁨喜·노여움怒·슬픔哀·즐거움樂·사랑愛·미움惡·욕심欲을 일컫는다.

장에 지나지 않았다. 그런데도 퇴계는 고봉의 이론을 신중히 검토하면서 자신의 잘못을 발견할 때마다 고쳐나가기를 주저하지 않았다.

고향으로 돌아온 그는 1560년 도산서당을 세우고 후학 지도에 열중했다. 그리고 1568년 임금에게 '성학십도'를 지어 올렸다. '성학십도'는 퇴계 이황이 성리학의 핵심 내용을 간략히 설명한 10개의 도표로 17세의 어린 나이에 즉위한 선조에게 군왕으로서 알아야 할 학문의 요체를 그림으로 정리하여 올린 것이다. 퇴계가 일생을 두고 최대의 심혈을 기울여 만든 것으로, 선조는 이것을 10폭의 병풍으로 만들어두고 보았다 한다.

퇴계의 말년 관직 생활은 '문서상의 임명과 사퇴'가 계속되었다. 52세부터 70세까지 18년 동안 50회의 사직서를 제출했고, 특히 정3품 이상의 벼슬은 실제로 받아들인 적이 한 번도 없었다.

그는 학자의 최고 영예인 양관대제학*을 제수받았으나 그의 나이 이미 70세였으므로 낙향하기로 결심했다. 선조의 간절한 권유를 뿌리치고 귀향하는데 수백 명의 후배와 제자가 몰려나와 눈물로 이별했다. 그의 움직임 하나, 말 한마디가 제자들에게 큰 영향을 주었던 것이다.

절주節酒와 투호

퇴계는 평생에 걸쳐 두 가지를 실천했다. 하나는 자신의 건강을 위해 매일 아침 측간에서 이를 마주쳤다. 측간에 앉아 아래, 윗니를 힘껏 부딪쳐서 턱에 힘주기를 적어도 50번 이상씩 반복했다. 이 운동은 이를 튼튼

양관대제학兩館大提學 성균관 대사성을 아우르는 직책으로 유림 전체를 통솔하는 자리다. 모든 유림들이 이 자리에 있는 사람을 본받도록 하기 때문에 학문과 도덕이 뛰어남은 물론이고 가문에도 전혀 하자가 없는 석학만이 오를 수 있었다. 본인이 사임하지 않는 한 종신직이었다.

하게 해주는 것은 물론 아래의 항문을 포함하여 전신운동이 된다고 한다. 또 하나는 투호(일정한 거리에 놓아둔 항아리에 화살을 던져 집어넣는 놀이)를 했는데, 자신은 물론 제자들에게도 열심히 하도록 권했다. 퇴계는 이 놀이를 통해서 두 가지 효과를 거두었다. 첫째, 투호는 온몸의 균형을 잡고 거리를 정확히 측정해야만 그 적중률이 높다. 몸이 흐트러지면 결코 잘 맞힐 수가 없다. 둘째, 투호는 정신력을 집중해야 한다. 무슨 일이든지 정신력의 집중이 중요하겠지만, 투호야말로 잡념이 생겨 정신이 산란해지면 결코 명중시킬 수가 없다.

이러한 까닭에 퇴계는 첫째는 몸의 건강을 위해, 둘째는 정신 집중을 위해 투호를 생활 속에 도입했던 것이다. 퇴계는 글을 배우러 오는 사람에게 먼저 투호를 해보도록 시켰다. 그 솜씨를 보고 건강을 짐작해보는 한편, 또 학문을 할 수 있는 덕이나 집중력을 가늠해보았던 것이다.

1570년 11월 9일, 퇴계는 종갓집 제사에 참석했다가 감기에 걸린 것이 악화되어 자리에 누웠다. 12월 3일에는 제자를 시켜 남에게 빌려온 책을 돌려보내고, 4일에는 형의 아들 영에게 유서를 받아쓰게 했다. 나라에서 하사하는 예장(왕실의 종친·공신功臣·종1품 이상의 문·무신이 죽었을 때 나라에서 예를 갖추어 장사지내준 일. 참찬·판서 등의 벼슬을 지낸 이도 대상이 될 수 있었고, 왕의 특별한 명령에 따라 예장을 받을 수도 있었다)은 사양할 것이며, 비석도 세우지 말고 자그마한 돌에 그저 '퇴도만은진성이공지묘退陶晩隱眞城李公之墓'라고 쓰도록 했다. 일설에는 그가 명정銘旌(죽은 사람의 관직과 성명을 적어 영전 앞에 세워놓는 깃발)에 '처사이공지구處士李公之柩'라고만 쓰라고 했다고 한다. 그가 깨끗한 몸을 남기고자 하는 뜻이 여기에 담겨 있는데, 뒷날 지리산 밑에 사는 남명 조식이 이 말을 듣고 "할 벼슬을 다하고 나서 처사라니…… . 진짜 처사는 나지"라는 말을 했다고 한다. 물론 이 말도 새겨볼 만하긴 하다. 그렇다고 하여 퇴계의 일생과 그가 추구한 참뜻이 손상되는 것은 아닐 것이다.

5일에는 관을 짜라 명하고, 8일 아침에 평소 아끼던 매화 화분에 물을 주게 하고, 저녁 5시경에 부축을 받아 일어나 앉은 채로 숨을 거두었다.

철 학
속으로

퇴계의 주리론主理論에 따르면 이理야말로 천지 만물을 생성하고, 주재하는 본원이다. "사단은 이가 발한 것이고, 칠정은 기가 발한 것이다"라고 하는 그의 주장에 의해 촉발된 것이 그 유명한 '사단칠정 논쟁'이다. "사단 역시 기에 의해 발할 수밖에 없다"고 주장하는 기대승과의 논쟁을 통해, 그는 "사단은 이理가 발하여 기氣가 그것을 탄 것이요, 칠정은 기氣가 발하여 이理가 그것을 탄 것이다"로 입장을 정리한다. 이 논쟁으로 말미암아 이황의 사상은 상당한 체계를 갖추게 되고, 나아가 조선의 성리학 자체가 한 차원 높아졌다고 평가받았다.

그의 이理일원론은 사회·윤리관에도 그대로 적용되었다. 예컨대 "군주와 신하가 있기 이전에 이미 군신의 이치가 있었다"는 식으로, 봉건적 윤리 규범을 거부할 수 없는 하늘의 법칙, 즉 천리天理로 만들어버린 것이다. 이것은 당시 봉건적인 중앙집권제에 이론적 근거를 제시한 것이라 하겠다. 어떻든 한국을 대표하기에 충분한 그의 사상은 오늘날 동양은 물론이고, 전 세계에 걸쳐 학계의 주목을 받고 있다.

데카르트(1596~1650)

프랑스의 수학자·철학자. 해석기하학의 창시자. 근세철학의 아버지. 젊은 시절 견문을 넓히기 위해 하인을 데리고 군대에 입대했다(당시 귀족들은 하인을 데리고 군대에 입대했다). 그의 책을 읽고 감명받은 스웨덴 여왕의 초청을 받아들여 가르침을 주러 건너갔다가 스톡홀름에서 생을 마감한다. 데카르트는 수학에서와 마찬가지로 철학에서도 연역적 방법에 의하여 모든 것을 하나의 근본 개념으로부터 도출하고자 했다. 그리고 그 출발점이 확고한 기초 위에 있는지를 따져보기 위해 모든 것을 의심해보아야 한다고 주장했다. 그의 사색은 이른바 방법적 회의에서 출발한다. 지구가 태양의 주위를 돈다고 믿었으나, 갈릴레오의 종교재판 소식을 듣고 나서 이 견해를 마음속으로만 간직했다.

나는 생각한다, 고로 존재한다
데카르트

공인받은 늦잠꾸러기

나폴레옹은 "미래는 일찍 일어나는 사람들의 것이다"고 말했다. 하지만 예외의 인물이 있었으니, 바로 프랑스 출신의 철학자 데카르트다. 그는 10세 때 입학한 예수회 학원에서 여러 가지 특혜 조치와 '잠자리에서 일어나고 싶을 때까지 자도 괜찮다'는 허락을 받았다. 충분히 수면을 취하면 큰 힘을 얻게 되고, 자신의 모든 감각이 깨어나는 것을 느꼈던 것이다. 그리하여 늦게 일어나는 것은 데카르트의 버릇이 되었고, 이 버릇은 일생 동안 그가 학문을 하는 데 많은 도움을 주었다.

최초로 그의 전기를 쓴 아드리앵 바이에는 "철학과 수학 분야에서 데카르트가 남긴 중요한 업적은 결국 그의 아침 잠자리에서 이루어졌다"고 말했다.

학교에서조차 늦잠 자는 것을 용인한 까닭은 그의 건강과 관계가 있다. 데카르트의 어머니는 그를 낳은 지 13개월 만에 '마른기침과 창백

선천적으로 몸이 약해서 평생 침대에 누워 사색하는 습관을 갖게 되었지.

밥 먹고 나서 사색합시다.

한 안색'을 아들에게 물려준 채 세상을 떠났다. 그는 몹시 병약했기 때문에 의사들조차 오래 살지 못할 거라고 진단할 정도였다. 그러나 극진하게 돌봐준 유모 덕분에 건강을 회복하여 마침내 정상적인 생활을 할 수 있었다.

병약한 몸으로 태어난 까닭에 어렵사리 삶을 시작했지만 도리어 덕을 본 일도 있었다. 침대에 누워 사색하는 습관을 평생 지니게 된 것이다. 주 고등법원의 평정관이었던 그의 아버지는 아들의 명상하는 버릇을 발견하고, 기특하게 여겨 어린 데카르트에게 '철학자'라는 별명을 붙여주었다.

왕성한 지식욕과 더불어 진리 탐구에 뛰어난 소질을 갖고 있던 데카르트는 학문의 길에 들어선 뒤로 줄곧 숨어 살면서 사색에 잠기곤 했다. 그가 파리 교외에 있는 아버지의 친구 집에 머물고 있을 때였다. 조용하던 이곳은 얼마 지나지 않아 많은 문인이 몰려들어 시끄러운 아카데미로 변하고 말았다. 그러자 데카르트는 아무에게도 알리지 않은 채 교외의 다른 곳으로 거처를 옮겼다. 아버지의 친구는 당황하여 그를 수소문하다가 우연히 길에서 데카르트의 몸종을 만나게 되었다. 데카르트가 있는 곳을 알려 달라고 하자, 몸종은 주인의 엄한 명령이라면서 안 된다고 버티었다. 그러다가 어쩔 수 없이 데카르트가 있는 곳으로 그를 데려가게 되었다.

때는 아침 11시. 살그머니 문구멍으로 방 안을 들여다보았더니 데카르트는 창문을 열고 침대에 누워 있었다. 한참 동안 생각에 잠겨 있다가는 몸을 반쯤 일으켜 침대 곁에 있는 작은 책상에다가 무엇인가를 적고,

누웠다가 다시 몸을 일으켜 글을 쓰곤 했다. 30분쯤 이러더니 잠자리에서 일어나 옷을 입었다.

30대 무렵에 데카르트가 친구 발자크에게 보낸 편지에는 자신의 잠에 대한 내용이 쓰여 있다.

"나는 여기서 매일 밤 열 시간씩 잠을 잔다네. 아무 걱정거리도 없어서 잠을 깨는 법이 없지. 한참 자고 있노라면 내 정신은 숲과 정원과 황홀한 궁전을 산책한다네. 그럴 때면 동화에서나 상상할 수 있는 온갖 즐거움을 맛보며, 나도 모르는 사이에 낮에 꿈꾸고 그리워하던 것을 밤의 꿈속에 섞곤 하지. 잠에서 깨면 나의 만족은 더욱 완전해지며, 또 내 모든 감각이 그것을 느끼게 된다네."

'세상'이라는 책 속으로

데카르트가 다닌 학교는 전통 있는 예수회 학교로서 중세적인 학풍에 따라 공부하던 곳이었다. 그러나 그는 학교에서 배우는 중세철학보다는 (당시 예수회 학교들이 종교적인 이유 때문에 금지했던) 새로운 과학과 철학에 대해 은밀하면서도 뜨거운 관심을 갖고 있었다. 그는 20세가 갓 지난 어느 날, 그동안 학교에서 배운 것을 다 팽개쳐버리고 대신 '세상'이라는 큰 책 속에서 새로운 지식을 쌓기로 마음먹는다. 그리하여 이곳저곳을 여행할 욕심으로 군대에 지원해 보수도 받지 않고 장교로 복무한다.

데카르트는 1619년 11월 10일 하루 휴가를 얻어 도나우 강('검은 숲'이라는 뜻을 가진 독일의 슈바르츠발트 삼림 지대에서 시작해 유럽 대륙의 남동부를 흘러 흑해로 들어가는 강)의 근교 마을에서 휴식을 취했다. 날씨가 몹시 추워 종일 난롯가에 홀로 앉아 사색에 잠겼는데, 그날 밤 신비로운 세 가지 꿈을 꾸었다. 신으로부터 철학 전체의 체계를 혼자 힘으로 새롭게 정립해야 한다는 내용이었다. 일종의 사명을 부여받은 것이라고 느낀 그는 이 사실에 대해 매우 흥분했다. 그는 하나님으로부터 장래를 축복받았다는 감격에 몸을 떨었다. 그는 즉시 이탈리아의 로레트 성모사원으로 순례하여 참배할 것을 맹세하고 군대 생활을 청산했다.

그 뒤로 여러 곳을 여행하는데, 파리에서는 사교계에 들락거리면서 쾌락의 소용돌이 속으로 들어가 승마나 펜싱, 춤과 도박을 즐겼는가 하면 연애 사건에 휘말려 결투를 하기도 했다. 이 무렵 그가 기지와 용기와 결단성을 갖춘 인물이었음을 보여주는 에피소드가 하나 있다.

데카르트가 동유럽을 한 바퀴 돌고 프랑스로 돌아오던 중, 네덜란드의 서해를 건너기 위해 배 한 척을 세내었다. 이때 야비한 뱃사람들은 데카르트가 떠돌아다니는 돈 많은 장사꾼이라 단정했다. 또 외국인이 홀로 여행하는 것이라 추측했고, 따라서 그의 금품을 털어도 아무런 말썽이 없으리라고 믿었다. 그들이 이렇게 판단한 데는 그의 조용한 성품과 온화한 안색, 예의바른 태도가 한몫을 했으리라 여겨진다. 그들은 데카르트가 외국어를 알아듣지 못할 것으로 믿고, 그가 듣는 앞에서 그를 때려죽여 물에 빠뜨리고 가진 것을 몽땅 차지하자고 수군거렸다. 그러나 네덜란드어와 독일어를 배운 바 있는 데카르트는 처음부터 그들의 말을 다 알아듣고 있었다. 사태가 이쯤 되자 데카르트는 불쑥 일어나 얼굴색을 바꿔 칼을 쭉 빼들고는 뱃사람들의 말로 소리쳤다.

"네 이놈들, 더 이상 나를 모욕하면 당장에 찔러 죽이고 말겠다!"

이에 혼비백산한 뱃사람들은 잇속 챙기려는 궁리를 멈추고 조용히 그를 건네다주었다.

이사의 달인

1628년 데카르트는 방랑 생활을 청산하고 네덜란드에 정착하여 본격적인 연구에 몰두했다. 사람들과 만나는 기회를 최대한 줄이고, 하루에 10시간씩 충분히 자면서 고요한 분위기 속에서 사색하고 글 쓰는 데만 열중했다. 방문객을 피하기 위해 20년 동안 13번이나 집을 옮겼으며, 아주 친한 친구가 아니면 주소조차 가르쳐주지 않았다. 대부분 편지로 다른 과학자나 철학자와 토론을 했는데, 일주일에 하루는 꼬박 편지를 썼다. 이때에도 신중을 기하기 위해 가짜 주소를 사용했다.

광학과 생리학 실험을 열심히 하여 자신의 안경알을 스스로 갈기도 했으며, 도살장에서 송아지를 사온 뒤 해부도 했다. 한번은 어떤 사람이 그에게 서재를 구경시켜 달라고 하자, 반쯤 해부된 송아지를 가리키며 "저것이 내 책입니다"고 말했다는 유명한 일화가 있다.

1632년 중세 과학에 정면으로 도전하는 책 《세계》를 썼다. 하지만 갈릴레오 갈릴레이*가 종교재판으로 파문당했다는 소식을 듣고는 공개하지 않기로 마음먹는다. 이 책에서 지동설을 주장했으니, 교회 당국과 마찰이 일어날 것은 불을 보듯 뻔했기 때문이다. 어떻든 이 일로 불안해진 그는 친구에게 다음과 같은 편지를 썼다.

"내가 바라는 것은 그저 조용하게 사는 것뿐이네. 세상은 내 작품을 내가 죽은 뒤 백년이 지나서야 보게 될 것이야."

이 편지를 받고 그 친구는 위트 있는 답장을 보냈다.

갈릴레오 갈릴레이(1564~1642) 이탈리아 출생의 물리학자·천문학자. 망원경을 개량하여 우주를 관찰하고, 물체의 운동 법칙을 확립했다. 코페르니쿠스의 지동설을 옹호하여 로마교황청에 의해 종교재판에 회부되었다. 지동설을 철회하도록 강요받았으며, 이 일로 말년을 가택에 연금되어 보내야 했다.

"자네의 책이 좀더 일찍 읽힐 수 있도록 하기 위해서는 가능한 한 빨리 철학자 하나를 죽이는 것밖에 도리가 없겠네."

결국 이 책은 《철학 원리》에 그 내용이 일부 포함되어 있을 뿐 출판되지도 않고 전해지지도 않는다.

38세에는 암스테르담에서 한 소녀와 사랑에 빠져 프란시느라는 딸을 낳았다. 3년 후에는 알크마르 가까이의 은둔처에 모녀를 데려다가 함께 살았으나, 그의 딸은 5세 때 열병으로 죽고 말았다. 이 일로 데카르트는 크게 상심하여 슬픔에 빠졌다.

스웨덴 여왕의 초청

1649년에 마음과 몸의 관계를 본격적으로 다룬 데카르트의 마지막 책인 《정념론》이 출판되었다. 이 책을 읽고 감명을 받은 스웨덴의 크리스티나 여왕*은 해군 제독과 군함을 보내면서까지 그를 초청했다. 그러나 데카르트는 야인野人인 자신이 궁중 생활에 적응하지 못할 것을 잘 알고 있었던 데다, 조용히 진리 탐구에 몰두하는 자유를 빼앗기고 싶지 않았기 때문에 주저했다.

그러나 자신을 표적으로 한 비판들을 피하기도 하고, 절친하던 프랑스 대사 샤뉘의 간곡한 권유도 있고 하여 여왕의 제안을 받아들이기로 한다. 마침내 그는 스톡홀름에 도착했다. 여왕은 데카르트의 도착을 기뻐하며 직접 선장을 불러들여 그에 대한 보고를 들었는데(당시에는 국빈

크리스티나 여왕(1626~1689) 30년 전쟁 중 부왕이 사망하자 6세의 나이에 왕좌를 물려받았으며 28세에 자진 퇴위했다. 이후 스웨덴을 떠나 프랑스와 이탈리아 로마에서 말년을 보냈으며, 사망 후 성 베드로 성당에 묻혔다.

을 모시고 온 선장이 궁전에 들어가 여왕에게 보고를 하는 것이 관례였다), 선장의 말은 이러했다.

"폐하! 소신이 모셔온 분은 사람이 아니라 반신半神이옵니다. 그분은 삼 주일 동안 선박과 바람과 항해술에 관하여, 소신이 바다에서 60년 동안 배운 것보다 더 많은 것을 가르쳐주셨습니다."

데카르트는 스톡홀름에 있는 샤뉘 대사의 집에 머물면서 새벽 5시에 궁전으로 가 여왕을 가르쳤다. '하루 가운데 가장 조용하고 자유로운 시간'에 맑은 정신으로 이 위대한 철학자에게서 학문을 배우고자 했던 여왕의 요청이 있었던 까닭이다. 그러나 데카르트에게 일찍 일어난다는 것은 오랫동안의 습관을 깨뜨리는, 지극히 힘든 일이 아닐 수 없었다. 그런데다 여왕은 철학보다 문학을 좋아했고, 특히 헬라어(고대 그리스어) 공부와 고서를 수집하는 일에 더 열심이었다. 데카르트는 스웨덴의 궁중에서 지극히 외로웠을 뿐 아니라, 나중에는 신하들의 시기와 미움까지 사게 되었다.

프랑스인의 피를 아끼시오

1650년 2월 1일 데카르트는 스웨덴 여왕에게 아카데미 설립 계획서를 바치고 돌아온 후 감기에 걸리고 말았다. 북유럽의 찬 기후에 잘 적응하지 못했기 때문이다. 다음 날에는 열이 몹시 오르면서 폐렴으로 발전했다. 그러나 데카르트 자신은 그저 류머티즘쯤으로 그리 대수롭지 않게 생각했다. 마침 여왕의 주치의가 자리를 비워 네덜란드 출신의 의사가 치료해보겠다고 나섰다. 하지만 데카르트는 이 의사를 믿지 않았기 때문에 완곡하게 거부했다. 병세는 점점 악화되어 갔고, 그가 열에 들떠

정신을 가누지 못하자 여왕은 다시 의사들을 보내어 치료하게 했다. 그러나 데카르트는 끝까지 사양했다. 의사들이 "아무래도 피를 좀 뽑아야겠다"고 말하자, 데카르트는 "여러분! 프랑스인의 피를 아끼시오"라고 대답했다.

일주일 후 열이 좀 내려 정신을 회복한 데카르트는 병에 대한 자신의 판단이 잘못됐음을 깨닫고 피를 뽑도록 했다. 그러나 이미 때는 늦었다. 호흡이 곤란해지고 가래를 뱉는 것마저 고통스러웠다.

9일째 되는 날 아침, 그는 음식을 청하여 먹고는 조용히 누워 있었다. 저녁에는 평생 동안 그를 돌봐준 유모에게 자기의 재산을 떼어주도록 유언했다. 전하는 말에 따르면, 이날 밤 데카르트는 이렇게 말했다고 한다.

"내 영혼아, 네가 포로가 된 지 오래구나. 이제 네가 감옥에서 나와 몸의 질곡으로부터 해방될 순간이 다가왔다. 영혼과 신체의 이 나누어짐을 기쁨과 용기를 가지고 견디지 않으면 안 된다."

사태의 위급함을 알고 밤늦게 달려온 뷔오게 신부는 데카르트의 눈을 들여다보면서 말했다.

"마지막 축복을 원하면 무슨 표시를 해주시오."

데카르트는 눈을 들어 하늘을 쳐다보았다. 이 동작은 거기 있던 모든 사람에게 감동을 주었다. 그것은 하나님의 뜻에 완전히 순종함을 나타내고 있었다. 가슴 깊이 감동한 샤뉘 대사는 모인 사람들에게 말했다.

"나의 친구는 인생에 만족하고 벗들을 만족스럽게 여기며, 하나님의 자비에 대해 확신이 넘쳐서, 그리고 저 세상에 가서 그가 일생 동안 찾아온 진리를 발견하고 소유하게 되리라는 데 대해 의심하지 않고 기쁨에 넘쳐서 숨을 거두었습니다."

모두 무릎을 꿇고 있는 가운데 신부는 축복 기도를 드렸다.

"전 세계에 널려 있는 교회의 이름으로, 하나님께서 그의 영혼을 맡아 주시기를 기원합니다."

이 기도가 끝나기 전에 데카르트는 흠 없이 살아온 그의 생애에 합당하게 조용한 가운데 숨을 거두었다.

여왕은 성대한 장례식을 거행하고 화려한 기념비를 세우려 했으나 샤뉘 대사가 반대하여 조촐하게 장사지냈다. 데카르트는 살아생전에 여왕으로부터 스웨덴의 국적을 취득하라는 요청을 받았으나 단호히 거부했다. 그는 죽어서도 스웨덴 사람이 되지는 않았다. 그의 유해는 1667년 프랑스로 옮겨져 현재는 파리박물관에 보존되어 있다. 한때 두개골이 도난당해 없어졌다가 1878년에 발견되어 파리 인류박물관에 전시되어 있다.

철학 속으로

먼저 데카르트는 우리의 모든 지식이 더 이상 의심할 수 없는 가장 단순한 원리로부터 이끌어져야 한다면 무엇보다도 그 출발점이 확고한 기초 위에 있는지를 따져 보아야 한다고 주장했다. 철저한 회의(의심)를 이겨낼 만한 제1명제가 무엇인지 알기 위해 우리는 모든 것을 의심해보아야 한다. 지금까지 우리가 배운 것에 대해서 뿐만이 아니라 이 세계가 실제로 존재하는지에 대해서도 의심해보아야 하며, 나아가 1 더하기 1은 2라고 하는 등의 수학적 원리에 대해서도 일단 의심해봐야 한다. 1 더하기 1이 실은 3인데도 불구하고 악마가 있어서 모든 인간을 한꺼번에 속였다고 가정해볼 수도 있기 때문이다.

나는 생각한다.
고로 존재한다.
어떤 주식을 사야
돈을 벌까?

생각
하기
나음!

그러나 내가 더 이상 의심할 수 없을 뿐 아니라 오히려 의심하면 할수록 더욱 확실한 것으로 나타나는 한 가지가 있으니, 그것은 내가 바로 이 순간에 의심하고 있다는 것, 다시 말하면 '생각하고 있다'는 사실이다. 그렇다면 사유하는 주체로서의 나 자신도 부정할 수 없게 된다. 여기에서 "나는 생각한다. 고로 존재한다 cogito ergo sum"라고 하는 유명한 명제가 나온다. 데카르트는 이것을 움직일 수 없는 하나의 출발점으로 삼았으며, 나아가 이 명제처럼 우리가 직접 명석하고 판명하게 인식할 수 있는 것이 있다면 그것도 역시 확실한 것임에 틀림없다고 보았다. 데카르트는 이 명제를 출발점으로 삼아 신과 세계 등을 도출해나갔다.

또 데카르트는 신 이외에 정신과 물체라고 하는 서로 독립된 두 가지 실체를 제시하고 있다. 다시 말해서 오직 신만이 참다운 실체이긴 하지만, 정신과 물체 역시 서로 독립적으로 아무런 영향을 주고받지 않는다는 의미에서 2차적 의미의 실체에 해당한다는 것이다. 먼저 정신에 대해 보자면, 우리는 공간적인 연장延長을 반드시 덧붙여 생각하지 않고서도 내가 사유한다는 사실을 생각할 수 있다. 다음으로 물체는 정신과는 관계없이 연장과 공간적 충만성이라고 하는 속성으로 나타난다. 이처럼 양자는 서로 독립적으로 존재한다.

여기에서 생기는 문제가 심신心身의 관계다. 정신과 물체가 공통성을 전혀 갖지 못한다고 하면, 일상생활에서 우리가 경험하는 신체와 정신의 상호작용을 어떻게 이해해야 할까? "마치 폭풍 속에서도 태양 광선이 흔들리지 않는 것처럼, 이 두 가지 실체가 서로 접촉하지 않는다"고 하는 주장은 설득력을 얻기가 힘들다. 결국 데카르트는 적어도 인간에게 만큼은 몸과 마음, 육체와 정신이 결합하여 서로 작용한다고 인정해야만 했다.

스피노자(1632~1677)

네덜란드 출신의 철학자. 범신론의 대표적 사상가. 암스테르담에서 부유한 상인의 아들로 태어나 일찍부터 유대교 목사직을 꿈꾸었다. 그러나 한 청년이 유대교회로부터 파문을 당하는 일을 본 후에 유대교에 의문을 품었다. 기독교 사상을 연구하기 위해 입학한 학교에서 스승의 딸과 사랑에 빠졌으나 그녀의 배신으로 평생을 독신으로 산다. 하이델베르크 대학 철학 교수 자리를 제안받지만, 자유로운 철학 연구를 위해 거절한다. 안경 렌즈 닦는 일을 하면서 소신을 잃지 않고 자신만의 철학 세계를 구축해나갔다. 유대신학에서 말하는 절대적인 유일신 개념과 데카르트가 말한 기계적 필연성에 관한 사상을 종합하여 일원론을 수립했다.

모든 것이 신이다

스피노자

자살 사건과 실연의 아픔

스피노자는 1632년 네덜란드의 암스테르담에서 부유한 상인의 아들로 태어났는데, 그의 선조는 스페인에서 이민온 유대인이었다. 그의 아버지는 세 번 결혼하여 세 아들과 두 딸을 두었는데, 스피노자는 그중 둘째였다. 아버지의 두 번째 부인이자 그의 친어머니인 한나 데보라는 그가 6세 때 폐병으로 세상을 떠났다. 어려서부터 이미 뛰어난 재능을 인정받은 스피노자는 아버지의 뜻에 따라 유대교 목사직을 꿈꾸며 성장해갔다.

14세 때 유대인 학교를 수료하고 모라틸라의 율법 학교에 입학했다. 이듬해에 우리엘이라는 청년이 내세의 신앙을 의심하는 논문을 발표하여 유대교회로부터 혹독한 파문을 당하는 일이 있었다. 교회는 그 청년을 교회당 입구에 엎드리게 한 다음, 신자들로 하여금 그를 짓밟고 들어가게 했다. 육체적인 고통보다도 인격 모독에 더욱 치를 떨었던 그 청년은 집으로 돌아가는 즉시 그 박해자들에게 준열한 비난 편지를 써서 유서로 남긴 채 자살했다. 이 사건은 감수성이 예민한 스피노자에게 커다란 충격을 주었다.

그는 이후 유대교에 의문을 품고 《탈무드》* 연구에 더욱 몰두했다. 그리고 중세 유대주의를 대표하는 지식인 마이모니데스의 저서를 읽다가 구약성경의 모순을 발견하기도 했다. 20세 때에는 기독교 사상을 연구하기 위해 이단적인 네덜란드 신학자가 책임자로 있는 라틴어 학교에 입학했다.

여기서 그는 스승의 딸과 사랑하게 되는데, 얼마 후 그녀는 다른 구혼자가 값비싼 선물을 보내주자 스피노자에게서 돌아서버렸다. 그는 '우리는 신을 사랑하지만, 신으로부터 보상을 기대하지 않는다'는 자신의 말처럼, 그녀를 원망하지는 않았지만 대단한 충격을 받았다. 이 때문인지는 몰라도 그는 한평생 결혼하지 않고 고독한 생애를 보냈다. 또한 그가 철학을 본격적으로 연구하기 시작한 것도 실연의 충격을 받은 후부터라고 전한다.

파문을 당하다

22세 되던 해에 아버지가 죽자, 스피노자는 이미 죽은 형을 대신해 가업을 이어받았다. 그는 '스피노자 상회'의 주인이 되어 사업에 종사하지만 사업보다는 학문에 마음이 쏠려 있어 결국 사업을 정리하고 만다.

탈무드 유대교의 율법, 전통적 습관, 축제, 민간전승, 해설 등을 총망라한 유대인의 정신적·문화적 유산. 유대교에서는 《토라》라 불리는 '모세오경' 다음으로 중요시된다.

24세 되던 해에 스피노자는 교회 장로들 앞에 불려가 심문을 받았다. 장로들은 "네가 친구들에게 '신은 육체를 가지고 있을지도 모른다. 천사는 환상일지도 모른다. 영혼은 단지 생명일지도 모른다. 그리고 구약성경에는 영생에 관하여 아무 말도 없다'고 말한 것이 사실이냐?"고 다그쳤다. 스피노자가 이 질문에 어떤 답변을 했는지는 알려져 있지 않다. 다만 그들이 '신학에 대해 침묵을 지켜주면 오백 달러의 연금을 주겠다'고 회유했음에도 불구하고 거절했다고 전해진다.

사람들은 밀정을 시켜 그를 염탐하기도 하고 뇌물로 매수하려 들기도 했지만, 스피노자에게는 이 모든 방법이 통하지 않았다. 그러자 교회에서는 그를 암살할 계획까지 세우기에 이른다. 결국 그는 유대인 교회에서 온갖 저주를 받고 추방령을 선고받았다. 그에게 내려진 엄청난 파문선고는 다음과 같았다.

"천사들의 결의와 성인의 판결에 따라 스피노자를 저주하고 제명하여 추방하노라. 잠잘 때도 일어날 때도 저주받으라. 나갈 때도 저주받을 것이며, 들어올 때도 저주받을 것이다. 주께서는 그를 결코 용서하지 마옵시고, 주의 분노가 이 사람을 향해 불타게 하소서. 어느 누구도 말이나 글로써 그와 교제하지 말 것이며, 그에게 호의를 보여서도 안 되며, 그와 한 지붕 아래 머물러서도 안 되며, 그의 가까이에 가서도 안 되며, 그가 저술한 책을 읽어서도 안 되느니라."

그의 파문은 이토록 심각한 것이었다. 심지어 누이동생이 그에게서 상속권을 가로채려고 했기 때문에 법정 투쟁을 벌이지 않으면 안 되었다. 그는 재산을 되찾은 다음, 침대만을 제외한 모든 재산을 누이동생에게 되돌려주었다. 친구들이나 주위 사람들은 그를 피했고, 어디를 가건 그에게 셋방을 빌려주는 사람이 없었다. 그러나 어떤 이해심 많은 사람을 만나 이름을 '베네딕트'로 바꾼 다음, 지붕 밑 다락방에서 살게 되었다.

내일 지구의 종말이 올지라도

스피노자는 '내일 지구의 종말이 올지라도 나는 한 그루의 사과나무를 심겠다'고 말한 것으로 알려져 있다. 그러나 그의 일생은 그다지 낙관적이지도, 평탄하지도 않았다. 독일의 철학자 라이프니츠는 스피노자의 저서 중 한 권을 '견딜 수 없을 정도로 건방진 저술'이라고 평가했고, 프랑스의 사상가 볼테르는 그의 체계를 두고 '형이상학을 가장 추악하게 잘못 사용하여 만들어진 것'이라고 생각했다. 칸트의 친구였던 하만°은 스피노자를 '건전한 이성과 학문을 해친 노상강도요 살인자'라고 비난했다.

'신을 모독한 대표적인 유대인이자 완전한 무신론자' '저주받을 직관으로 꽉 차 있는 사람' '천부적으로 커다란 재앙을 가진 타고난 사기꾼'이라는 등의 스피노자에 대한 비난과 모욕은 그가 살아 있는 내내 계속되었고, 책에 대한 비판도 마찬가지였다. 신에 대한 모독, 무신론으로 꽉 차 있어 정말로 지옥의 어둠 속에나 던져버려야 할 것으로서 '지구가 존립해 온 이래, 지금까지 그처럼 신앙심 없는 책은 출판된 적이 없었다'는 등의 비판을 받았다.

그러나 증오와 비방의 반대편에서 이와는 전혀 다른 찬사와 숭배의 언어가 쏟아졌다. 레싱(독일 계몽주의의 대표적인 사상가 중 한 사람, 극작가

요한 게오르크 하만(1730~1788) 독일의 프로테스탄트 사상가, 신앙주의자. 신에 대한 어린아이 같은 믿음만이 철학적 난제를 해결할 수 있는 유일한 방법이라고 주장했다.

이자 예술 비평가)은 "사람들은 스피노자를 마치 미친 개 대하듯이 하고 있지만, 내가 생각건대 스피노자의 철학 외에 철학이라 할 만한 것은 도대체 없다"고, 헤르더(독일의 철학자이자 문학가)는 "너무나 고상한 이 철학에 대해 말만 들어도 나의 가슴은 뛰기 시작한다"고 고백했다. 스피노자가 '진정한 분노와 정열'을 갖고 있다고 보았던 괴테(독일의 작가이자 시인)는 "분명 그의 정신이 나의 정신보다 더 심오하고 순수하다"고 실토한 바 있다. 슐라이어마허(독일의 철학자이자 신학자)는 "성스러웠지만 버림받은 스피노자의 영혼에 경건한 마음으로 내 머리카락을 제물로 바친다. 그는 신앙심으로 가득 차 있었고, 성령으로 충만해 있었다네"라는 감동적인 찬가를 보냈다.

사실 어느 한 사람에 대한 평가가 이렇게 상반되는 경우도 드물 것이다. 철학사에서 가장 많은 모욕을 받았으면서도 또한 열광적인 숭배자를 가지고 있었던 스피노자는 과연 어떤 인물인가? 그는 무신론자인가 아니면 철저한 신앙인인가? 악마에 가까운 사람인가 아니면 신의 성품을 닮은 사람인가?

진리를 위해 살겠다

그렇지 않아도 고독에 젖어드는 성향이 있었던 스피노자는 더욱 깊은 고독 속으로 빠져들었다. 3개월 동안 한 번도 집 밖에 나간 적이 없었다는 이야기도 전해지는데, 한 방문객이 '마치 서재에 매장되어 있는 듯했다'고 말한 기록도 있다. 떳떳한 직장을 구할 수 없는 처지였으므로 학생 시절에 배워둔 안경 렌즈 닦는 일로 생계를 유지해나갔다. 그리고 집주인이 이사하면 자신도 집주인을 따라 이리저리 떠돌아다니면서, 가난하고 고독한 나날을 이어갔다.

그는 이따금 "나는 꼬리를 입에 문 뱀과 같다"고 말했으며, 어느 시의 원이 그가 입은 남루한 옷을 보고 나무라며 다른 옷을 보내주겠다고 하자, "가치가 별로 없는 것, 혹은 전혀 가치가 없는 것을 값비싼 옷으로 감싸는 것은 불합리하지요"라며 사양했다고 전한다.

파문 선고로 운명은 가혹해졌으나 그는 결코 자신의 소신을 굽히지 않았다. 오직 진리에만 귀를 기울일 뿐, 그것 때문에 생겨나는 결과에 대해서는 전혀 신경 쓰지 않았다. 우리가 인간들의 판단 따위에 대해 두려워하지 않는 사람을 두고 철학자라고 부른다면, 스피노자야말로 진정한 철학자였다. 그의 신조는 '내가 진리를 위해 살 수 있도록 나를 내버려두어라!'였다. 모든 철학자 중에서 가장 외롭고, 가장 겸손하고, 가장 조용한 철학자였던 스피노자는 상상을 뛰어넘는 불굴의 신념으로 자신의 진리를 맹세하고 나섰다. 그리고 바로 이러한 그의 태도가 유대교, 나아가 당시 권력층의 증오를 한 몸에 받게 한 원인이었다.

오직 진리 앞에만 내 책을 바치겠다

33세 때 《에티카》(원제는 《기하학적 순서로 증명된 윤리학》)를 썼으나 10년 동안 출판하지 않았다. 이와 비슷한 내용을 발표한 사람이 법정에서 10년 징역형을 언도받고 복역하다가 죽은 일이 있었기 때문이다. 그리하여 스피노자 자신이 출판한 책은 《데카르트 철학 원리》와 《신학적·정치적 논고》뿐이었다. 그런데 익명으로 출판한 《신학적·정치적 논고》는 출판되자마자 곧 금서 목록에 올라 판매가 금지되었다. 그 책은 교회와 국가 당국, 심지어는 대학에서도 금지당했다. 이 일과 관련해서는 가톨릭이

철학 교수 자리를 거절하고 안경 렌즈 닦는 일을 하며 철학 연구에만 몰두한 스피노자의 서재

나 프로테스탄트를 막론하고 당국자들의 의견이 일치되었다.

《신학적·정치적 논고》는 '신을 모독하고 영혼을 타락시키는 것으로서, 근거 없는 위험한 견해와 추악한 내용으로 가득 차 있다'는 이유로 금서가 되었다. 네덜란드 총독은 "앞으로 이 책을 인쇄하는 자나 유포하는 자에게는 가장 엄한 처벌을 내리겠다"고 엄포를 놓았다. 그럼에도 불구하고 용감하게 책을 출간한 출판업자가 있었다면, 그는 틀림없이 3,000굴덴*의 벌금과 8년 형을 선고받았을 것이다. 심지어는 누구든지 이 책에 동조하는 듯한 말조차 해서는 안 되었다. 어떤 도서 목록에서는 '배신한 유대인이 지옥의 악마와 결탁하여 만들어낸 책'이라고 소개되었다.

굴덴gulden 1279년부터 2002년까지 통용된 네덜란드의 통화. 1굴덴(네덜란드어로는 휠던. 휠던은 중세 네덜란드어로 금을 뜻함)은 100센트에 해당한다.

그러나 이 책은 표지를 바꾸어 여러 곳으로 팔려나갔다. 이 책의 출판으로 오히려 스피노자의 이름은 널리 알려지게 되었다. 그를 공격하는 많은 편지가 왔는가 하면, 격려의 편지를 보내는 사람도 많았다. 교양과 지위가 높은 사람들에게서 격려와 함께 생활비가 보내져 오기도 했다. 그 가운데 암스테르담의 부유한 상인은 그를 몹시 존경한 나머지 1,000달러의 증여금을 보내왔다. 스피노자가 이를 거절하자, 상대방은 자신의 모든 재산을 물려주겠다고 했다. 스피노자는 할 수 없이 150달러의 연금만 받기로 하고, 재산은 그의 동생에게 물려주도록 설득했다. 또 프랑스 왕 루이 14세는 다음에 출판할 저서를 자기에게 바치라는 조건으로 거액의 연금을 주겠다고 제의했다. 그러나 스피노자는 "나는 내 책을 오직 진리 앞에만 바치겠습니다"고 말하며 거절했다.

안경 렌즈 닦는 직업

스피노자의 고독한 생활은 오히려 모든 선입견으로부터 초연한, 그 스스로의 독자적인 정신을 지니게 해주었다. 그는 그 시대의 저명한 인물들과 편지를 주고받으며 지식을 넓혀나갔고, 유럽 전체에 이름을 떨치게 되었다. 드디어 그를 인정해주는 목소리가 들려오기 시작했다. 영주인 카를 루트비히가 "하이델베르크 대학 철학 정교수 자리에 취임하는 것이 어떻겠느냐?"고 제의해온 것이다. 이 제안을 전달한 그 대학의 신학 교수는 "당신은 철

나는 오직 철학만 하고 싶어서 교수직도 거절하고 렌즈 닦는 일로 먹고살았죠.

렌즈 닦는 집

학하기 위한 가장 완전한 자유를 누리게 될 것이지만, 이 자유를 교회의 혼란을 조장하기 위해 잘못 쓰지는 않을 것으로 믿습니다"라는 말을 덧붙였다. 스피노자의 도전적인 신앙관에 쐐기를 박기 위한 사전 경고 겸 부탁이었던 셈이다. 상당히 유혹적인 이 제안에 대해 스피노자는 심사숙고하기 시작했다. 그리고 마침내 거절하기로 결심하는데, 그가 보낸 답장 중에는 이런 내용이 들어 있었다.

"저는 자유로운 철학이 어떤 제약을 받아야 한다는 것, 그 사실을 이해할 수 없습니다."

물론 스피노자가 철학 교수 자리를 물리친 데에는 앞에서 말했듯이, 안경 렌즈 닦는 기술을 습득해놓았던 이유도 있었다. 그러나 그의 생활은 실로 어려워 상상할 수 없을 만큼 검소한 생활을 해야 했다. 그저 어쩌다가 파이프 담배를 즐길 뿐이었고, 말년에는 자신이 손수 집안일까지 해야 했다. 보다 못한 친구들이 기부금을 주어 돕겠다고 했지만, 스피노자는 생활에 꼭 필요한 정도만 받을 뿐 그 이상의 어떤 것도 요구하지 않았다.

그러나 자신을 먹여 살렸던 안경 렌즈 닦는 직업은 결국 그의 수명을 단축시키고 말았다. 먼지투성이 작업장이 그에게 폐병을 안겨준 것이다. '박물관에 매장되어 있는 것처럼' 외롭고 고요한 사색의 삶은 45년이라는 짧은 기간으로 고독하게 마감되었다.

스피노자는 그의 주저인 《에티카》의 원고를 일생의 마지막 순간까지 책상 서랍 깊숙한 곳에 감추어두었고, 혹시 자기가 죽은 뒤에라도 이 원고가 분실되지 않을까 하는 불안에 사로잡혔다고 전한다. 결국 그가 세상을 떠난 해에 이 글은 친구들에 의해 간행되었으며, 그밖에도 그의 중요한 저서들이 잇따라 세상의 빛을 보게 되었다.

철 학
속으로

스피노자는 실체를 '모든 사물의 근저나 배후에 자리하고 있으면서, 모든 존재를 자체 안에 융합하거나 포괄하는 일자一者 또는 무한자'로 이해했다. 그런데 이것은 결국 신의 개념과 일치하며, 나아가 모든 존재자를 총괄하고 있기 때문에 자연의 개념과도 일치한다. 여기에서 '실체=신=자연'이라는 등식이 성립하는 것이다.

무한한 실체인 신은 사유와 연장延長이라는 두 가지 특성을 지니고 있다. 신은 한편으로는 무한한 연장이고, 한편으로는 무한한 사고다. 그리고 모든 것은 신을 통해 존재하므로, 모든 개별적 존재 역시 두 가지 관점에서 파악되어야 한다. 즉, 사고의 관점에서 보면 관념으로, 연장이라는 관점에서 보면 물체로 나타나는 것이다. 다시 말해서 두 개의 서로 다른 실체가 존재하는 것이 아니라, 두 가지 양상을 통해 관찰되는 하나의 실체가 있을 뿐이다. 인간 역시 육체와 정신이라는 두 개의 분리된 실체로 구성되어 있는 것이 아니라, 동일한 하나의 존재가 지닌 두 개의 측면에 불과하다. 이러한 견해는 현대 인간학에서도 널리 재인식되고 있는 바이거니와, 결국 데카르트의 이원론은 스피노자에 들어와 일원론으로 통합되었다.

또 스피노자의 윤리학에 따르면, 모든 존재는 스스로의 위치를 관철하고자 노력한다. 인간 역시 자기주장을 관철시키려는 본능이 충족되고 나면 기쁨이 따르고, 이것이 저지될 때에는 슬픔이 따른다. 따라서 모든 인간의 행동과 감정은 자연의 필연성처럼 한 치의 착오도 없이 일관된 모습을 나타내고 있다. 흔히 우리가 말하는 의지의 자유나 결단의 자유는 전혀 끼어들 여지가 없는 셈이다. 만일 자유로운 선택이 가능한 것으로 생각하는 인간이 있다면, 그는 공중으로 던져진 돌 조각이 일정한 궤도를 따라 움직이는 것을 마치 자신의 결정에 의한 것으로 여기는 경우와 같다.

모름지기 인간의 행동이란 모든 자연현상과 마찬가지로, 불변의 철칙을 따를 수밖에 없는 것이다. 사정이 이러하다면 도대체 윤리학에 대한 강의가 무슨 필요가 있을까? 이에 대해 스피노자는 우리의 행동이 자유롭든 자유롭지 못하든 그 동기는 어디까지나 희망과 공포에 있기 때문에, 우리는 계율과 명령의 여지를 인정해야 하며 자신의 행동에 대한 책임도 져야 한다고 말한다.

어떻든 이 세상에서 일어나는 모든 필연적인 일은 곧 신의 의지에서 비롯된 것이므로, 필연에 대한 보다 큰 인식이나 긍정은 신에 대한 더 깊은 사랑과 복종을 뜻한다. 그러므로 인간이 도달할 수 있는 최고의 상태는 신에 대한 지적知的인 사랑이다. 그러나 스피노자가 유대교단으로부터 파문을 당했던 데서도 알 수 있듯이, 그의 사상에는 무신론적 · 유물론적 경향이 깃들어 있다.

루소(1712~1778)

프랑스 계몽기의 사상가이자 작가. 프랑스혁명에서 예언자적 역할을 담당했다. 문명이 자연적인 인간 생활을 왜곡시켜서 사회적 불평등을 조성했고, 이것이 오늘날의 사회악을 산출했다고 지적하면서 "자연으로 돌아갈 것"을 제창했다. 세계 3대 고백록으로 꼽히는 《참회록》에서 자신의 성장 과정과 자신이 저지른 비행과 난잡한 성생활 등 치부까지 놀라울 정도로 솔직하게 털어놓았다. 교육 사상가였으나 자녀 5명을 고아원으로 보내버렸다. 자연 중심의 교육 이념을 제시한 《에밀》 발표 후 큰 반향을 일으켰는데, 마리 앙투아네트가 이 책을 읽고 농사 짓고 우유 짜는 부인을 흉내냈다는 일화도 있다. 다양한 직업을 전전했고, 음악가로서의 성공을 꿈꾸었으나 실패했다.

자연으로 돌아가라

루소

모성애를 그리워하는 변태

루소는 자신의 저서 《참회록》에서 자신의 모든 것에 대해 숨김없이 솔직하게 고백했다. 그의 고백에 따르면, 일생 중 가장 결정적인 체험은 소년 시절 여자 가정교사에게 매 맞은 일이다. 그때 맞은 매는 그의 전 생애에 걸쳐 최고의 쾌락이 되었다. 그러나 감히 그는 여자들에게 그와 같은 사랑의 봉사를 해달라고 부탁하지는 못했다. 그는 또 평생 그를 따라다닌 자위행위의 버릇과 음부노출증(이로 인해 그는 몽둥이찜질을 당할 뻔한 일도 있었다)에 대해서도 아주 솔직하게, 그리고 약간은 자랑스럽게까지 기록하고 있다.

스위스의 제네바에서 시계공인 아버지와 아름답고 교양이 높은 어머니 사이에서 태어난 루소는 일생 동안 모성애를 그리워하며 살았다. 그를 낳은 지 열흘도 못 되어 죽은 그의 어머니가 큰 영향을 미쳤으리라 짐작된다. 이 일이 그의 마음속에 지울 수 없는 깊은 상처가 된 셈인데,

그 스스로도 이렇게 고백하고 있다.

"나는 어머니의 생명을 희생시킨 대가로 태어났고, 따라서 나의 출생은 나의 여러 가지 불행 가운데 최초의 것이었다."

루소는 자신의 생명을 어머니의 죽음과 맞바꾸었다는 데 대해서 평생 회한과 자책감을 느꼈다. 그리하여 그는 어머니가 없는 쓸쓸한 적막감을 아버지와 함께 달래곤 했다.

아버지가 "자! 장 자크, 우리 엄마 이야기나 해볼까?" 하는 말을 꺼내면, 조숙한 루소는 "그러면 우리는 또 울게 되지 않아요?" 하고 대답했다. 이때마다 아버지의 마음이 찢어질 듯 아팠음은 물론이다. 아버지는 그에게 어머니이자 소꿉동무였다. 아버지와 아들은 밤늦도록 책을 함께 읽었다. 아버지는 아침에 참새가 지저귀는 소리를 듣고서야 "애야, 이제 그만 잠자리에 들자. 내가 너보다 더 어린아이 같구나" 하고 말했다.

루소는 마침내 어머니를 찾았다. 16세쯤 되던 해에 만난 드 바렝 부인이 그의 성격과 일생을 결정지은 인물이다. 상류사회에 속하긴 했으나 약간 어리석은 편이었던 드 바렝 부인은 마침내 루소의 어머니가 되었다. 13년이나 연상인 그녀는 루소를 '어린것'이라 불렀고, 루소는 그녀를 '엄마'라고 불렀다. 그는 젊고 아름다운 '엄마'를 갖고 있다는 것에 무한한 기쁨을 느꼈다. 드 바렝 부인은 루소를 일시적이나마 가톨릭으로 개종시키기도 하고 거처도 마련해주었다. 그러나 무엇보다도 오랫동안 그의 애인 역할을 해주었다.

그러나 결국 그녀도 루소에게 깊은 슬픔을 안겨주었다. 그녀에게는 바람기가 있었던 것이다. 루소는 10여 년에 걸친 그녀와의 동거 생활을 청산하고, 이탈리아 북부 베네치아의 매춘부와 난잡스런 관계를 맺는다. 이때 그는 매독에 걸릴까봐 끊임없이 두려워했다고 전한다.

다섯 아이를 고아원에 보내버린 교육 사상가

그 후 파리의 하숙집에서 하녀로 일하는 한 순박한 처녀를 만났다. 그는 그녀에게 애써 글을 가르쳐주었으며 23년 동안의 동거 끝에 마침내 결혼했다. 두 사람 사이에는 5명의 아이들이 태어났는데, 루소는 이들을 모두 고아원에 보내버렸다. 자식들이 너무 소란스러운 데다, 양육비가 많이 들었기 때문이다. 위대한 교육 이론가였으나, 자신의 자녀 교육 문제에 관해서만큼은 그렇게 위대하지 못했던 셈이다. 그리고 귀부인들을 쫓아다니는 그의 기질은 가장으로서의 책임감이나 부부라는 단단한 결속력으로도 막을 수 없었다.

루소의 삶은 방황의 연속이었다. 열광적인 활동에 투신하는가 하면, 꿈속을 헤매며 소일하거나 빈둥빈둥 게으름을 피우며 세월을 보냈다. 또 신경쇠약에 걸려 좌절 속에서 보내는 동안 악의 세계에 빠져들기도 했다. 그는 가출한 젊은이가 가질 수 있었던 거의 모든 직업을 전전했다. 작가 지망생, 수공업자, 신부의 조수, 음악 교사, 시종, 비서, 유랑극단, 토지 등기소 직원 등을 전전하다가 외교업무의 서기가 되기도 했고, 악보 써주는 일을 하기도 했다. 그뿐 아니라 지휘자, 오페라 작곡가, 희곡작가 등으로 활약하기도 했다. 그의 작품은 베르사유궁전에서도 상연되었는데, 이때 그의 너저분하기 짝이 없는 복장은 참석자들에게 불쾌감을 안겨주었다고 전한다.

그는 이렇게 안정되지 않은 생활 때문에 여러 번 거처를 옮겨야 했으며, 극도로 혼란스러운

다섯 아이를 모두 고아원에 보내 버린 루소여! 당신은 인간의 탈을 쓴 늑대인가?

고아원

시기에는 온갖 패륜 행위를 저질렀다고 고백했다. 도둑질, 사기, 무위도식을 일삼는가 하면 얌전한 여자에 대해 중상모략을 자행했고, 삼류 소설책을 무분별하게 읽어대기도 했다.

30대 초반에 루소는 음악가로서 입신출세하겠다는 목표를 세웠다. 1742년 파리에서 음악에 관한 저서를 낼 때 큰 기대를 걸었으나 소기의 성과를 거두지 못했다. 그러나 음악가로서 어느 정도 명성을 얻어 귀족 부인들의 사교 장소인 살롱(보통 상류 가정의 객실에서 열리는 사교적인 집회)에 출입하기 시작했다. 또 디드로(18세기 프랑스의 무신론적·유물론적 계몽주의 사상가)를 비롯하여 달랑베르(프랑스의 수학자·철학자·저술가) 등과 같은 백과전서파와 알게 되고 사교계에 적응하려고 노력했다. 그러나 파리의 사교계가 가식과 허영에 가득 차 있음에 매우 실망했다.

진보에 대한 부정

루소의 생애에서 가장 중요한 기회는 37세가 되던 해, 파리 교외의 반센 성에 감금되어 있는 디드로를 방문하는 길에서 찾아들었다. 디드로는 무신론과 유물론을 주장했다는 혐의로 그곳에 갇혀 있었는데, 이미 루소는 그와 친구 사이가 되어 있었다. 루소는 그를 방문하러 가는 도중, 디종 학술원이 내건 〈예술과 학문의 부흥이 도덕의 개선에 어떠한 기여를 했는가?〉라는 현상 논문 제목을 보고 어떤 영감에 사로잡혔다. 그는 뜨거운 감격과 깊은 상념에 사로잡혀 한동안 망연자실한 채로 있었으며, 눈물까지 줄줄 흘렸다.

"무수히 많은 생각이 엄청난 힘으로 한꺼번에 몰려와 나는 형언할 수 없는 혼란에 빠졌다. 가슴을 죄는 불안감이 엄습해서 숨쉬기조차 힘들었고, 더 이상 걸어갈 수가 없어서 나무 아래에 주저앉았다. 거기서 30분 동안 그렇게 흥분한 상태로 있었는데, 일어섰을 때 나는 내 상의가 눈물로 촉촉하게 젖어 있음을 발견했다."

그는 이때 떠오른 착상을 즉시 논문에 기록하기 시작했다. 그러나 루소의 돌발적인 논문은 점잖은 학술원 회원들이 기대하는 내용과는 정반대였다. 그들은 문화의 진보성에 대한 열광적인 찬가를 기대했지만, 루소의 견해는 진보에 대한 당돌한 부정이었다. 루소는 당대의 지식인들이 그토록 자랑스럽게 여기던 계몽주의의 빈껍데기를 과감히 벗겨버린 것이다.

이 현상 논문은 불과 반년도 안 되는 짧은 기간에 쓰였음에도 불구하고 당당히 일등으로 당선되었고, 연말에는 출판되기까지 했다. 물론 볼테르* 같은 사람은 "어린 학생들의 글짓기와 흡사한 이런 논문은 도대체 읽을 생각조차 나지 않는다"고 핀잔을 주기도 했다. 그러나 이 논문은 당시 사상계에 커다란 반향을 불러일으켰고, 이때부터 루소는 사상가로서 크게 주목받기 시작했다.

그 후 얼마 안 되어 같은 학술원에서 다른 주제의 현상 논문을 모집하는데, 이때 루소는 〈인간 불평등 기원론〉을 제출했다. 이 글에서 그는 아주 예리한 논법을 구사하여 처음의 논문보다도 더 대담하게 사회비판을 감행했다. 그러나 이 논문은 낙선하고 말았다.

볼테르(1694~1778) 프랑스의 작가·사상가. 진보의 이상을 고취하여 계몽주의 시대를 대표하는 인물. 신랄한 비판과 재치, 풍자와 같은 프랑스 특유의 자질들을 구현한 작품 활동으로 유럽 문명의 진로에 많은 영향을 끼쳤다.

고독한 천재

자유기고가로서의 명성이 높아졌는데도 루소의 삶은 여전히 불안정했다. 더욱이 예전부터 지니고 있던 그의 우울한 기질이 악화되어 병고에 시달리기까지 했다. 그는 한적한 시골에 내려가 요양을 하기에 이르지만, 그의 지친 몸과 마음은 쉬이 나아지지 않았다. 그는 몰려드는 방문객을 모두 거절한 채 스스로를 점점 더 고립시켰다.

그리고 어느 날, 친구 볼테르에게 편지를 보내는데, 아주 분명하게 "나는 당신을 미워한다"고 썼다. 볼테르도 이에 질세라 루소를 '천치, 괴물, 사기꾼, 문학의 독버섯, 세기의 배설물, 야수, 중상모략꾼'이라고 욕하며 강하게 응수했다.

루소가 사회에 큰 물의를 일으켜 박해를 받게 된 것은 일종의 교육소설인 《에밀》 때문이다. 자기 자식들을 고아원에 보내버린 루소가 교육론을 저술한 것은 실로 아이러니가 아닐 수 없다. 하지만 20년 동안의 사색과 3년 동안의 집필로 완성된 《에밀》은 자연 중심의 교육 이념을 제시하여 당시의 프랑스 사회에 커다란 반향을 불러일으켰다. 루이 16세의 왕비 마리 앙투아네트가 이 책을 읽은 후 농사를 짓고 우유 짜는 부인네의 흉내를 냈다는 일화에서 그 영향력을 짐작할 만하다.

그러나 파리 고등법원은 종교적 이유로 《에밀》을 불태워버리라는 판결을 내렸으며, 루소에게도 체포 명령이 발부되었다. 루소는 비밀리에 도망하여, 약 4년 동안 유럽 각지를 유랑하다가 흄(18세기 스코틀랜드의 경험론 철학자, 역사가, 경제학자, 저술가)을 따라 영국으로 건너가 잠시 머물렀다. 하지만 루소는 흄에게 아무 도움도 되지 못했고, 결국 이 고매한 친구와 다투고 헤어졌다. 그 후 1770년 여름 파리로 되돌아왔다. 그의 겉모습도 조금 괴상해졌는데, 이상야릇한 아르메니아 식 복장과 털

가죽 모자를 쓰고 다녔다.

루소는 "나는 지금까지 내가 보아왔던 그 누구와도 닮지 않았다. 나는 현재 존재하고 있는 그 어느 누구와도 다르다고 믿고 있다. 내가 남보다 나은 인간이 아니라 할지라도, 적어도 나는 남들과 다르다"고 말했는데, 자신의 말대로 그는 어떻든 특이한 인간이었다.

1778년 루소는 죽음을 맞았다. 그는 "자연을 한 번 더 보고 싶다!"고 말하며 창문을 열게 했는데, 마지막으로 남긴 말은 다음과 같다.

"이렇게 나는 형제도, 가까운 친구도, 이웃도 없이 세상에서 완전히 혼자 남게 되었다. 평소 남과 사귀기 좋아하고 누구에게나 친절했던 나를 그들끼리 작당하여 외진 곳으로 내몰았다. 그들은 나를 생매장시키고 즐거워하지 않을까?"

그러나 죽은 후에 루소의 명성은 엄청난 것이었다. 프랑스혁명 기간 중 그의 시신은 판테옹*으로 이장되었다. 그의 성장 과정과 삶에 얽힌 일화, 심지어는 그가 저지른 비행과 난잡한 성생활까지 놀라울 정도로 솔직하게 털어놓은 《참회록》은 그가 죽은 후에야 비로소 출판되었다.

루소는 인간 불평등의 원인에 대해 이렇게 말한다. 자연 상태에서는 약자가 생길 여지가 없고, 꾸밈없는 덕이 지배할 뿐이었다. 그런데 느닷없이 어떤 사람이 일정한

판테옹 프랑스의 왕 루이 15세가 파리에 건설한 성당. 1791년 혁명정부의 지도자였던 미라보가 갑자기 사망하자 이곳에 안치하면서 국가를 위해 목숨을 바친 사람들을 위한 묘지로 사용되기 시작했다. 지하에는 프랑스를 빛낸 사람들, 볼테르·루소·에밀 졸라·빅토르 위고 등이 묻혀 있다.

땅에 울타리를 쳐놓고 자기의 것이라고 주장하기 시작했
다. 한 번 땅을 손안에 넣은 뒤로 주인과 노예가 생겨나
고, 폭력과 약탈이 자행되었다. 여기서 부자인 부르주아
는 "약자가 억압받는 것을 막기 위해, 모든 구성원들을
보호하기 위해 뭉치자!"고 주장했고, 순진한 사람들이
이 제안에 동의해주었다. 이렇게 국가와 법률이 생겨났
고, 약자에게 새로운 올가미가 씌워졌다. 반대로 부자들
이 법적인 지배권을 자의적인 것으로 변질시킴으로써 인
간 불평등이 영속화되기에 이르렀다.

부자와 빈자를 갈라놓은 재산의 발생이 인간 불평등을
가져온 최초의 화근이었다면, 지배자와 피지배자를 갈라
놓은 주종 관계가 제2의 화근이었다. 그리고 주인과 노
예를 제도적으로 대립시켜 놓은 권력의 자의성恣意性이
제3의 화근이다. 이상의 것들이 모든 불평등의 근본 원
인인 것이다. 그리하여 어린이가 어른에게 명령을 내리
고, 미련한 자가 현명한 자를 다스리며, 대중은 헐벗고
굶주리는데 부자들은 호의호식하며 지나친 풍요를 누리
게 되었다. 그렇다면 우리는 어떻게 해야 할까?

이에 대해 루소는 인간의 자유와 국가권력을 조화시킬
수 있다고 주장했다. 정당한 권력을 가능하게 하는 기초
는 전체의 합의, 즉 구성원들의 자유로운 동의다. 그리고
이 합의에 따라 바로 사회계약이 성립한다. 이 계약에 의
해 공동체로서의 국가가 세워지고, 구성원으로서의 국민
이 생겨난다. 국가의 주인은 국민이고, 따라서 국민만이

(국가)주권의 유일한 담당자가 된다.

그렇다면 이 주권자의 일반의지를 어떻게 확인할 수 있는가? 이를 위한 방법으로는 투표가 있다. 우리는 투표 행위를 통해 모든 국가 구성원의 항구적 의지를 확인할 수 있다. 확인된 이 의지가 곧 일반의지一般意志이며, 이것을 바탕으로 해서 지도자가 선발된다. 그리하여 만일 나의 의사와 반대되는 견해가 우세한 것으로 나타나면 곧 내가 그동안 착각했다는 것, 즉 내가 일반의지로 간주했던 것이 실은 일반의지가 아니었다는 사실을 입증하는 것이 된다.

교육론에서 루소는 이렇게 주장한다. '어린이는 자유롭게, 오직 자기의 소질에 따라서, 자연스럽게 성장해야 한다. 이를 위해 모든 반反 자연, 이른바 관습과 규칙 등은 거부해도 좋다. 교육의 과제는 인간의 정상적 발달을 방해하는 모든 사회생활로부터 그 영향을 제거하는 데 있다.'

대부분의 사람들이 진보를 말하고 문화의 낙관론을 주장하는 동안, 루소는 역사와 문화의 모든 성과들을 비난하고 자연으로 되돌아갈 것을 요구했다. 이런 의미에서 루소야말로 계몽사조를 대표하는 천재적 인물임과 동시에 가장 신랄한 계몽주의 비판자이기도 하다. 그의 사회 비평적 경향은 초기의 공상적 사회주의와 마르크스의 혁명적 사회주의 사상에서 그 명맥을 유지하고 있다.

칸트(1724~1804)

독일 계몽기의 비판 정신을 대표함과 동시에 독일 고전 철학의 출발점을 이루는 철학
자. 목사의 권유로 경건주의 학교에 입학하는데, 기도로 시작하여 기도로 끝나는 학교
생활을 '소년 노예제도'라고 비판했다. 다른 대학에서 교수직 제의가 들어와도 거절하다
가 여러 번 지원한 바 있는 쾨니히스베르크 대학 교수직에 취임한다. 기형적인 가슴을
가지고도 80세까지 장수했는데, 금욕적이고 규칙적인 생활 덕분으로 보인다. 이웃 사람
들이 그의 산책 시간을 보고 시계를 맞출 정도로 철저한 규칙 생활을 했다. 결혼 기회
를 두 번 놓쳤으나, 제자들에게는 결혼을 권유하며 '여자란 미모보다 지참금이 중요하
다'고 충고했다. 《순수이성비판》《실천이성비판》《판단력비판》을 출간하며 비판철학의
정점에 이르렀다.

비판철학의 정수를 선보이다

칸트

학교 수업은 '소년 노예제도'다

칸트는 1724년 동프로이센(현재의 독일)의 쾨니히스베르크°에서 11남
매 가운데 넷째 아들로 태어났다. 양친 부모 모두 루터교 경건파의 독실
한 신자였다. 마구사인 아버지는 가난하여 30세가 넘어서야 결혼했다.
어머니는 교육을 많이 받지는 못했으나, 타고난 인품과 지성 때문에 유명
했다. 좀처럼 집안 이야기를 하지 않는 칸트도 아버지와 어머니에 대해서
는 극구 찬양했으며, 특히 어머니에 대해서는 이렇게 말한 적이 있다.

"나는 어머니를 결코 잊을 수가 없다. 어머니는 내 마음에 최초로 선
의 씨앗을 심어주셨다."

8세에 칸트는 어떤 마음씨 좋은 목사의 눈에 띄어 그 목사가 운영하
던 경건주의 학교에 입학했다. 그러나 그는 매일 아침 예배로 시작되는
일과와 기도로 시작해 기도로 끝나는 수업 등에 싫증을 느끼기 시작했
다. 칸트는 이를 일종의 '소년 노예제도'라고 부르며 엄청난 혐오감을

나타냈다. 이 때문에 그는 기독교에 대한 반감을 갖게 되어 결국 평생 동안 교회에 충실하지 않은 사람이 되어버렸다. 그러나 근본적인 신앙은 지켜나갔으며, 이곳에서의 학교 성적 역시 항상 수석이었다.

16세에는 쾨니히스베르크 대학에 신학생으로 입학했다. 신학 과정을 들으며 때때로 설교도 했지만, 주로 흥미를 느낀 것은 수학과 물리학이었다. 대학에 다니는 내내 재정적으로 넉넉하지 못해 학생 활동이나 취미 활동에 관심을 두지 않았다. 그나마 유일한 즐거움은 당구를 치는 것이었다. 그는 친구들과 열심히 당구를 쳤고, 또 재주도 있어서 내기에서 돈을 따는 경우가 많았다. 그는 구둣방을 경영하는 큰아버지의 도움과 성적이 뒤떨어진 동급생들의 공부를 도와주는 아르바이트 등으로 겨우 대학 생활을 꾸려나갈 수 있었다.

졸업하고 나서 학자의 길을 택하기로 마음먹었다. 하지만 아버지가 죽자 우선 생활비를 마련하는 일이 급했다. 그는 어느 시골의 귀족 집안에 가정교사로 9년 동안 있었다. 그러나 그 스스로 "세상에서 나만큼 나쁜 가정교사는 없을 것이다"고 고백한 걸 보면 그리 훌륭한 가정교사는 아니었던 것 같다. 아이들에게 좋은 친구가 되어준다거나 때때로 벌을 주어야 하는 '뛰어난 기술'은 철학자에게 없었던 셈이다

친구의 도움으로 간신히 학위를 마친 칸트는 대학에서 강사 생활을 시작했다. 그가 가르쳐야 할 과목은 수학과 물리학, 철학의 주요 분야는 물론이고 역학, 광물학 등에 이르기까지 실로 광범위했다. 거기에다 일

쾨니히스베르크 오늘날 러시아의 칼리닌그라드. 제1·2차 세계대전을 거치며 구소련 영토가 되어 현재의 명칭으로 바뀌었다. 1544년 프로이센의 군주 알브레히트 1세가 이곳에 쾨니히스베르크 대학을 세웠으며, 칸트는 바로 이 대학에서 가르쳤다. 그러나 1945년 이곳이 구소련에 양도되면서 쾨니히스베르크 대학은 폐교되었고, 대신 1967년에 설립된 칼리닌그라드 대학교가 있다. 이곳의 반환 문제는 독일과 러시아 사이에 늘 외교 현안이 되고 있다.

주일에 20시간씩 강의를 해야 하는 중노동에 그는 때때로 한숨을 내쉬곤 했다.

"나는 날마다 교탁의 귀퉁이에 앉아서 무거운 망치를 두들기는 것과 비슷한 강의들을 단조로운 박자로 계속 진행해나갔다."

내게는 쾨니히스베르크 대학뿐이다

칸트는 수차례 쾨니히스베르크 대학에 교수직을 지원했으나 실패했다. 그럼에도 불구하고 에를랑겐 대학과 예나 대학에서 교수 초빙 제안이 왔을 때 이를 거절한다. 또 베를린 대학에서는 다른 곳에 비해 많은 특권을 주면서까지 그를 시학 교수로 초빙하려 했으나, 그는 이것마저 거절했다.

고향에서 조용히 자신의 철학을 완성하고자 했던 칸트에게 기회가 온 것은 바로 다른 대학의 초청이 오고 난 후부터였다. 쾨니히스베르크 대학에서 이제야 그를 붙잡아놓으려 한 것이다. 왕의 교수 임명장에는 학생들을 열성적으로 가르쳐야 한다는 전제 아래, '당신의 근면함과 탁월함 때문에, 그리고 무엇보다도 당신이 철학에서 이룩한 학문적인 성과 때문에 당신을 교수로 초빙합니다'라고 쓰여 있었다.

15년 동안의 강사 생활 끝에 철학 교수가 된 칸트는 연구에 전념했다. 그런 중에도 수입을 늘리기 위해 공개강좌를 자주 열었는데, 그 인기가 대단했다. 군인, 귀족, 상인 등 많은 사람이 모여들어 복도까지 들어차기도 했다. 그는 정해진 휴가 이외에 강의를 휴강하거나 늦어본 적이 없었다. 언제나 강의에 충실했으며, 명확하고도 흥미롭게 이끌어 나갔다. 그는 강의 노트를 가지고 들어가는 대신 교과서 여백이나 쪽지에 메모를 해서 강의를 했다. 그는 강의 도중 옆길로 새는 일이 잦았으며, 그것을 깨달으면 곧 "그것은 그렇고"라는 말로 중단하고 다시 되돌아가곤 했다. 젊은 시절 그가 강의에 열중하던 모습이 헤르더°의 한 서간문에 실려 있다.

"발랄한 시절의 칸트는 젊은이만이 지닐 수 있는 경쾌함을 띠고 있었고, 사색을 위해 만들어진 것 같은 그의 넓은 이마에는 명랑한 희열이 사라지지 않았으며, 그의 입술을 타고 쏟아지는 심원한 사상의 달변에는 해학과 재치와 변덕 같은 것이 떠날 줄 몰랐다. 한마디로 그의 교훈적인 강의는 큰 즐거움의 통로였다. 그는 학생들을 스스로 사유하도록 일깨워주었고, 그들의 사색을 기분 좋게 이끌어주었다."

돈은 미모나 매력보다 오래간다!

생활이 안정되자 칸트는 결혼을 해볼까 하는 생각을 했다. 그렇지만 두 번의 결혼 시도는 모두 실패로 돌아갔다. 두 여인은 차례로 칸트의 마음을 사로잡았다. 그러나 한 여자는 칸트가 청혼하는데 너무 뜸을 들이자 먼 곳으로 이사를 가버렸고, 한 여자는 칸트보다 한 발 앞서 약혼을 하자는 솔직한 남자를 택해 떠나버렸다. 이 일에 대해 칸트는 "결혼한 남자보다 독신자가 더 오랫동안 원기왕성하다"라는 말로 스스로 위안을 삼는다거나, "결혼한 사람들의 험해진 모습은 그들이 걸머진 굴레가 힘들다는 것을 나타내는 것이 아닐까?" 하는 말로 약간 심통을 부리

요한 고트프리트 폰 헤르더 독일의 철학자·문학자. 쾨니히스베르크 대학에서 공부하는 동안 칸트에게서 감화를 받았다. 그러나 직관적·신비주의적인 신앙을 강조하는 입장에서 칸트의 계몽주의적 이성주의 철학에 반대했다.

기도 했다.

이후 그는 평생 독신으로 지냈지만 여자를 찬미하고, 결혼하지 않는 젊은 제자들에게도 결혼할 것을 권유했다. 그런데 아내를 선택할 때는 현모양처의 자격 이외에 '정열적인 애정보다도 냉철한 이성에 따르며, 미모보다 지참금을 생각하라!'고 충고했다. 돈은 미모나 매력보다 오래 가며 생활에 도움을 주고 유복한 생활을 누릴 수 있게 해준다는 것이다. 그리고 유복한 것이 아내의 덕분이라는 생각 때문에 늘 감사하는 마음으로 가득 찰 것이라고 했다.

그럼 위대한 철학자의 경제생활은 어땠을까? 그는 젊은 강사 시절에 수입이 너무 적어 끼니를 거르기도 했다. 그런 가운데에도 병이 발생할 경우를 대비해 매월 20타아르의 돈을 저축해놓고는 절대로 손을 대지 않았다. 그리고 차츰 돈을 모아나갔다. 이와 같은 검소와 절약으로 만년에는 풍족하게 살 수 있었다. 칸트는 2만 타아르나 되는 많은 유산을 남기고 죽었는데, 60세에야 비로소 낡은 집을 하나 샀다. 방 안에는 책상과 책꽂이 이외에 책장 두 개가 있었고, 벽에는 루소의 초상화 한 점이 걸려 있었을 뿐이었다. 그는 가난했지만 일생 동안 누구한테도 돈을 빌린 일이 없어서 언제나 사람들의 방문을 유쾌하게 받아들일 수 있었다.

《순수이성비판》으로 일약 스타가 되다

교수가 된 지 11년 동안 아무 글도 발표하지 않으며 연구에 전념한 칸트는 1781년 드디어 《순수이성비판》을 발간했다. 이 책으로 그는 갑자기 유명해졌다. 칸트의 철학은 유행처럼 되어서 그의 저서가 귀부인들의 안방에도 스며들었고, 이발사들이 그의 용어를 사용한다는 기록까지

《순수이성비판》은
두 가지로 유명하지.
하나는 철학사적으로
중요한 것. 그리고 어렵기로
유명한 것으로.

벌써
머리가
지끈
거린다.

순수이성
비판

나왔다. 서양철학사를 통틀어 《순수이성비판》처럼 단 한 권의 책이 그처럼 커다란 위력을 발휘하는 경우는 그리 많지 않다.

어쨌거나 《순수이성비판》 이후로 쏟아진 저서들을 통해 체계화된 그의 비판철학은 대부분의 대학에서 강의되었다. 쾨니히스베르크를 새로운 철학의 성지로 여긴 젊은이들이 몰려들기 시작했고, 그들은 마치 신탁을 구하듯이 칸트에게서 온갖 문제에 대한 답을 얻으려 했다. 이런 존경을 받으면서도 칸트는 자신의 규칙적인 생활 습관을 어긴 적이 없었다. 그뿐만 아니라 외부 지역에서 요청하는 강연은 끝내 사양했다. 칸트는 평생 동안 쾨니히스베르크를 한 번도 벗어난 적이 없었다.

칸트의 생활은 아주 평온한 편이었다. 프로이센 문교부 장관과의 알력을 제외하고는 외적인 사건도 그렇게 많이 일어나지 않았다. 이 문교부 장관은 칸트가 종교에 대해 너무 합리적인 태도로 서술했다고 화를 낸 적이 있다. 이에 대해 칸트는 "만일 어떤 사람의 말이 모두 참이라 할지라도, 모든 진리를 공공연하게 말해야 하는 것은 아니다"고 말하며 한 발 양보했다. 그러나 그는 한동안 종교적 주제에 대한 강의나 저술 활동을 금지당하고 말았다.

칸트의 대표적 비판서

《순수이성 비판》
(1781)

↓

《실천이성 비판》
(1788)

↓

《판단력 비판》
(1790)

걸어다니는 시계

160센티미터도 채 되지 않는 키에 기형적인 가슴을 가진 허약한 체질의 칸트가 어떻게 철학자의 상징이 될 수 있었을까? 그것은 스스로 세운 규칙을 고수하며 건강을 유지함으로써 필생의 과업을 위해 한결같이 정신을 집중했기 때문이다. 실제로 그는 나무랄 데 없는 건강을 누리면서, 당시 독일인의 평균수명을 두 배나 뛰어넘는 80세까지 장수했다.

노인이 된 칸트의 하루 일과는 매우 엄격하게 짜여 있었다. 그는 여름이나 겨울이나 매일 아침 정각 5시에 일어났다. 하인은 정확하게 4시 45분에 주인을 깨우는데, 주인이 일어나기 전에는 절대로 침대를 떠나지 않았다. 칸트가 잠이 덜 깬 얼마 동안은 하인에게 자기를 좀 조용히 놓아두라고 부탁하기도 하지만, 그럴 경우에라도 반드시 깨워야 한다는 단호한 명령을 받아놓고 있었기 때문이다. 그 때문에 하인은 그가 시간에 맞추어 일어날 수 있도록 계속 흔들어 깨웠다. 규칙적인 시간표에 따라서 그 다음에는 서재에서 공부를 하고 이어서 강의를 한다. 학술 논문을 작성하기 위한 자신의 연구 시간은 주로 오전으로 정해두었다.

점심 식사 때에는 거의 손님을 맞이하는데, 이들 대부분은 학자가 아닌 사회인들이었다. 그는 이 시간에 철학을 제외한 다양한 주제를 놓고 손님들과 많은 얘기를 나누었다. 오후에 그는 어김없이 산책을 떠나는데, 이에 대해서 어떤 전기 작가는 이렇게 썼다.

"회색 연미복을 걸친 칸트가 스페인제 지팡이를 들고 대문을 나서서 그를 추념하는 뜻에서 '철학자의 길'이라고 불리는 보리수가 늘어

선 길을 산책하는 것을 보고, 이웃 사람들은 그때가 바로 오후 3시 30분이라는 것을 분명히 알 수 있었다. 그는 사계절 중 어느 때나 똑같은 산책로를 여덟 번 아래위로 거닐었다. 날씨가 흐리거나 먹구름이 끼어 곧 비가 내릴 듯하면, 하인이 큰 우산을 팔 밑에 끼고 그의 뒤를 총총걸음으로 쫓아갔다."

그는 노령으로 산책이 힘들어질 때까지 한 번도 규칙적인 산책을 거른 적이 없었다. 루소의 《에밀》을 읽는데 열중하느라 며칠 집에서 나오지 않은 때를 빼고는. 그리하여 이웃에 살던 사람들은 칸트의 거동을 보고 시곗바늘을 맞출 정도였다고 한다. 산책에서 돌아온 칸트는 다시 연구에 몰두하다가 밤 10시에 정확하게 잠자리에 들었다.

규칙적인 습관 이외에 칸트의 건강과 장수에 큰 도움이 된 비결은 금욕적인 식생활이었다. 그는 아침 식사를 단 두 잔의 차와 파이프 담배 한 대 만으로 대신했으며, 저녁 식사는 아예 없애버렸다. 차 역시 아주 적은 찻잎에서 우려낸 그야말로 묽은 차였으며, 파이프 담배는 식욕 감퇴제로 이용했다. 그는 커피를 매우 좋아했으나 커피 기름이 건강에 해롭다는 사실을 알고는 철저하게 피했다. 특히 모임에서 커피 냄새가 그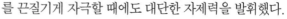를 끈질기게 자극할 때에도 대단한 자제력을 발휘했다.

루소의 소설
《에밀》을 읽다가 푹 빠지는
바람에 시간을
어기고 말았어.
루소, 너무해!

칸트의 집

또한 칸트는 아무리 심한 병에 걸렸을지라도 하루에 약 두 알 이상을 절대로 먹지 않는다는 규칙을 지켰다. 이와 관련하여 칸트는 병을 피하기 위해 너무 많은 약을 복용하다가 죽은 어떤 사람의 묘비에 새겨진 글을 즐겨 언급했다.

"무명씨는 건강했다. 그러나 그는 더

건강하기를 바랐기 때문에 여기에 누워 있다."

수탉을 피해 이사하다

칸트의 성격은 꼼꼼하고 소심한 데다, 꽤 까다로운 구석이 있었던 것 같다. 주위 환경도 그의 하루 일과처럼 매우 정확하게 정리 정돈되어 있어야 했다. 그는 가위나 주머니칼이 원래 있던 자리에서 조금이라도 빗나가 있거나 의자 하나라도 제자리에 놓여 있지 않으면 불안해서 안절부절못했다. 강의 중에도 어떤 학생이 이상한 복장을 하고 앉아 있으면 거기에 신경을 쓰느라 제대로 강의하지 못할 정도였다.

한번은 그의 이웃집에서 키우는 수탉이 어찌나 울어대든지 그 수탉을 사들이려고 했다. 그러나 수탉의 주인은 어떻게 수탉이 현자를 방해하는지 도저히 이해할 수 없었다. 결국 칸트는 그 수탉 때문에 이사를 갈 수밖에 없었다.

그런데 새로 옮겨간 집은 시의 감옥 옆에 있었다. 당시의 관습으로는 수감자들이 죄를 뉘우치는 마음으로 찬송가를 불러야 했다. 이곳 수감자들은 창문을 활짝 열어놓고 지독하게 큰 목소리로 찬송가를 불러댔다. 칸트는 그 도시의 시장에게 화를 내며 불평을 토로했다.

"나는 수감자들이 작은 목소리로 노래를 부르면 마치 그들의 영혼이 구제받지 못하기라도 하듯이, 그렇게 큰 소리로 찬송가를 불러야 할 이유는 없다고 생각합니다."

어찌나 마음이 상했던지 칸트는 《판단력 비판》에서까지 이 일을 언급하고 있다.

칸트를 가장 화나게 하는 것은 사람들 때문에 자신의 규칙적인 생활

리듬이 깨지는 일이었다. 한 귀족이 칸트를 마차 산책에 초대한 적이 있었는데, 이 산책이 너무 길어지고 말았다. 결국 그는 밤 10시경에 불안과 불만으로 뒤범벅이 되어 귀가했다. 그는 이 작은 체험을 통해 새로운 생활 규칙 하나를 정하는데, 그것은 '어느 누구의 마차 산책에도 절대로 따라가지 않는다!'는 것이었다.

그는 연구 활동에 지장이 있는 일은 가급적 삼갔다. 두 번이나 총장에 취임했으나 임기 만료 전에 사임했다. 제자들에게는 '음악에 깊이 빠져서는 안 된다'고 경고하는데, 음악을 다소나마 하려면 많은 시간이 걸리고, 따라서 학문을 쌓아가는 데 방해가 된다는 것이다. 그리고 칸트는 연극이나 그림을 감상하는 일도 거의 없었으며 여행이나 댄스, 사냥이나 운동도 전혀 할 줄 몰랐다. 그가 즐겼던 취미 생활이라고 하면 산책이 유일한 것이었다.

마지막 한마디, 좋다!

그의 정신력으로도 더 이상 견딜 수 없을 만큼 쇠하여 마침내 1804년 2월 12일, 80세의 나이로 죽음의 문턱에 다다랐을 때 이 위대한 인물을 마지막으로 한 번 더 보기 위해 신분의 높고 낮음을 불문하고 많은 사람이 칸트의 집으로 모여들었다. 그는 하인이 입술에 흘려주는 포도주를 잠깐 맛보고 "Es ist gut(좋다)!"는 한마디를 남기고 눈을 감았다.

언제나 조용하기만 하던 쾨니히스베르크 시와 대학과 주민들은 일찍이 겪어보지 못한 거창한 절차를 마련했다. 간소한 장례식을 원했던 칸트의 뜻과는 반대로 성대한 장례식이 베풀어진 것이다. 시내의 모든 교회에서 그의 죽음을 애도하는 조종弔鐘(죽은 사람을 슬퍼하는 뜻으로 치는

종)이 일제히 울려 퍼지는 가운데 발인되었다. 수천 명의 행렬이 그 뒤를 따랐고, 마침내 그의 유해는 대학 묘지에 안치되었다. 셸링은 애도사에서 이렇게 말했다.

"그의 신봉자나 반대자를 막론하고 그에게 덮어씌우는 모든 엉터리 모습에도 불구하고, 그의 정신의 위대한 모습은 미래의 전 철학 세계를 통해 두루 빛날 것이다."

칸트의 생애는 전형적인 독일학자의 생활, 즉 꼼꼼하고 규칙적인 데다 약간은 기괴하고 이상했던 것처럼 보인다. 그러나 겉으로 드러나지 않은 이 작은 인물이 철학사도 인정하는 가장 위대한 업적을 이룩해놓았다. 그의 사상이 발표된 뒤에는 어느 누구도 이전과 똑같은 의미의 철학을 할 수 없게 되었다. 그의 사상은 철학사에서 하나의 전환점을 이루고 있는 것이다.

철 학
속으로

처음에는 라이프니츠—볼프의 합리주의를 연구했다. 그러나 영국 경험론의 영향을 받아 영혼, 세계, 신, 자유 등에 관한 합리주의적 형이상학에 의심을 품고 학문적인 인식의 범위를 경험 세계에만 한정하고자 했다. 칸트는 우리 인간의 인식 줄기를 세 가지로 들었다.

먼저 감성感性인데, 이것은 밖의 대상이 우리에게 작용함으로써 일어나는 우리 자신 속에 있는 어떤 능력을 말한다. 이 감성에 의해 우리는 외부의 대상을 받아들인다.

이 받아들여진 재료를 버무려 종합하는 능력이 오성悟性이다. 시간과 공간의 직관 형식에 의해 주어진 인식의

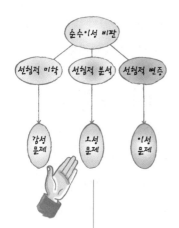

재료를 우리의 감성이 수용했지만, 참다운 인식이 성립되기 위해서는 그 대상이 오성에 의해 사유되지 않으면 안 된다. 결국 참다운 인식은 감성의 수용성과 오성의 자발성이 결합함으로써 이루어진다.

마지막으로 이성理性이 있는데, 이것은 우리가 알 수 없는 세계(물자체계, 예지계)까지 알려고 든다. 여기에서 우리의 이론이성은 이율배반, 즉 철학(특히 칸트철학)에서 똑같이 정당하게 보이는 두 개의 원리 사이에 존재하는 모순에 빠지고 만다. 영혼과 세계, 신에 대한 선험적 가상(일종의 착각)이 생기는 것이다. 이 단계에서 우리는 가령 영혼이 불멸하는지 하지 않는지, 세계가 무한한지 유한한지, 신이 존재하는지 존재하지 않는지 알 수 없게 된다. 왜냐하면 그것들은 똑같은 권리를 가지고 우리에게 다가오며, 우리는 그것들을 현실적으로 경험(확인)할 수 없기 때문이다. 이제 여기에 대한 해답은 이론의 세계에서가 아니라, 실천적·도덕적 세계에서나 가능한 것으로 남아 있게 된다.

우리의 순수이성(이론이성)은 영혼이 불멸하는지 신이 존재하는지 알 수 없다. 하지만 적어도 (실천이성의 입장에서) 도덕을 위해서는 영혼도 불멸해야 하고 신도 존재해야 한다. 여기에서 영혼과 신의 존재가 요청되는 바, 이 점에서 순수이성에 대한 실천이성의 우위가 있는 것이다.

지금까지 말한 인식론, 윤리학 외에 칸트에게는 자연과
학적인 업적도 많다. 특히 만년에 쓴《이성의 한계 안에서
의 종교》는 정통 기독교 사상으로부터 벗어나 있었기 때
문에 당시 프로이센 정부로부터 금지당하기도 했다.

정약용(1762~1836)

조선 정조 때의 실학자. 18세기의 실학사상을 집대성하고 발전시킨 선진적인 사상가.
중농주의 실학자로 전제개혁을 주장하며 조선 실학을 집대성했다. 수원 화성 건축 당시
거중기를 고안하여 건축에 많은 도움을 주었다. 또한 유교 경전을 새롭게 해석하여 당
대 조선을 지배한 주자학적 세계관에 대한 근본적인 반성을 시도했다. 정조의 두터운
신임을 받았으나 반대파의 음모로 유배 생활을 하는데, 이때 자신의 사상을 완성한다.
무엇보다 그는 봉건사회가 안고 있는 갖가지 모순을 해결하기 위해 여러 가지 사회 개
혁안을 내놓았다. 정약용이 저술한 일종의 행정지침서인 〈목민심서〉는 그의 저술을 정
리한 《여유당전서》에 수록되어 있다.

위로는 임금을 속일 수 없고,
아래로는 형을 증언할 수 없다

정약용

정조의 총애를 받다

다산 정약용은 일찍부터 벼슬길에 올라 진주 목사 등 지방 수령을 역임한 남인파 정재원의 둘째 아들로 태어났다. 어머니 윤씨는 유명한 화가 윤두서의 손녀였다. 윤두서는 조선 후기의 선비 화가로 고산 윤선도의 증손자다.

다산이 태어나던 해에 사도세자가 뒤주에 갇혀 죽는 참변이 일어났는데, 이때 사도세자를 동정하는 시파와 이를 공격하는 벽파의 대립이 격화되었다. 다산의 아버지는 사도세자를 불쌍히 여겨 아예 고향으로 돌아가 농사나 지으려고 벼슬을 버리고 귀향했다. 그래서 다산의 이름을 귀농歸農이라 지었다.

아버지의 가르침으로 다산의 학문은 일취월장하여 13세 때 이미 사서삼경을 비롯한 제자백가의 서적을 두루 읽었다. 14세 되던 해에 무승지 (무과 출신으로서 왕명의 출납을 맡아보던 정3품 당상관 벼슬의 승지) 홍화보의 딸과 결혼하고, 이름을 '약용'이라 고쳤다. 얼마 후 호조 좌랑으로 다시 기용된 아버지를 따라 한양으로 올라갔다. 이때부터 남인南人의 명사들과 가까이 지내고, 이가환·이승훈 등을 통해 이익*의 유고를 얻어 읽고 실학에 심취한다. 그리고 이익의 제자 채제공과 권철신 등을 만나고 박지원 등과도 접촉하여 그들에게 큰 영향을 받았다.

21세에는 회시에 합격하여 진사로 성균관의 학생이 되었다. 그 이듬해《중용》에 관한 그의 논문이 정조의 눈에 들어 칭찬을 받았고, 임금에게《중용》을 강의하기에 이르렀다. 이때 자신이 잘 알지 못하는 것은 큰형 정약현의 처남인 이벽에게 찾아가 물어보는 등 온 정열을 쏟아 강의했다. 그 덕분에 정조로부터 크게 인정을 받았고, 영의정이었던 채제공도 그를 남인 시파의 주도적 인물로 인정했다. 그래서 다산은 남인 사이에서마저도 시기와 질투를 받을 정도였다.

한편 다산은 이벽과 친하게 지냈다. 그를 통해 서양 문물을 접했고 새로운 과학 지식을 받아들였으며, 천주교를 믿게 되었다. 그러나 얼마 되지 않아 천주교 교리의 허망함을 느끼고 신앙을 버렸다. 그럼에도 28세되던 해에는 서학, 즉 천주교를 받아들였다는 이유로 공서파(서학을 배척하고 공격하던 세력)의 지탄을 받았다. 그들의 공격을 누그러뜨리지 못한 정조는 어쩔 수 없이 그를 충청도 해미로 유배보낸다. 하지만 10일만에 유배를 풀어주었다. 9월에는 정5품인 사헌부 지평에 임명되었다. 정조는 젊고 재기발랄한 다산을 측근에 두고 어려운 일이 있을 때마다 자문을 구했다.

이익(1681~1763) 조선 영조 때의 학자. 호는 성호星湖. 유형원의 학풍을 이어받아 실학의 대가가 되었으며, 특히 천문·지리·의학 등에서 업적을 남겼다.

정조는 원통하게 죽은 아버지(사도세자)를 찾아 1년에 몇 번씩 수원 능행길에 올랐는데, 이때 한강에는 배다리가 놓였다. 정조는 이 일을 다산에게 맡겼고, 그는 이 일을 훌륭하게 해냈다. 또 정조는 사도세자를 기리기 위해 화성을 쌓는 일도 다산에게 맡겼다. 다산은 일꾼들이 무거운 돌을 힘겹게 지고 올리는 것을 보고 기구 발명에 몰두했다. 또 기하학을 이용하여 성의 거리, 높이 따위를 측량하여 가장 튼튼하고 단단한 성을 쌓기 위해 골몰했다. 그는 마침내 거중기와 활차(도르래), 바퀴가 하나 달린 달구지 고륜차 따위를 발명하여 화성 축조에 이용했다. 정조는 완성된 화성을 둘러보고 감탄하며 "거중기를 써서 돈 사 만 냥을 절약했구나!"라고 말했다.

이때부터 다산에 대한 정조의 신임은 절대적이 되었다. 정조는 영의정 채제공의 뒤를 이을 인물로 장년층의 이가환*, 청년층의 정약용을 마음에 두고 있었다고 한다.

불충불륜

다산이 32세 되던 해인 1794년에는 경기도 관찰사(도지사) 서용보가 농민을 수탈하는 등 횡포가 심하다는 소문이 조정에까지 들려왔다. 정조는 급히 다산을 경기도 암행어사로 임명했다. 순찰을 마치고 돌아온 다산은 서용보의 협잡 사실을 그대로 보고했다. 이 일로 벌을 받은 서용

이가환(1742~1801) 조선 후기의 문신. 이익의 종손이며, 우리나라 최초의 영세 천주교도인 이승훈의 외숙이다. 생질(누이의 아들)인 이승훈이 베이징에 다녀온 뒤 그에게서 감화를 받아 천주교 교리서를 국문으로 번역하는 등 교회 일에 앞장섰다. '사교邪敎의 괴수'라는 혐의로 투옥되어 옥사했다.

보는 두고두고 다산을 미워했다.

다산이 황해도의 곡산 도호부사로 좌천되었을 때, 그곳의 민심은 흉흉하여 민란의 조짐이 팽배해 있었다. 그때 이계심이라는 사람이 수령의 부정에 항의하여 1,000여 명을 거느리고 관가에 들어와 따졌다. 이에 관에서 그를 잡아 가두려고 하자 일행들은 이계심을 에워싸고 대항하다가 달아났다. 그런데 이계심은 다산이 부임하는 길가에 엎드려 있다가 국민에게 끼치는 폐해로서 민막民瘼 10여 조목을 올렸다. 이에 수종들이 이계심을 잡아 가두자 청하나, 다산은 이렇게 말했다.

"관이 모르는 것을 알려주었으니 관을 범한 것이 아니다. 이 같은 사람들은 오히려 관에서 천금으로 사들여야 마땅하리라."

다산은 이계심을 풀어주었을 뿐 아니라 그가 올린 한 고을의 민막을 말끔히 씻어주었다. 또 지방 행정을 쇄신하고 두창(천연두)을 예방 치료했다.

정조는 다시 그에게 승지, 형조 참의의 벼슬을 주어 자기 곁에 머물게 했다. 그러나 다산에 대한 모략은 끊이지 않았다. 이때 조화진이 "이가환, 정약용 등이 서학을 받들면서 역적을 모의한다"는 상변서(일종의 상소)를 올렸다. 다산은 더 이상 반대파들의 모략을 견디기 어려워 처자를 거느리고 생가인 경기도 마재의 집으로 돌아왔다. 이때 당호를 여유당●이라 지었다.

어느 여름 날 밤, 다산이 달을 마주하고 앉았을 적에 사립문 두드리는 소리가 났다. 임금이 보낸 심부름꾼은 한서선漢書選 10책을 내밀었다.

여유당與猶堂 '인생이란 살얼음판을 건너듯, 이웃을 두려워하면서 배려하며 조심스럽게 살아가야 한다'는 뜻으로 붙인 경기도 양수리에 있는 다산 정약용의 생가 이름이다. '여與'와 '유猶'는 노자의 《도덕경》 15장에 나온 말로 의심과 겁이 많은 동물을 가리킨다.

"다섯 권은 집 안에 보관하시고, 다섯 권은 제목을 써서 올리라는 성상의 당부이옵니다."

다산은 임금의 선물을 받고 감격의 눈물을 흘렸다. 그러나 보름 후 임금의 승하 소식을 듣게 되니, 이제 용은 물을 잃었고 매는 죽지가 부러진 셈이 되었다.

다산에게 울타리가 되어 주었던 채제공이 죽고 특히나 그를 총애하던 정조마저 세상을 뜨자 공서파는 서학을 받아들였다는 구실로 남인들을 몰아내기 시작했다. 다산 형제들도 끌려가 모진 몽둥이찜질을 당했다. 다산의 둘째 형인 정약전*과 셋째 형인 정약종*이 주요 인물로 지목되어 다산은 이에 대해 집중적으로 심문을 받았다. 특히 형관刑官들은 오고간 편지 속에 나타난 괴수(우두머리)는 그의 형 약종이 아니냐고 물었다. 참으로 난감한 일이었다. 이에 대해 다산은 이렇게 대답했다.

"당상(심문 담당관)이 그 편지를 보았다면 알 것 아니오? 위로는 임금을 속일 수 없고, 아래로는 형을 증언할 수 없소이다. 나는 오늘 죽음이 있을 뿐이오. 동생으로서 형을 증언할 수는 없소."

위증(거짓증언)을 하면 임금을 속여서 불충不忠이 되고, 사실대로 말하면 형을 고발하는 불륜不倫이 되는 것이다. 위의 말을 두고 세상 사람들은 불충불륜에서 벗어나지는 않고 결코 거짓말도 아닌 명답이라고 칭송했다.

정약전(1758~1816) 조선 후기의 문신. 정약용의 둘째 형. 천주교 신자. 1801년(순조 1) 신유사옥 때 흑산도로 유배되어 그곳에서 청소년들을 가르치며 저술활동을 하다가 16년 만에 죽었다. 흑산도에서 지은 《자산어보》는 우리나라 최초의 수산학 관계 서적으로 실제 조사에 의한 저술이라는 점에서 큰 의의가 있다.
정약종(1760~1801) 조선 정조 때의 학자로서 정약용의 셋째 형. 인습 타파와 계급 타파의 사회운동을 촉진하며 천주교 전도에 힘썼고, 이승훈 등과 함께 순교했다.

그러나 다산도 이가환과 함께 투옥되고 만다. 대부분의 조정 대신들은 다산만이라도 석방해야 한다고 주장했으나 서용보가 끝내 반대했다. 결국 다산은 경상도 장기로 귀양을 갔다. 정약종과 이가환은 옥중에서 맞아죽었고, 정약전은 전라도 신지도로 유배되었다.

그 후 황사영 백서*가 발각되자 다산의 친구이기도 한 이기경* 등 공서파는 이 기회에 다산을 죽이고자 한다. 그러나 황해도에서 돌아온 정일환이 과거에 황해도에서 쌓은 다산의 공적을 들어 그를 죽여서는 안 된다고 주장하여 죽음만은 면할 수 있었다. 이리하여 다산은 강진으로, 정약전은 흑산도로 유배지를 옮기게 되는데 결국 형은 유배 중에 사망했다.

18년 만의 귀향

강진 산정에서의 귀양살이는 단조롭기 짝이 없었다. 다산은 그곳 주변의 선비들과 어울려 차를 마시며 담소를 즐겼고, 경세학과 목민학의 정리에 골몰했다. 그러나 결코 정치나 조정에 관한 말은 입 밖에 내지 않았다. 안동 김씨의 세도정치가 뿌리를 내린 조정에서 언제 그에게 굴레를 씌워 사약을 내릴지 모르기 때문이다.

대왕대비는 다산을 석방시키려 했으나 이번에도 서용보가 끝내 가로막았다. 그 후 다산의 아들 학연이 아버지의 석방을 상소했는데, 또 이

황사영 백서黃嗣永帛書 다산의 조카사위인 황사영(조선 후기의 천주교도)이 1801년 신유박해의 내용을 중국 베이징에 있는 주교 구베아에게 알리려고 비단에 적은 글. 천주교 박해에 대한 사정을 알리고 우리나라 교회 재건과 개국 촉진을 요청한 것으로, 현재 로마 교황청에 보관되어 있다.
이기경(1756~1819) 조선 후기의 문신. 천주교를 반대했으며 영의정 채제공을 공격하고, 정순왕후의 수렴청정을 반대해 유배갔다. 천주교를 공격하기 위해 집필한 저서 《벽위편》은 천주교사 연구에 중요한 자료다.

기경 등이 반대하여 풀려나지 못했다.

1818년 이웃 고을에 귀양 와 있던 옛 동료 김이교가 귀양살이를 끝내고 길을 떠나기 전에 그를 찾아왔다. 하룻밤을 둘이 지내며 정담을 나누었다. 김이교는 당시 세도가 김조순의 일가붙이였다. 김이교는 다산이 무슨 부탁의 말이라도 할 것 같아 기다렸다. 그러나 동구 밖 10여 리를 따라 나와 전송하면서도 다산은 끝내 아무 말이 없었다. 김이교는 참다못해 입을 떼었다.

"나에게 부탁할 말이 없소?"

이에 다산은 김이교의 부채를 잡아당겨 시를 써주었는데, 그 끝 구절은 이러했다.

대나무 몇 가닥에 새벽달 걸릴 적에
고향이 그리워서 눈물 줄줄이 맺히오.

김이교는 이 부채를 들고 김조순을 찾아갔다. 그는 김이교가 한껏 펼쳐 바람을 일으키는 부채를 빼앗아 글귀를 읽더니 "이것은 정모丁某(정약용을 지칭)의 글귀로구나" 하며, 남쪽 하늘을 바라보면서 한숨을 쉬었다. 마침내 김조순이 주선하고 이태순이 상소를 올림으로써 다산은 긴 유배 생활을 청산하게 되었다. 18년 만에 고향에 돌아와 보니 집은 황폐해 있었고, 곱던 아내는 어느새 낯선 노파로 변해 있었다.

원수를 사랑하라

다산은 평생을 당파 싸움에 시달렸지만 스스로는 결코 당쟁에 빠지지 않았다. 그의 조상이 당쟁의 제물이 되지 않았음을 늘 자랑했고, 그 아들에게도 그런 일에 가담하지 말 것을 당부했다. 한번은 이런 일이 있었다. 다산을 공격하던 이기경이 경원으로 유배되었을 적에 그의 동료들은 이를 무척 통쾌하게 여겼다. 그러나 다산은 이렇게 말했다.

"아니로다. 우리의 재앙이 지금부터 시작되는 조짐일세."

그리고 늘 이기경의 집에 찾아가 그의 가족들을 위로했다. 그뿐만 아니라 이기경이 모친상을 당하매 가진 돈을 다 털어 1,000냥이라는 많은 부조금을 냈다. 또 아무도 이기경을 상대하지 않을 때, 남몰래 그에게 다가가 다정한 말을 나누기도 했다.

다산은 술을 즐겼는데 술이 화기와 원기를 돕는 것으로 보았기 때문이다. 술을 보약으로 본 그는 아들에게도 술을 마시되 곤드레만드레하지 말도록 당부했다. 이런 자세가 그를 모진 고난 속에서도 비교적 장수하게 만들었는지 모른다.

다산이 세상을 떠난 것은 74세 때였다. 고종은 《여유당전서》를 모두 필사하여 내각에 보관하도록 하고, 그에게 장헌대부, 규장각제학(정2품)을 추증하는 한편 시호를 문탁文度이라 했다.

철학
속으로

정약용은 남인 양반 출신으로 전통적인 유학을 공부했으나, 이익의 유고를 읽고 나서부터 실학에 뜻을 두었다. 실학은 실사구시지학實事求是之學의 줄임말로서, 실제적인 사물에서 진리를 찾아낸다는 뜻이다. 조선 후기, 당시 지배계급의 학문이던 성리학의 공리공담空理空談을 비판하면서 실사구시와 이용후생李用厚生(기구를 편리하게 쓰

관리들이여,
《목민심서》를
꼭 필독하시오!

고 먹을 것과 입을 것을 넉넉하게 하여, 국민의 생활을 나아지게 함)에 관해 연구하던 학문이다. 그는 북학파(조선 영·정조 때에 청나라의 앞선 문물제도와 생활양식을 받아들일 것을 주장한 학파로, 특히 상공업의 진흥과 기술의 혁신에 관심을 쏟았음)의 자연과학 지식을 받아들여 '지구는 둥글고 자전한다'고 주장하고 오행설을 부정했다. 말하자면 종래의 형이상학적이고 관념론적인 주자학의 공허함을 비판하는 한편, 과학적이고도 고증학적인 태도로 나아간 것이다.

그는 인간의 본능이나 이기적 욕망을 인정하며, 백성이 통치자를 위해 존재하는 것이 아니라 통치자가 백성을 위해 존재한다고 생각했다. 그리하여 백성의 뜻이라면 왕도 얼마든지 교체할 수 있다고 주장했다.

관리들의 올바른 마음가짐과 몸가짐에 대해 기록한《목민심서》는 당시 양심적인 지방 수령들의 필독서였다.

헤겔(1770~1831)

독일 고전 철학의 가장 큰 대표 철학자. 칸트철학을 계승한 독일관념론의 완성자. 신학만을 공부하겠다는 서약을 하고 장학생으로 튀빙겐 대학에 입학했으나 대학에서 이렇다 할 두각을 나타내지는 못했다. 프랑스혁명의 영향을 받았고 철학자의 길을 가기 위해 선배 철학자들처럼 가정교사를 했으며, 박봉에 시달려 문교 장관인 괴테에게 보조금을 신청하기도 했다. 하숙집 부인과 불륜에 빠져 아들을 하나 두었고, 그 때문에 그렇게 염원하던 철학 교수직이 박탈된 때도 있었다. 쇼펜하우어와 슐라이어마허와는 견원지간이었다. '나를 이해한 사람이 한 명도 없다'는 말을 남기고 죽었다. 모든 세계는 끊임없이 변화·발전하는데, 이는 정·반·합의 변증법적 전개로 설명할 수 있다고 주장했다.

세계의 역사는 세계정신의
자기 전개 과정이다

헤겔

헤겔, 사랑에 빠지다

헤겔은 1770년(베토벤과 횔덜린이 태어난 해이기도 함)에 독일 슈투트가르트에서 수세국 재무관의 2남 1녀 중 장남으로 태어났다. 어머니는 온유하고 재능 있는 숙녀로서, 아들에게 라틴어를 가르칠 정도였다. 그러나 헤겔은 13세 때 그처럼 훌륭했던 어머니를 잃어야 했다.

라틴어 학교를 거쳐 김나지움*에 진학한 헤겔은 그곳에서 레플러 선생을 만났다. 레플러 선생은 헤겔에게 신약성경, 그리스 고전, 셰익스피어 희곡 등을 감명 깊게 가르쳤으며, 또 그의 재능을 인정해주었다. 그뿐만 아니라 셰익스피어 작품집을 선물로 사주기까지 했다. 그런 레플러 선생이 갑자기 세상을 떠나자, 헤겔은 일기에 이렇게 써놓았다.

"선생님은 매우 성실하고 공평하셨다. 학생들을 위해서 몸을 바치는 일이 유일한 염원이셨다. 선생님은 몇 번이나 내 곁에 와 앉으셨고, 나도 여러 번 선생님 곁에 가서 앉았다. 이제 선생님은 가시고 없다. 하지만 나는 선생님에 대한 추억을 마음속 깊이 간직하리라."

고향에서 김나지움을 졸업한 헤겔은 그 해 가을에 '온 힘을 다해 신학만 전공할 것이며, 신학과 관계없는 직업에는 나가지 않을 것'을 굳게 서약하고 신학교인 튀빙겐 대학에 장학생으로 입학했다. 그러나 이 서약은 철학의 매력에 이끌림으로써 결국 지켜지지 못했다.

헤겔은 그곳에서 동갑내기 횔덜린*과 5세 아래의 조숙한 천재 소년 셸링*과 친해졌다. 셸링은 일찍부터 현저하게 두각을 나타냈으며, 선배인 헤겔을 이끌어 나갈 정도였다. 반면 헤겔은 이곳에서 별다른 능력을 발휘하지 못했다. 성적도 철학 과목을 제외하고는 평균점 이하였다. 어쨌거나 학창 시절 헤겔은 이 친구들과 문학 논쟁을 벌이기도 하고, 자유를 표방하는 학생 동맹을 결성하여 활동하기도 했다.

청년기 때 헤겔은 여성들과 친밀한 교제를 자주 갖는 친구들에 대해 "쓸데없이 여자들과 산책이나 하면서 시간을 허비한다"며 나무랐다. 그러나 얼마 지나지 않아 음악 연주회에 다녀와서는 "아름다운 여자를 바라보는 것은 상당한 즐거움이다"라고 일기에 썼다. 이때 헤겔은 신학과 교수의 딸과 연애 중이었는데, 이 경험을 친구에게 보낸 편지에 이렇게 썼다.

"이성 친구와 함께 좁은 길을 거닐 적엔 참으로 즐거웠도다. 사랑하는 여인의 뜨거운 키스를 받았을 적엔 그 세 곱절이나 즐거웠도다."

김나지움Gymnasium 독일의 전통적인 중등 교육기관. 수업 연한은 9년으로, 16세기 초에는 고전적 교양에 목적을 둔 학교였으나 19세기 초에 대학 준비 교육기관이 되었다.
횔덜린(1770~1843) 독일의 시인. 슈바벤의 라우펜에서 태어났다. 튀빙겐 대학 신학과에 들어갔으나 신학보다는 고전 그리스어와 철학, 시작詩作에 몰두했고, 헤겔·셸링 등과의 교류에 열중했다.
셸링(1775~1854) 독일 고전 철학의 대표자 중 한 사람. 피히테의 주관적 관념론에 대해 객관적 관념론을 주장했다.

프랑스혁명을 자축하다

헤겔이 현실에 눈을 뜨게 된 계기는 프랑스혁명이었다. 유럽의 학생들은 그 영향으로 자유와 혁명을 찬양했다. 평소 학우들 사이에서 '노인'이라는 별명으로 불리던 헤겔이었으나, 그 역시 다른 학생들과 더불어 혁명에 대한 정열을 불태웠다.

어느 봄날 일요일이었다. 정치 클럽의 회원들은 혁명을 일으킨 프랑스 시민을 본받아 튀빙겐 외곽 들판에 모여서 '자유의 나무'를 심어 놓고는 '자유 만세! 루소 만세!'를 외쳤다. 프랑스의 국가 '라 마르세예즈'도 불렀다. 이 군중 속에 헤겔이 끼여 있었음은 말할 것도 없다. 그가 매년 프랑스혁명 기념일마다 자축하며 포도주를 마셨다는 일화는 프랑스혁명이 그에게 얼마나 큰 영향을 주었는지 짐작할 수 있게 한다.

튀빙겐 대학의 신학과를 졸업한 그는 목사가 되기를 거부하고, 철학자가 되기 위해 칸트와 피히테 등의 선배들을 본떠서 가정교사 생활을 시작했다. 첫 가정교사 자리는 횔덜린의 소개로 얻었다. 그리고 이미 교수가 된 셸링의 추천으로 철학자들의 메카(어떤 분야의 중심이 되어 사람들의 동경·숭배의 대상이 되는 곳)로 통했던 예나 대학에 시간강사로 초빙되어 갔다. 그러나 워낙 박봉인지라 그는 정기적으로 바이마르의 문교장관인 괴테에게 보조금 청원서를 내야만 했다.

《정신현상학》을 탈고하다

1806년 헤겔은 예나에서 프랑스 혁명군이 진입하는 것을 보았다. 2층 숙소에서 군대가 예나의 성벽 안에 도착한 날의 광경을 목격한 헤겔은 대학 동창 니트함머에게 편지를 보냈다.

"나는 정찰을 하기 위해 말을 타고 시내를 가로지르고 있는 세계정신(나폴레옹)을 보았네."

헤겔은 나폴레옹이 자유와 민족주의를 전파하는 것으로 보고 처음에는 매우 높이 평가했다. 같은 시대에 살던 베토벤이 나폴레옹을 위해 영웅 교향곡 〈에로이카〉를 작곡한 것과 똑같은 맥락이다. 그러나 그 세계정신은 헤겔에게 관대하지 않았다. 그의 집은 약탈당했고, 전쟁의 혼란으로 인해 봉급마저 지급이 중단되었다. 병사들의 약탈이 시작되자 그는 한 병사의 가슴에 달려 있는 훈장을 가리키며 "이렇게 명예로운 훈장을 달고 있는 군인이 그런 짓을 할 수 있는가?"라고 타이르며 포도주 한 병으로 피해를 면하기도 했다. 그러나 결국 오래 배겨낼 수가 없어 다른 곳으로 피신했다.

이 와중에 헤겔은 자신의 저작 중 알파요 오메가라는 평가를 받고 있는 《정신현상학》 마지막 부분을 탈고했다. 출판사의 빗발치는 독촉과 전쟁터의 대포 소리를 들으면서 서둘러 원고를 마무리했기 때문에, 마지막 몇 페이지는 충분하게 쓰지 못했다는 말이 전한다.

교수직을 빼앗아간 불륜 사건

37세에는 하숙집 부인과 불륜 관계에 빠져 루트비히라는 아들을 낳았다. 그 부인에게는 딸이 하나 있었고, 남편은 그 무렵 멀리 떠나 있었다. 헤겔의 불륜 관계는 곧 알려졌고, 이 일은 교수 신분으로 용납될 수 없는 일이었기 때문에 대학에 머물 수가 없었다. 직장을 잃고 아버지의 유산마저 바닥을 내버린 헤겔은 곤궁에 빠졌다. 그는 이미 완성해놓은 《정신현상학》에 대한 원고료 문제로 출판사와 심한 말다툼을 벌일 정도로 가난한 상태였다. 다행히 얼마 후 니트함머의 주선으로 밤베르크에서 발행되는 작은 신문의 편집인이 되었다. 그러나 신문이 까다로운 검열을 받아야 했기 때문에 비위가 상한 그는 곧 그만두고 말았다. 그러자 그의 친구가 이번에는 헤겔을 뉘른베르크 고등학교 교장 자리로 옮겨주었다.

1811년 헤겔은 이 도시에 있는 명문 집안의 딸과 결혼하여 자녀 셋을 낳았다. 첫딸은 태어난 지 몇 주 만에 죽었다. 그러나 두 아들은 정상적으로 성장하여 장남은 역사학자가 되었고, 차남은 개신교의 종교 국장을 지냈다. 결혼 전에 낳았던 사생아 루트비히는 고아원에서 지내다가 헤겔의 집에 들어와 함께 살았는데, 이복동생들과 자주 싸우다가 얼마 후 집을 나가버렸다. 나중에 루트비히는 네덜란드의 외인부대에 입대하여 결국 인도네시아에서 전사했다.

헤겔은 결혼 생활을 상당히 만족스러워 했는데, 니트함머에게 보낸 편지에 이렇게 적고 있다.

"나는 세속적인 목적을 완전히 이룬 셈이 되었네. 왜냐하면 세상 사람들의 입장에서는 직장과 사랑하는 아내를 얻었다는 것으로, 이 세상에서 할 일을 다한 것이기 때문일세. 직업을 갖고, 사랑하는 아내를 얻는 것은 각 개인이 추구해야 할 가장 으뜸가는 행복이 아닌가? 그것 외의 것은 본질적인 주제가 아니네. 작은 항목이거나 주석일 뿐이지."

철학자는 독신이어야 한다는 통념이 헤겔에게는 타당하지 않았던 것이다.

슐라이어마허와 미끄럼틀을 타다

헤겔은 무엇보다 대학교수가 되고 싶어했다. 그 꿈은 마침내 46세 때에 이루어지는데, 먼저 그는 호반(호수가)의 고성(옛 성)에 자리 잡은 하이델베르크 대학 철학과의 정교수가 되었다. 헤겔이 하이델베르크 대학에 머문 것은 겨우 2년 동안이었고, 첫해의 한 강의에서는 수강생이 4명밖에 안 된 적도 있었다. 그러나 다음 해에는 수강생이 70명이 넘는 데다가 헤겔을 숭배한 귀족도 생겨나고 하여 그의 명성은 점점 높아져만 갔다.

그 후 헤겔은 52세로 세상을 떠난 피히테°의 후임으로 베를린 대학의 교수로 취임했다. 처음에는 베를린에 '지겹도록' 술집이 많다는 점과 꽤 비싼 생계비와 방세 때문에 걱정을 많이 했다. 하지만 얼마 지나지 않아 곧 마음이 편안해졌다. 헤겔은 베를린의 사교계를 무척 마음에 들어 했다. 마찬가지로 부인들의 사교계 역시 이 훌륭하고 재기 넘치는 교수를 좋아하게 되어 사랑으로 감싸고 돌보았다.

그렇다고 하여 헤겔이 항상 그렇게 사랑스러웠던 것만은 아니다. 어떤 전기 작가는 이렇게 적고 있다.

"그가 누군가를 미워하기로 일단 마음을 먹으면 철저하게 실행에 옮겼다. 그의 질책 또한 대단히 매서웠다. 그에게 당하는 사람은 사지를 바들바들 떨 정도였다."

그렇다면 과연 그와 불화를 빚은 사람은 누굴까? 먼저 고집 센 쇼펜하우어와 슐라이어마허를 들 수 있다. 헤겔은 다른 동료들과 함께하는 술자리에서는 슐라이어마허와 간단한 대화를 나누기도 했지만, 그다지 좋은 사이는 아니었다. 사람들은 '이들 두 사람이 어떤 논문에 대해 토

피히테(1762~1814) 독일의 철학자. 철학적으로는 주관적 관념론의 입장을 취했고, 〈독일 국민에게 고함〉이라는 연설로 유명하다.

론하다가 서로 칼을 빼들고 싸웠다'는 이야기까지 하고 다녔다. 두 사람은 이 소문을 불식시키기 위해 사이좋게 함께 미끄럼틀을 타고 내려올 수밖에 없었다고 전한다.

쇼펜하우어, 헤겔에게 앙심을 품다

"칸트 이전의 모든 사상은 칸트로 흘러 들어와 독일관념론이라는 호수에 고여 있다가, 헤겔을 통해 흘러나가 이후 모든 사상의 원천이 되었다."

이 말은 헤겔 철학이 서양철학사에서 차지하고 있는 위치를 단적으로 표현한다. 그런가 하면 이와 반대로 헤겔을 비판하는 쇼펜하우어의 글도 있다.

"천박하고 우둔하고 역겹고 매스껍고 무식한 사기꾼인 헤겔은 뻔뻔스럽고도 어리석은 소리들을 잔뜩 늘어놓았다. 이것을 그의 상업적인 추종자들은 불멸의 진리인 양 나팔을 불어댔으며 바보들은 그것을 진실인 줄로 알아 환호하며 받아들였다."

또 쇼펜하우어는 "모순투성이의 서생書生(글만 읽어 세상일에 서투른 선비를 비유적으로 이르는 말)이 30년이란 긴 세월 동안 독일에서 가장 위대한 철학자로 간주되어 왔지만, 후세에는 헤겔에 대한 진실이 폭로되고야 말 것이다"라고 예언했다. 하지만 그의 예언은 보기 좋게 빗나갔다.

헤아릴 수 없이 많은 헤겔에 관한

책들이 쏟아져 나왔고, 전 세계에 헤겔학회가 결성되었으며, 온갖 부류의 헤겔 학도가 생겨났으니 말이다. 나아가 헤겔은 그의 제자인 마르크스를 통해 현재 몇몇 나라의 체제 수립에까지 관여했다. 그의 사상은 세계를 변혁시키는 데 영향을 미치고 있는 것이다.

결국 쇼펜하우어의 도가 지나친 분노의 글은 헤겔에 대한 개인적인 원한에 근거한 것으로 보인다. 두 사람 사이에 이러한 견원 관계가 시작된 원인은 쇼펜하우어를 강사로 채용하는 시험의 심사위원장이었던 헤겔이 그를 떨어뜨린 데에 있었다. 이 일은 물론 헤겔의 개인감정에 따른 결정이 아니었다. 그러나 낙방의 원인이 헤겔에게 있다고 간주한 쇼펜하우어는 대학교수로서 헤겔과 경쟁하려 하지만, 참패를 당하고 만다.

자신의 철학이 비교할 수 없을 만큼 중요하다고 생각하여 "후세에는 반드시 내 기념비가 건립될 것이다"라고 호언장담하던 신출내기 시간 강사 쇼펜하우어는, 자기의 강의 시간을 헤겔의 강의와 같은 시간대로 옮겨 개설한 것이다. 그런데 예상과는 반대로 헤겔의 강의실에는 빈자리가 없을 정도로 학생들이 몰려들었으나, 그의 강의실에는 겨우 서너 명밖에 없었다. 비통한 심정으로 한 학기를 마친 후 쇼펜하우어는 강의를 중단해야 했다. 왜냐하면 이번에도 그의 청중이란 텅 빈 의자들뿐이었기 때문이다. 자존심이 상할 대로 상한 쇼펜하우어는 그 후로 10여 년 동안 유럽 여행으로 시간을 보냈고, 결국 교수직은 그에게서 멀어져 갔다.

어쨌거나 학생들이 헤겔에게로 몰려들었다는 것은 놀랄 만한 일이다. 헤겔의 강의는 쉽게 이해할 수 있는 내용이 아니었고, 그는 학생들이 감동할 만큼 뛰어난 달변가도 못 되었기 때문이다. 그런데도 그의 강의는 사람을 끌어당기는 어떤 힘이 있었다. 강의에 충실했던 한 학생은 스승에 대해 다음과 같이 말했다.

"기운 없이 몸을 움츠리고 앉아서, 커다란 노트를 앞뒤로 넘기고 위아래로 훑으면서 그는 무엇인가를 찾았다. 끊임없는 헛기침과 잔기침은 말의 흐름을 계속 방해했다. 금속성을 띤 억센 사투리는 기괴하고 이상한 중량감을 주었다. 그러나 전체적인 분위기는 깊은 존경심을 불러일으켰고, 그에게 경외감을 품도록 만들었다. 도저히 해석해낼 수 없어 보이는 것들의 밑바탕을 저 위압적인 정신이 훌륭하게 파헤치는 것이었다. 그러면서 목소리는 차츰 커지고 눈은 청중들 너머로 날카롭게 번득이며, 뿌리 깊은 확신의 섬광이 소리 없이 타오르며 빛을 내뿜었다."

나를 이해한 사람은 누구인가

헤겔은 자신의 심오한 철학 덕분에 대학에서 대단한 영향력을 발휘했다. 그의 강의실은 발 들여놓을 틈이 없이 청중들로 꽉 들어찼는데, 학생들뿐만 아니라 육군 소령·대령, 추밀고문관樞密顧問官(군정軍政에 관한 주요한 기밀을 관장하는 관리)까지 왔다. 그의 철학은 프로이센* 국가의 정신적인 형태에 결정적인 영향을 끼치게 된다.

마침내 헤겔은 '프로이센의 국가 철학자'로 공인되어 독일철학의 태두로 군림했다. 그의 제자들도 여러 대학의 교수직에 임명됨으로써 헤겔학파는 거대한 세력을 형성하게 되었다. 1829년에는 베를린 대학의 총장에 취임하여 약 1년 동안 재임하기도 했다.

헤겔은 서자 루트비히가 죽은 해인 1831년, 베를린 전 지역에 맹위를

프로이센 1701년에 프리드리히 3세가 세운 왕국. 비스마르크와 나폴레옹 3세 사이에 일어난 프로이센프랑스전쟁(보불전쟁)으로 유럽 대륙에서 프랑스의 주도권에 종지부를 찍고 프로이센 주도의 독일 제국을 성립했다. 영어 이름은 프러시아다.

떨치던 급성 콜레라로 세상을 떠났다. 마지막 숨을 거두려고 할 무렵에 그는 "나의 학생 중에서 나를 이해한 사람은 단 한 명이다"고 말했다. 그러나 잠시 사이를 두고 진정 마지막 말로, "아니! 이 한 사람도 나를 완전히 이해하지는 못했어"라고 덧붙였다.

헤겔은 그의 희망대로 지금 베를린에 있는 피히테의 묘 옆에 잠들어 있다.

철학
속으로

헤겔이 보았을 때, 칸트철학은 주관적인 관념론에 지나지 않았다. 가령 시간·공간은 우리 인간의 직관 형식이고, 인식 역시 우리의 감성에 의해 받아들여진 재료에 우리 자신 속에서 우러나오는 오성이 자발적으로 작동함으로써 성립되는 것이다. 이에 따라 사물 자체(물자체)는 인간이 알 수 없는, 신비한 어떤 것으로 치부되고 말았다.

그러나 헤겔은 칸트가 제쳐놓은 대상(사물)들을 포기할 수 없다고 생각했다. 여기서부터 객관적 관념론을 향한 길이 트인다. 종국적으로 헤겔은 피히테의 주관적 관념론과 셸링의 객관적 관념론을 종합하여 절대적 관념론을 완성한다. 이에 따르면, 인간의 사고가 세계정신 자체의 사고다. 이 세계정신은 사물들을 생각함으로써 사물들을 만들어낸다. 그러므로 이 세계정신 안에서 사고와 존재와 진리는 일치한다.

헤겔에게 세계의 역사는 세계정신의 자기 전개 과정에 불과하다. 세계정신의 목적은 자유 의식의 진보이며, 그

역사란 세계정신이 자신의 뜻을 성취해 가는 과정이다. - 헤겔

목적을 달성하기 위해 세계정신은 개인을 도구로 사용한다. 각 개인들은 자신의 개인적 목적을 위해 행동하며 권력을 확장해간다고 생각하지만, 실은 세계정신에 의해 이용되는 꼭두각시에 불과하다. 교활한 절대 이성의 장난(이성理性의 교지狡智. 이성의 교활한 지혜, 심하게 말하면 사기놀음)에 의하여, 개인은 자신의 모든 정열을 바쳐 그것이 추구하는 역사의 필연 과정에 들러리를 서준다. 그 때문에 자기의 역할이 끝나자마자 역사의 무대에서 홀연히 사라지고, 세계정신은 새로운 전진을 계속해나가는 것이다. 그리고 모든 개인이나 민족은 세계사적 이성에 합치되는 방향으로 움직일 뿐이므로, 적어도 어떤 시점에서의 역사적 사건은 바로 그 순간을 지배하는 필연 자체다. 바로 이런 의미에서 헤겔은 "이성적인 것은 현실적이요, 현실적인 것은 이성적이다"라고 말했던 것이다.

헤겔철학은 매우 혁명적이었다. 그러나 관념론적 색채로 인해 그 실현에 많은 제약이 따를 수밖에 없었다. 또한 프랑스혁명을 환영하는가 하면 당시의 프로이센 군주제를 옹호하는 등 정치적으로도 이중적인 태도를 취했다.

쇼펜하우어(1788~1860)

헤겔과 같은 시대를 살았던 독일의 민간 철학자. 염세주의 철학의 창시자. 부유한 상인의 아들로 태어나 칸트의 직계라고 자임하면서 세계를 표상으로 간주했다. 헤겔과는 견원지간이었으나 칸트를 흠모하여 아침형 인간이 되는 것만 빼고는 모두 칸트를 본받았을 정도다. 학자를 꿈꾸었으나 아버지의 반대로 뒤늦게 김나지움에 입학했고, 그때부터 본격적으로 학문을 시작했다. 철학 교수와 여성들을 혐오했고, 의심 많은 성격 때문에 말년에는 오직 개 한 마리와 고독한 여생을 보냈다. 인간과 자연, 세계를 움직이는 근본적인 원동력은 무의식적이고 맹목적인 의지라고 주장했다.

행복은 고통의 부재에 지나지 않는다
쇼펜하우어

상인의 견습생 노릇을 하다

쇼펜하우어는 독일의 단치히(현재 폴란드 중북부에 있는 도시)에서 부유한 상인의 1남 1녀 중 장남으로 태어났다. 그의 아버지는 고지식하고 교양이 없었던 데다 추남이었다. 이에 반해 그의 어머니는 문필가로서의 뛰어난 재능을 가진 미모의 작가였다. 그녀는 19세 때 20세나 더 많은 남편과 결혼했다.

프로이센을 몹시 증오한 쇼펜하우어의 아버지는 프로이센이 단치히를 점령했을 때, 적지 않은 손해를 보면서도 자유를 찾아 독일 최대의 항구도시 함부르크로 이주했다. 장사에 상당한 재능이 있던 아버지는 하나뿐인 아들(쇼펜하우어) 역시 고귀한 인품을 지닌 훌륭한 상인으로 키우려고 마음먹었다.

그러나 정작 쇼펜하우어 본인은 학자가 되려는 열망에 사로잡혀 있었다. 어머니와 교제하던 유명한 문인들이 그의 집에 자주 드나든 데서 영향을 받은 것으로 보인다. 그의 아버지는 '학자'와 '가난'을 동의어로 생각하여 아들의 마음을 돌리려고 책략을 썼다. 아버지는 쇼펜하우어에게 이렇게 제안했다.

"온 가족이 유럽의 여러 나라를 오랫동안 여행하려 하는데, 만일 네가 학자가 되려거든 라틴어를 배우기 위해 함부르크에 남아 있어야 하고, 상인이 되겠다고 한다면 지금 따라나서도 좋다."

이 유혹을 뿌리치지 못한 쇼펜하우어는 아버지가 원하는 대로 상인이 되겠다고 약속했다.

2년 동안의 유럽 여행을 마치고 돌아온 쇼펜하우어는 함부르크의 유명한 상인에게 가서 견습생 노릇을 한다. 그러나 장사하는 일에는 도통 관심이 없고, 틈나는 대로 책을 읽거나 시내에 나와 강연을 들었다. 그러던 어느 날 그는 자신이 잘못된 인생 항로를 따라가고 있다는 사실을 깨닫고 절망감에 사로잡혔다.

17세 되던 해의 4월 어느 날, 갑자기 아버지가 세상을 떠났다. 쇼펜하우어는 이 일에 큰 충격을 받았다. 하지만 애초부터 돈만 바라보고 애정 없는 결혼을 한 어머니는 막대한 유산을 챙겨 연애 생활에 가장 적합한 바이마르* 지방으로 옮겨가서는 방탕한 생활에 빠져들었다. 쇼펜하우어는 어머니의 이런 모습에 강한 혐오감을 느껴 어머니와 한바탕 싸우고 나서 서로 헤어져 살았다. 이때부터 그는 정해진 면회 날짜에 여러 사람들 사이에 끼어 손님 중 한 명으로서 어머니를 만나야 했다.

바이마르 독일 튀링겐 주州에 있는 도시. 18세기부터 19세기에 걸쳐 독일 정신문화의 중심이자 고전문학의 메카였다. 문호 괴테와 실러, 작곡가 리스트, 철학자 니체 등이 이곳에서 활약했다.

어머니를 고소하다

쇼펜하우어는 21세의 성년이 되자 어머니를 상대로 소송을 걸어 유산의 삼분의 일을 받아냈다. 쇼펜하우어는 그 유산 덕분에 평생 풍족하게 살 수 있었다. 물론 생계를 짜임새 있게 꾸려나간 덕분이기도 하지만, 그는 비상한 재능을 발휘하여 유산을 불려나가기까지 했다. 그 때문에 생계를 유지하기 위해 직업을 가져야 할 상황에 놓여본 적은 없었다.

그는 아버지가 세상을 뜬 후에 가급적 그 유지(남긴 뜻)를 받들고자 상업 견습을 가기도 했다. 그러나 점점 갈등만 깊어져 마침내 김나지움에 입학했다. 이곳에서 공부에 열중한 덕에 대학에 들어갔을 때는 다른 학생들에 비해 결코 실력이 뒤떨어지지 않았다. 그러나 처음 입학할 때의 전공인 의학에서 철학으로 진로를 바꾼 그는 나이도 많이 든 데다 성격이 괴팍해 학우들과 잘 어울리지 못했다. 그 때문에 오직 학문에만 전념했다.

마침내 그는 예나 대학에서 〈충족이유율의 네 가지 근원〉이라는 논문으로 박사 학위를 받았고, 이 논문이 출판되자 많은 사람들로부터 좋은 평을 받았다. 그러나 쇼펜하우어의 어머니는 아들이 학위 논문을 가져오자 비웃기만 할 뿐이었다.

"이건 약제사에게나 필요한 책이로군."

이에 대해 쇼펜하우어는 이렇게 응수했다.

"어머니의 소설이 헛간에서조차 찾아볼 수 없게 될 때, 그때에도 제 글은 읽힐 거예요."

이 말을 듣고 어머니는 이렇게 대꾸했다고 전한다.

"그런 책은 앞으로도 수없이 쏟아져 나올 텐데 뭘."

어쨌든 결과적으로 두 사람의 말은 모두 적중한 셈이 되었다. 그 사건

이후로 쇼펜하우어는 영영 어머니와 헤어졌고, 이후 모자는 더 이상 만나지 않았다.

"어떤 철학을 선택하느냐는 바로 그가 어떤 사람이냐에 달려 있다"고 한 피히테의 말은 쇼펜하우어에게도 해당된다. 쇼펜하우어의 인품이 특이하게 형성된 것은 가정환경 탓으로 보이기 때문이다. 지독한 에고이스트(이기주의자)이자 지칠 줄 모르는 욕망에 사로잡혀 있던 쇼펜하우어의 비관주의는 벌써 이때부터 그 터전이 마련되어 있었던 것이다.

철학 교수와 여자를 증오하다

그가 증오하는 첫 번째 대상은 철학 교수들이었다. 쇼펜하우어 자신도 한 번은 시도한 적이 있는 그 직업의 사람들에게 그는 지독한 독설을 퍼부었다. 그는 모욕할 대상을 고르는 데 신중을 기하기 위해 법적인 자문까지 받았다. 그의 신랄한 인신공격의 대상은 그 누구보다도 헤겔이었다. 쇼펜하우어에게 있어서 헤겔은 '사기꾼'이자 '정신이 썩어빠진 추악한 남자'였으며, 헤겔의 학설은 '정신병자의 수다'에 불과했다. 그는 피히테에 대해서도 헤겔 못지않게 나쁘게 평했다. 피히테의 말 역시 궤변에 지나지 않으며, 기껏해야 '요술쟁이의 주문'일 따름이었다.

반면에 자기 자신이야말로 '철학의 숨은 황제'이며, 더 나아가 철학적 종교의 창시자라고 했다. 쇼펜하우어는 자신을 따르는 몇 명의 추종자들을 '사도'*라거나 '복음사가'라고까지 불렀다. 같은 시대의 사람들이

사도使徒 예수가 복음을 온 세상에 전파하기 위해 선택한 12명의 제자. 여기서 쓰인 이 말의 뜻은 결국 쇼펜하우어 자신이 예수와 버금가는 존재라는 것이다.

그를 인정하지 않는 데 대해서는 '후대의 평가에 호소한다'며 매우 태연한 척했다.

대학 교수 다음으로 쇼펜하우어가 경멸한 대상은 여성이었다. 어머니와 관계가 좋지 않았던 탓에 여자를 인간적 불행의 근원으로 생각했다. 그는 여자들의 특징을 미치광이에 가까운 낭비벽과 본능적인 교활함, 뿌리 뽑기 어려운 거짓말 습관이라고 보았다. 여자란 어디까지나 하위의 존재로서 어린이와 남자 사이의 중간 단계에 속해 있다며 여자에 대해 다음과 같이 말하고 있다.

"성적 충동으로 이성이 흐려진 남자들만이 키가 작고 어깨가 좁으며 엉덩이가 크고 다리가 짧은 이 여자라는 존재를 아름답다고 말한다. 당연히 여자라는 족속은 속된 존재라고 불러야 한다. 여자들은 음악에 대해서도, 시에 대해서도, 조형미술에 대해서도 아무런 참된 감정이나 이해력이 없다. 만일 그들이 그런 능력이 있는 것처럼 행동한다면, 그것은 남자들의 마음을 끌려는 의도로 꾸민 가식일 뿐이다."

그는 일생을 독신으로 살았다. 그러나 여자를 전혀 만나지 않은 것은 아니었다. 이탈리아 여행 때 한 여성과 깊이 사귄 적이 있으며, 사창가에서 창녀들과 어울리기도 했다고 전해진다.

피해망상증의 대가

쇼펜하우어가 헤겔의 강의 시간과 똑같은 시간대에 자신의 강의를 개설했다가 청강생이 헤겔에게로 몰리는 바람에 한 학기 만에 강의를 포기했다는 일화는 앞에서도 언급한 바 있다. 그러나 쇼펜하우어는 그 실패를 자기 탓이 아니라 밤에는 늑대로 변하는, 다른 철학 교수들의 그릇된 증오와 지나친 시기심 탓으로 돌렸다. 물론 동료들은 그를 증오하거나 시기하지 않았으며, 그에 대해 알려고조차 하지 않았다.

그런데도 쇼펜하우어는 동료 교수들이 자신에게 나쁜 짓을 할 것이라고 생각하여 항상 의심스러운 눈으로 주위를 살폈다. 이발사가 면도칼로 자신의 목을 벨지도 모른다는 불안감에 이발사에게 면도를 맡기지도 않았으며, 불이 날까봐 이층에서는 자지도 않았다. 또 잠잘 때에는 권총에 탄환을 넣어 침대 옆에 두고 잤다.

누군가 그에게 가까이 다가가기만 해도 그는 폭력을 휘둘렀다. 언젠가는 바느질하는 어떤 얌전한 여자가 수다를 떨어 자신을 방해했다며 그녀를 바닥에 내동댕이친 적도 있었다. 그 일로 그녀는 평생 불구로 지내게 되었고, 쇼펜하우어 자신도 평생 보상의 의무를 지게 되어 두고두고 자책감과 경제적인 부담으로 괴로워했다.

또 집의 가장 은밀한 곳에 값나가는 물건을 숨겨두었다. 금화金貨는 잉크병 속에 집어넣었고, 지폐(종이 돈)는 침대 밑에 숨겼다. 또한 출판업자들과는 자신의 책을 보급시키는 데 최선을 다하지 않는다고 욕하며 끊임없이 다투었다.

칸트를 흠모하다

인간에 대한 쇼펜하우어의 경멸은 그의 포괄적인 염세주의에서 비롯된 것으로 보인다. 그의 사유 전체를 관통하고 있는 염세주의는 물론 고

난에 찬 그 자신의 삶에서 형성된 것이 분명하리라. 그는 널리 명예를 얻고자 하는 강렬한 염원과 그에 미치지 못하는 세상 사람들의 평가 사이에서 한없이 고뇌했다.

"칸트와 나 사이의 중간 단계에서는 단 하나도 가치 있는 문제가 다루어진 적이 없다"고 하며 스스로 천재라고 자화자찬하던 그는 곧이어 세계와 인간에 대한 멸시와 염세주의를 드러내고야 만다.

1819년 쇼펜하우어는 주저에 해당하는 《의지와 표상으로서의 세계》를 출간했다. 하지만 이 책은 전혀 사람들의 관심을 끌지 못했다. 급기야 초판을 찍은 후 16년이 지난 다음에는 출판업자도 그 원본의 대부분을 폐지로 팔아버릴 결심을 했다. 그럼에도 이 책이 살아남을 수 있었던 것은 철학의 역사에서 하나의 행운이라 해야 할 것이다.

1831년 베를린에 콜레라가 유행하자 쇼펜하우어는 이를 피해 멀리 프랑크푸르트까지 달아났다. 그곳에서 방 두 개를 빌려 아내도 자식도 친구도 직장도 조국도 없이, 오직 조그마한 삽살개 한 마리와 고독한 여생을 보냈다. 그의 서재에 있는 장식품이라고는 칸트의 상반신 초상화와 청동불상 하나뿐이었다. 그는 칸트와 석가를 존경했는데, 특히 칸트를 매우 흠모하여 아침에 일찍 일어나는 일만 제외하고는 모두 칸트를 본받았다고 한다.

성공의 문턱에서 맞은 죽음

그와 천적天敵 관계에 있던 헤겔이 드디어 세상을 떠났다. 헤겔 역시 콜레라를 피해 달아났으나 너무 일찍 베를린으로 돌아가는 바람에 병에 걸리고 말았던 것이다. 헤겔이 죽고 1848년의 시민혁명*이 실패로 돌아간 후, 낙관주의적인 헤겔철학이 마침내 종언을 고하고 염세주의적인 쇼펜하우어의 철학이 각광을 받기 시작했다. 이제 쇼펜하우어에게는 헤겔주의자들의 시기심도 더 이상 장애가 되지 않았다.

그러나 쇼펜하우어 철학을 처음으로 받아들인 쪽은 대학이 아니라 각양 각종의 직업인이나 개인 연구가, 친구들이었다. 특히 예술 분야나 예술가들에게 직접적으로 커다란 영향을 주었다.

예를 들어 바그너의 음악은 적어도 초기에는 음산하고 우울한 쇼펜하우어의 염세주의에 흠뻑 젖어 있었다. 바그너는 자신의 가극 〈니벨룽겐의 반지〉의 악보 한 벌에 헌사를 적어 넣어서 쇼펜하우어에게 보냈다고 한다. 여러 나라의 학자들과 많은 사람이 직접 쇼펜하우어를 방문하거나 갖가지 글들을 보내왔다. 마침내 성공과 더불어 명성이 찾아들자 그는 의기양양해했다.

"수많은 철학 교수들이 똘똘 뭉쳐 오랜 세월에 걸쳐 내게 저항했음에도 불구하고, 드디어 해내고야 말았다!"

자기에 관해 쓴 글이라면 빠짐없이 찾아서 읽던 이 노령의 철학자는 이제 의사표시를 하는 데 있어서나 교우 관계에 있어서나 예전과는 딴판이 되었다. 다시 말해 쉽게 어울리는 사람이 되었던 것이다. 그러나 그렇게도 바라던 명성과 경탄의 소리가 그를 감싸게 되었을 때는 이미 죽음의 신이 그의 문을 두드리고 있었다.

1860년 9월 21일, 쇼펜하우어는 여느 날과 다름없이 냉수욕을 마치고 쉬던 중 식탁에 앉은 채 심장마비로 영영 잠들고 말았다. 그의 모든 재

1848년 시민혁명 빈체제에 대한 자유주의와 전 유럽의 반항 운동을 통틀어 일컫는 표현이다. 통일적 국가를 건설하려 했던 독일의 3월혁명은 실패로 돌아갔다.

산은 유언에 따라 자선단체에 기증되었다. 오늘날 그의 무덤 앞에 세워진 검은 대리석 묘비에는 외롭게 그의 이름만이 새겨져 있다.

쇼펜하우어는 '인간의 본질은 사유나 이성에 있는 것이 아니고, 의지에 있다'고 보았다. 우리의 판단은 논리적 사유 행위에 의해서가 아니라 의식되지 않은 심층부에서 순간적인 착상이나 결단의 형식으로 나타나며, 우리들의 신체적 행동 역시 의지의 작용에 불과하다. 이 의지란 마치 앞을 볼 수는 있으나 몸이 불구인 사람을 어깨에 짊어지고 가는, 힘센 장님과 비슷하다. 인간 행동의 실질적인 추진력은 의지이고, 이성은 단지 그 방향을 제시해줄 뿐이다.

또한 생물계에서 가장 강렬한 의지의 표현은 생식 본능이다. 인간은 인식의 근거지인 뇌보다도 성충동의 본거지인 생식기로부터 더 강한 충동을 받고 있다. 이렇게 본다면 사랑이란 종족 보존이라고 하는 자연의 유일한 목적을 달성하기 위한 하나의 속임수에 지나지 않는다. 이성異性의 두 사람을 불가항력적으로 끌어당기는 것은 고상한 인격이 아니라, 종족 본능으로 표출되는 삶의 의지다.

정욕이란 원래 종種을 위해 있는 것인데도 불구하고, 개인을 위해 있는 듯이 보이게

하는 일종의 망상에 불과하다. 육체적 욕정이 충족되었을 때 냉정하게 돌아서는 남성은 인간이 결국 종種의 도구임을 증명한다.

인간의 의지는 무한한 데 비해, 그 충족에는 많은 제약이 따르게 마련이다. 그리고 어떤 욕망이든지 채워지고 나면 즉시 새로운 욕망이 일어나고, 어떤 고통도 그것을 벗어났다 싶으면 곧바로 새로운 불행이 찾아든다. 그러므로 고통이야말로 삶의 본래 모습이며 쾌락이나 행복은 고통이 없어졌을 때 잠깐 찾아오는 소극적인 것, 즉 고통의 부재不在에 지나지 않는다. 이리하여 쇼펜하우어는 우리가 삶에 대한 의지를 가지고 있는 한 인생은 고통이요, 이 세계는 최악의 세계라고 말한다.

그렇다면 과연 이러한 비극으로부터 벗어날 방법은 없을까? 첫째로 인식은 탈출구가 아니라 오히려 그 반대다. 식물보다는 하등동물이, 하등동물보다는 고등동물이 고통에 대한 감각이 더 발달되어 있다. 인간의 경우는 인식의 수준이 높을수록 고통도 더 많게 마련이다. 둘째, 자살 역시 해결책이 되지 않는다. 자살은 의지의 충동을 없앨수는 있어도 의지 그 자체를 없애지는 못한다. 의지는 즉시 새로운 형태로 나타나므로 자살은 무의미하다는 것이다. 따라서 여기에서는 오직 두 가지 방법만이 있는데, 첫째는 심미적 해탈이고 다른 하나는 윤리적 해탈이다. 심미적 해탈이란 천재적인 예술가들의 작품 속에서 잠깐 동안 누리는 황홀감을 말한다. 반면에 윤리적 해탈이란 고통의 원인인 의지 자체를 억제함으로써 누리는 영속적인 해탈의 경지를 의미한다. 특별히 쇼펜하우어는 두 번째 방법을 강조하며 우리에게 다음과 같이 명령한다.

"더 이상 소망할 것이 없는 열반*의 경지에서 우리들 자신으로서 죽을 것! 세상 것들을 멀리하고 십자가를 질 것!"

열반涅槃 니르바나Nirwana. '불어 끈 상태'를 의미한다. 삼독심三毒心(탐욕, 성냄, 어리석음)을 제거하여 번뇌의 숲에서 벗어난 상태를 말한다. 온갖 고통과 번뇌를 초탈하여 마음의 평화를 누리는 상태를 의미하기도 하고, 불타의 죽음과 관련하여 '죽음'을 뜻하기도 한다.

키르케고르(1813~1855)

덴마크의 종교 사상가. 실존주의의 선구자. 사랑도 명예도 거절한 은둔자의 삶을 살았다. 덴마크에 새로운 화폐가 발행되던 1813년에 태어났으며 그 때문에 자신을 혼돈의 존재로 생각했다. 우울증을 앓았는데, 이를 극복하기 위해 집필 활동에 몰두했다. 사람들의 평범한 지성을 공격함으로써 수많은 적대자를 만들어냈다. 기독교의 기만성을 폭로하고 국가교회를 공격한 내용의 《죽음에 이르는 병》, 《기독교의 수련》은 그가 죽은 후에 큰 반향을 일으켰다. 인간이 자기 생성을 해가는 단계는 미적 실존·윤리적 실존·종교적 실존으로 나눌 수 있으며, 마지막 세 번째 단계에서 인간은 비로소 자기 자신과의 변증법적 싸움을 통해 '신 앞에 홀로 선 단독자'가 될 수 있다고 주장했다.

이것이냐 저것이냐
키르케고르

아버지의 죄는 대지진

키르케고르는 덴마크의 수도 코펜하겐에서 태어났다. 어머니 안네는 원래 그 집의 하녀였다. 아버지는 첫째 아내가 슬하에 자식 하나 없이 세상을 떠나자 안네를 임신시켰고, 이듬해에는 교회의 교리에 금지되어 있는 재혼을 감행했다. 안네는 결혼식 후 5개월 만에 장남을 낳았는데, 원래 양심적이고 종교적이었던 키르케고르의 아버지는 이 사실을 두고 평생 괴로워했다.

키르케고르는 막내로 태어났는데, 마침 그가 출생한 1813년은 덴마크에 새로운 화폐(돈)가 발행된 해였다. 많은 사람들이 한꺼번에 재산을 잃었는가 하면 몇몇 사람들은 부자가 되는, 그야말로 혼란한 한 해였다. 키르케고르는 자기 자신의 신세를 그 해에 발행된 지폐와 같이 생각했다. 즉, 자기 자신을 질서의 존재라기보다도 혼돈의 존재로 받아들였던 것이다.

8세에 학교에 들어간 키르케고르는 몸이 허약하긴 했으나 대단히 머리가 좋았다. 특히 라틴어 문법은 선생도 눈이 동그래질 정도로 뛰어났고, 작문 실력 역시 놀라웠다. 그러나 별로 말이 없었고 친구를 사귀지도 않았다. 같은 또래의 아이들이 그를 놀려대면 신랄한 재치와 비웃음으로 응수할 뿐이었다.

17세에는 아버지의 소원에 따라 코펜하겐 대학 신학과에 입학했다. 그 해에 친위대에 입대했다가 신체 허약으로 곧 제대했다. 다시 대학에 들어가 신학을 공부했으나 점차 흥미를 잃고, 대신 문학과 철학 쪽에 관심을 쏟았다. 얼마 후에는 아예 공부는 뒷전에 두고 거리를 돌아다니거나 극장, 카페에 드나들기 시작했다. 국가 신학 고시도 포기했다. 형과 사이가 좋지 않았는데, 그나마 불과 3년 사이에 어머니와 세 형들이 모두 죽고 말았다.

22세가 되던 해의 가을, 키르케고르는 그의 운명을 결정짓는 무서운 사실을 알게 된다. 스스로 '대지진'이라고 불렀는데, 그것은 바로 아버지가 하나님께 지은 두 가지 죄를 안 것이다. 아버지 미카엘은 불우한 소년 시절에 양을 치다가 유틀란트(북유럽의 돌출부로 덴마크 영토 가운데 유럽 대륙에 속하는 부분) 황야에 있는 언덕에 올라가 심한 추위와 굶주림을 견디지 못하고 신을 저주했다. 또 하나의 죄는 앞에서 말했듯이, 어머니와 정식 결혼도 하지 않은 채 임신을 시켰다는 사실이었다.

키르케고르는 집안에 닥친 모든 불행, 아버지가 두 아내와 다섯 자녀를 잃게 된 것은 모두 그 죄에 대한 대가라고 생각했다. 또한 지금 살아 있는 형이나 자신 역시 몸이 약해져서 머지않아 죽게 될 것으로 믿었다. 키르케고르는 자기의 죽음에 대한 신념이 너무 확고하여 길어야 33세(예수그리스도가 이 세상에 살다간 나이)의 생일을 넘기지 못할 것으로 믿어 의심치 않았다. 그 때문에 무사히 그날을 넘기자 혹시 생일이 잘못 기록된 것이 아닌가 하여 교회에 호적을 조사해보러 갈 정도였다.

어쨌든 키르케고르는 아버지를 원망했고, 그 때문인지 술집을 자주 드나들었다. 이때의 모습을 보고 그의 선생은 이렇게 걱정했다.

"너는 무서울 정도로 철저하게 부정적이야."

약혼녀를 버리다

키르케고르는 24세 때 자기보다 10세나 어린 소녀 레기네 올센을 보고 첫눈에 반해 그녀와 결혼하기로 마음먹는다. 원래 이 소녀는 자신의 가정교사이자 키르케고르의 친구인 슐레겔을 좋아하고 있었다. 그러나 키르케고르는 수단과 방법을 가리지 않고 그녀의 마음을 슐레겔에게서 자기에게로 끌어들인다. 그는 그녀와 예비 장인의 마음을 사로잡기 위해 애를 썼다. 그녀의 집을 드나들면서도 일부러 그녀에게는 무관심한 것처럼 행동했다. 이런 그의 태도가 효과를 발휘하여 그녀의 마음을 끄는 데 성공했으며, 마침내 3년 후에는 구혼하여 승낙까지 얻어냈다.

그러나 얼마 후 키르케고르는 자신이 과연 한 여자를 자기 곁에 평생 묶어둘 권한이 있는지 심사숙고하기 시작했다.

'결혼이란 두 사람이 서로에게 절대적으로 솔직해야 한다. 그러나 내게는 도저히 그녀에게 말 못할 문제가 있다. 나 같은 사람은 그녀와 결코 결혼해서는 안 된다!'

이렇게 결론을 내린 키르케고르는 약혼녀 쪽에서 먼저 파혼해오기를 바랐다. 그러기 위해서는 자신이 가급적 혐오스럽게 행동하고 그리하여 타락한 것처럼 보이는 것이 하나의 방법이라고 생각했다. '그녀를 자유롭게 해주기 위해서는 가능한 한 최고로 못된 놈 행세를 하는 것이 좋겠다'는 생각에 그는 마침내 매몰차고도 비정한 말을 던지고야 만다. 그녀가 결혼에 대해 물어오자 키르케고르는 이렇게 응수했던 것이다.

"물론 결혼이야 하지. 그런데 10년 후 내 바람기가 좀 잠잠해지면, 나는 다시 젊어지기 위해 젊은 신부감을 찾게 될 걸."

레기네가 이 말에 심장이 찢어질 것 같은 아픔을 느꼈음은 물론이려니와 키르케고르 역시 마음의 갈피를 잡지 못한다.

그렇다면 키르케고르가 레기네와 파혼한 이유가 뭘까? 이에 대해서는 여러 학설이 있다. 위에서 말한 이유 말고도 두 사람이 서로의 성격을 비교해보고 도저히 맞지 않을 것 같아 파혼했다는 설도 있고, 그가 어렸을 때 나무에서 떨어져 성불구자가 되었기 때문이라는 설도 있다.

어쨌든 그가 레기네와 파혼을 하자 코펜하겐의 시민들은 젊은 아가씨의 행복을 짓밟고 양가의 처녀를 농락한 패륜 행위라고 키르케고르를 비난하기 시작했다. 올센 일가가 그에게 분개한 것은 말할 것도 없다.

사랑이 미움으로

키르케고르는 레기네와 파혼을 한 뒤에도 새로운 방식으로 그녀와 관계를 유지하고자 했다. 그는 그녀와 만난 일에 대해서는 하나도 빠뜨리지 않고 일기에 기록했다. 코펜하겐의 어느 거리에서 만났으며, 몇 시에 어느 교회에서 만났는지 등 하나도 빠뜨리지 않고 꼼꼼하게 써나갔다. 심지어는 그녀가 서 있었는지 앉아 있었는지, 웃었는지 웃지 않았는지에 대해서도 끊임없이 생각하고 또 생각했다. 그러면서도 감히 레기네에게 말을 건넬 엄두조차 내지 못했다. '나같이 더럽고 미천한 놈이 저

순결한 처녀에게 가까이 갈 수는 없다'고 생각했다.

　그러던 어느 날 그는 신문에서 그녀가 다른 남자와 약혼했다는 사실을 알게 되었다. 파혼한 지 2년 후 레기네는 애초의 연인 슐레겔과 약혼하고 곧 결혼까지 한 것이다. 1855년 슐레겔이 서인도의 장관으로 부임하자, 레기네도 함께 따라갔다.

　스스로 자초한 일이기는 하나 막상 일이 이렇게 되고 보니, 키르케고르의 속은 뒤틀렸다. 그의 절망은 극에 달했다. 몸을 부르르 떨며 레기네의 배신을 비난하는 글을 일기에 쓰기도 했다. 그러나 그는 여전히 그녀를 사랑하고 있었으며, 또한 희망을 버리지 않았다. 죽을 때까지 그의 뇌리에서는 그녀가 떠나지 않았고, 일기나 저서에서 자학적自虐的 사고의 주요 테마가 되었다. 세월이 흘러 레기네가 덴마크로 돌아왔을 때, 키르케고르는 이미 사망한 후였다. 레기네는 죽은 후에 키르케고르 묘지 근처에 묻혔다.

　그렇다면 키르케고르가 그녀에게 고백하지 못한 문제란 무엇이었을까? 그것은 그가 사창가에 한 번 간 '사건'이었다. 그러나 그는 직업 여성과 은밀한 관계를 맺기는커녕 오히려 조롱만 사고 돌아왔을 뿐이었다. 보통 사람들에게는 별 문젯거리도 못 되는 이 실수를 그가 극도로 진지하게 받아들인 것은 그의 우울증에 기인한 것으로 보인다. 그리고 이 우울증은 그의 가정환경에서 유래한 것으로 생각된다.

조롱받는 순교자가 되다

　키르케고르의 나이 25세 때 아버지가 죽었는데 이에 대해 그는 또 커다란 충격을 받았다. 모든 일이 마치 신의 계시인 것만 같았다. 유산을 물려받긴 했으나 불려나가기는커녕 제대로 지키려고도 하지 않았다. 물려받은 집에서 살며 저녁때는 언제나 시내 중심가를 산책했는데, 동네 장난꾸러기들이 뒤를 따라다니면서 기묘한 옷차림을 한 그를 웃음거리로 삼았다.

키르케고르는 우울증에서 벗어나기 위해 많은 책을 쓴다. 그러나《이것이냐 저것이냐》《공포와 전율》등의 책을 내면서도 본명을 숨기고 가명이나 익명을 사용했다. 결국 정체가 드러났지만 여전히 그는 본명을 감추려고 했다.

키르케고르는 당시 사람들의 평범한 지성을 공격했기 때문에 수많은 적대자를 갖게 되었다. 그들은 키르케고르를 악의에 가득 찬 우스꽝스러운 모습으로 풍자적인 신문에 등장시켰다. 그의 이상한 옷차림과 가는 다리, 기형적인 척추에 맞춘 짝짝이 바짓가랑이 등이 그려졌는가 하면, 그가 애인의 어깨 위에 올라탄 모습도 등장했다. 처음에 키르케고르는 이에 맞서 분연히 싸웠으나 대중들은 그를 백안시白眼視했다. 이 일로 인해 키르케고르는 몹시 상처를 받았다. 한편으로 그는 조롱받는 일이 자신의 피할 수 없는 운명이라고 생각하기도 했다. 그리하여 그는 기꺼이 '조롱받는 순교자'가 되기로 마음먹었다.

그는 평생토록 가면을 쓰고 있었고, 혹시라도 자기가 모든 사람들에게 위안을 줄 수 있는 특별한 처방을 가지고 있다고 오해를 받을까 걱정하여 세상 사람들의 접근을 피했다. 그뿐 아니라 후세에 자기 이름이 함부로 남용되어 오해가 생겨날 일에 미리 대비하기도 했다.

"나는 어떤 인간들이 나의 지적 유산을 상속하게 될 것인지 짐작할 수 있다. 그들은 바로 나에게 엄청난 혐오감만을 안겨주었으면서 이 세상의 값진 것들을 모두 물려받은 대학의 강사나 교수임에 틀림없다. 그런

데 만약 어떤 교수가 이 글을 읽는다 하더라도 결코 그의 양심이 발동할
리도 없으려니와, 오히려 그는 이상과 같은 내 글의 내용까지도 강의의
소재로 삼을 것이다."

결국 그의 우려는 현실이 되었다. 바로 이 책만 해도 그의 예언을 확
인시켜주고 있기 때문이다.

폭탄은 터져서 주위에 불을 지른다

키르케고르는 《죽음에 이르는 병》과 그 속편인 《기독교의 수련》을 탈
고했으나 출판을 망설였다. 이 책들은 기독교의 기만성을 폭로하고 국
가교회에 공격을 가한 것으로, 곧 교회의 수문장 격인 뮌스터를 공격하
는 결과가 될 것이 틀림없었기 때문이다. 그런데 뮌스터는 자신의 아버
지와 절친한 사이로 키르케고르 자신도 어려서부터 그의 설교를 듣고
존경해왔던 터였다. 더구나 국가교회를 공격하는 것은 목사가 될 수 있
는 희망을 완전히 포기해야 함을 의미하며, 자칫 호구지책이 곤란해질
수도 있었다. 그리하여 그는 저서를 출판하기 전에 뮌스터를 만나
보려 하지만 일언지하에 거절당하고 말았다.

이 사태를 어쩔 수 없는 운명이라고 생각한 키르
케고르는 마침내 1849년, 가명으로 《죽음에 이르는
병》을 출간했다. 그러나 예상했던 반응은 나타
나지 않았다. 그러자 이듬해에 역시 가명으
로 《기독교의 수련》을 출간했다. 이 책 또한
사람들의 관심을 끌지 못했는데, 다만 뮌스
터가 "매우 신성한 것을 모독하고 있다"고 촌

타락한 국가에게
비호를 받는 교회가
오늘으로 보이지?
키르케고르는 이 점을
주목했어.

타락한 국가

교회

평을 했을 뿐이다.

민스터가 세상을 떠나자 그의 은사였던 마르텐센 교수가 추도 설교를 하면서 민스터를 '진리의 증인'이라고 찬양했다. 그러자 키르케고르는 이를 반박하는 항의문을 신문에 기고했다. 결국 그와 국가교회 사이에는 격렬한 논쟁이 벌어졌고, 이는 반년이 넘게 계속되었다. 그는 〈순간〉이라는 소책자를 내며 끝까지 싸우다가 모든 재산과 에너지를 소모했다.

1855년 10월 20일, 키르케고르는 〈순간〉 제10호를 준비하다가 길에서 의식을 잃고 쓰러지고 말았다. 그는 병원으로 옮겨져 치료를 받았으나 한 달 후에 세상 사람들의 오해와 비웃음 속에서 고독한 '단독자'로서의 짧은 생애를 마쳐야 했다. 사인은 척추병이었으며, 이때 그의 나이는 겨우 42세였다.

그는 병원에 있는 동안 누이와 매부, 조카들이 병실에 들어오는 것은 환영했다. 하지만 불화로 발을 끊고 살았던 목사 형(페테르는 신학자로서 정부에서도 활동했으며, 루터교 주교를 지냈다)은 끝내 들어오지 못하게 했다. 그리고 목사이자 친구인 베에젠의 출입은 환영했으나 그가 베풀려고 했던 예배는 거절했다. 그는 숨을 거두면서 "폭탄은 터져서 주위에 불을 지른다"고 말했다. 그리고 그의 묘비에는 생전에 그가 즐겨 읊었던 부를손의 시가 새겨져 있었다.

'내가 승리를 거둘 날은 머지않았다. 그때 이 세상의 모든 싸움은 영원히 그치리라. 그때 나는 내 주님이 언제나 말씀하고 계시는 곳에서 안식을 얻으리라!'

그의 저서는 그가 사망한 지 50년 후까지도 별다른 반응을 불러일으키지 못했다. 그러다가 1909년에 들어서면서 비로소 최초의 전집이 간행되었고, 이때부터 그의 글은 빛을 발하기 시작했다.

키르케고르는 먼저 헤겔철학을 비판한다. 헤겔의 변증법적인 이론은 대립의 해소를 말하지만 그것은 사변적인 관념의 세계에서나 가능할 뿐, 현실의 삶 속에서는 항상 양자택일을 위한 냉혹한 결단만이 요구된다. '이것도 저것도'가 아니라, 오직 '이것이냐 저것이냐'의 선택만이 있을 뿐이다. 그리고 참된 것은 누구에게나 해당되는 객관적 진리가 아니라, 나 자신에게 해당되는 주체적 진리다. 내 인생의 주체는 나 자신이고 그 누구도 내 삶을 대신할 수 없기 때문이다.

그렇다면 과연 나는 누구인가? 나를 포함한 모든 인간은 영겁의 불 속에 빠져 죽지도 못한 채 발버둥치는 벌레처럼 비참한 존재다. 자살도 소용없다. '죽음에 이르는 병'의 본질은 살 수도 없고 죽을 수도 없는 인간의 운명에서 유래한다. 현명한 의사는 '완벽하게 건강한 사람은 이 세상에 없다'고 말한다. 마찬가지로 참다운 철학자라면 '이 세상에 절망하지 않은 사람은 한 사람도 없다'고 말해야 한다.

그러나 키르케고르는 이러한 절망에 머물러 있지만은 않는다. '이것이냐 저것이냐'는 우리의 결단을 위한 토대이고, '죽음에 이르는 병'은 초월로 가는 길이며, '불안과 절망'은 우리를 신앙으로 몰고 가는 동력이 된다. 인간의 불안과 절망은 오직 하나님을 통한 질적 비약에 의해서만 극복될 수 있다. 신 앞에 홀로 선 단독자, 이것이 바로 키르케고르였다.

'이 세상에
하지 않는 사람은
다. 나는 절망과
l 뭔지 몰라. 단지
어을 뿐이지.

마르크스(1818~1883)

독일의 정치학자·경제학자. 공산주의의 창시자. 과학적 사회주의의 창시자. 헤겔의 관념론을 유물론적 바탕 위에 바로 세우려 했다. 변호사인 아버지의 뒤를 잇고자 법학부에 입학하지만 철학과 역사에 더 관심을 가졌다. 모범적 학생과는 거리가 멀어 학생감옥소에 들어간 적도 있으나, 출석에 상관없이 예나 대학에서 철학박사 학위를 받았다. 교수직을 염원했으나 프로이센 정부는 좌파 성향인 그에게 기회를 주지 않았다. 결혼후 망명 생활이 시작되는데, 엥겔스에게 보낸 편지에 '집주인이 차라리 쫓아내주길 바란다'고 쓸 정도로 생활이 궁핍했다. '세계의 노동자들이여, 단결하라!'는 문구는 엥겔스와 공동 집필한 〈공산당 선언〉의 마지막 구절인데, 이때 이미 공산주의의 방향을 제시한 것으로 볼 수 있다.

세계의 노동자들이여, 단결하라!

마르크스

세계의 노동자들이여, 단결하라!

마르크스는 부릅뜬 눈에 조금은 겁먹은 듯하고 순박해 보이는 표정으로 영국 런던의 하이게이트 묘지에 묻혀 있다. 마르크스만큼 우리에게 여러 모습으로 다가온 인물도 없을 것이다. 급진적 혁명가에서 공산주의의 창시자, 급기야는 사라져가는 몽상가에 이르기까지 그에 대한 평가는 다양하다. 무엇보다도 멋있는 수염을 연상시키는 그의 외모와 인간성에 대해 러시아 친구 중 한 사람은 이렇게 묘사한 바 있다.

"숱이 많은 검은 머리카락, 털로 뒤덮인 손, 단추가 잘못 채워진 웃옷 등 그의 외모와 행동은 아주 이상하게 보이기는 했지만 그런 대로 존경할 만한 남자의 풍모를 가졌다. 그의 행동은 부드러우면서도 과감했으며 또 자신에 차 있었다. 그의 태도는 모든 예절과 너무나 상반된 것이어서 조금은 거만하게 보였고, 때로는 약간의 경멸감마저 띠고 있었다. 그는 어떠한 반대도 용납하지 않겠다는 분위기를 풍기며 명령조로만 말했다.……내 앞에는 민주주의 독재자의 화신이 서 있었다."

출석률 제로, 철학박사 학위를 받다

마르크스는 독일의 라인 지방 트리어에서 변호사의 아들로 태어났다. 아버지는 유대인이었지만 기독교로 개종했고 계몽주의에 심취한 당시 독일의 전형적인 지식인이었다. 그가 개종한 뒤 법률가로서 안정된 생활을 했기에 마르크스 역시 대학생이 될 수 있었으리라 여겨진다.

마르크스는 아버지의 뜻에 따라 본 대학 법학부에 진학했으나, 법학보다는 철학과 역사학에 더 관심이 많았다. 당시에는 이른바 배웠다는 사람들이 대부분 철학에 관심을 가졌고, 특히 헤겔의 사상이 절대적인 권위와 인기를 누리고 있었다.

마르크스는 그리 모범적인 학생이 아니었다. 싸우다가 다치는가 하면, 고성방가와 음주로 학생감옥소*에 들어가기도 했다. 금지된 무기를 갖고 있다가 고발당했으며, 흥청망청한 돈 씀씀이로 빚도 졌다. 베를린 대학으로 옮겨 두 학기 동안 학업을 이어갔으나 이곳에서의 생활도 별반 다르지 않아 아버지의 기대와는 동떨어진 것이었다. 결국 마르크스는 아버지에게 '학문의 모든 분야를 어정쩡하게 이리 기웃 저리 기웃하면서 침침한 석유 등잔 아래서 애매모호한 야심을 품고 학자 차림으로 망나니짓을 하는 놈, 예의라고는 털끝만큼도 모르는 제멋대로 된 녀석'

학생감옥소 대학생이 술에 취해 누구를 때렸다거나 치안방해 등의 경범죄를 저지를 때 대학은 경찰을 대신해 벌을 내렸는데, 죄에 따라 하루에서 30일간 학생감옥에 가두었다. 처음 3일 동안은 물과 빵 외에 아무것도 먹을 수 없었으나 그 이후부터는 사식私食도 허용되고 수업도 받을 수 있었다. 학생들은 감옥에 들어가는 것을 오히려 명예롭게 생각했으며, 밤에 감옥 안으로 술과 음식들을 반입하는 등 낭만을 즐기기도 했다.

이라는 욕을 먹는다. 그러나 마르크스는 23세에 한 시간도 출석한 적이 없는 예나 대학에서 철학박사 학위를 받았다.

마르크스는 헤겔 학도의 모임인 박사클럽의 회원이 되어 그곳에서 밤낮없이 토론에 열중하는데, 친구들은 그를 두고 '사상의 창고'라거나 '이념의 황소대가리'라고 불렀다. 그는 교수가 되려고 하지만 대부분의 헤겔좌파들처럼 그 역시 보수주의적인 프로이센 정부의 방해로 뜻을 이루지 못했다. '프로이센 국가란 단지 역사 발전의 한 과정에 불과하다'고 보는 헤겔좌파에 속해 있었으니, 정부의 눈에는 그 역시 혁명적 변혁을 주장하는 반국가적 행위자로 비쳤을 것이다.

교수직 진출을 포기한 마르크스는 〈라인 신문〉의 편집장을 맡아 진보적인 논설을 싣기 시작했다. 특히 정치와 경제 문제에 대해 대담하고 자유로운 정신으로 신문을 편집했다. 마르크스는 이때 공산주의를 단호하게 거부했다. 그러나 이 자리 역시 정치적 이유로 프로이센 정부의 발행금지 명령과 신흥자본가들의 미온적인 태도로 인해 물러나야 했다.

소네트와 발라드를 쓴 낭만 신사

그 후 마르크스는 오랫동안 사귄 약혼녀 예니 폰 베스트팔렌과 서둘러 결혼했다. 이 여성에 대한 평가는 보는 관점에 따라 매우 다르다. '미모와 교양과 재능을 함께 지닌 소녀'라는 우호적인 평가가 있는가 하면, '멋진 약혼자를 버리고 마르크스와 결혼했다는 독설'도 있다.

그 과정이야 어쨌든, 마르크스와 예니는 서로가 상대의 천재성을 알아보고 결혼에 골인했다고 말할 수 있다. 이때 마르크스에게는 뮤즈의 신이 강림했던 시기이기도 하다. 그는 57편의 소네트(짧은 시로 이루어진 노래)와 발라드(짧은 서사시)를 써서 그녀에게 전달했다. 약혼한 7년 동안 그들은 끊임없이 편지를 주고받았는데, 이 서간은 세계 서간(편지) 문학 사상 빼놓을 수 없는 열정적인 명문으로 남았다. 결혼한 뒤에도 이들은 일생 동안 많은 편지를 주고받았으며, 어떤 용건이었든 거기에는 반드시 사랑의 확인이 덧붙여져 있었다.

차라리 내쫓아주길 바라다

결혼 후 마르크스는 프랑스 파리로 떠났다. 가난과 불행으로 가득 찬 철학자의 망명 생활이 시작된 것이다. 그는 파리에서 친구 루게 가족과 함께 일종의 공산주의적인 공동체 생활을 했다. 융통성 없는 그의 성격 때문에 곧 갈라서지만 말이다. 프로이센 정부의 요청에 의해 프랑스에서도 추방당한 마르크스는 벨기에의 브뤼셀로 가서 회원 17명으로 제1차 세계 공산당을 창당한다.

그 후 독일에서 혁명이 일어나자 고국으로 돌아온 그는 〈공산당 선언〉을 통해 공산주의의 대략적인 방향을 제시했다. 그러나 이 책의 '세계의 노동자들이여, 단결하라!'는 구절이 문제가 되어 다시 추방당했다. 결국 그는 마지막 종착지 런던으로 떠나고, 이곳에서 여생을 보냈다.

마르크스는 런던에서 극도로 가난한 생활을 견뎌내야 했다. 잡지 창간은 실패했고, 무섭게 불어나는 가족들과 경제적 궁핍이 그의 목을 짓눌렀다. 가구를 저당 잡히고 차압당하는가 하면, 한번은 옷이 전당포에 잡혀 있어서 외출조차 할 수 없었다. 게다가 병마病魔는 끊일 새 없이 그의 가족을 찾아들었고, 자녀들 중 불과 몇몇 아이만이 돌을 겨우 넘겼다. 부인 예니는 절망에 빠져 '이렇게 비참한 생활을 하느니 나와 아이들은 차라리 죽는 게 낫겠다'는 생각을 자주 하게 되었다. 마르크스는 빚으로 압박을 받다가 마침내 파산 선고까지 하려 했다.

다행히 평생 동안 그의 충실한 벗이었던 엥겔스*가 이 최악의 사태를 막아주었다. 부유한 섬유공장주의 아들인 엥겔스가 그를 경제적·정신적으로 후원하지 않았다면, 마르크스의 삶은 보다 일찍 비극적으로 끝났

베를린에 있는 마르크스와 엥겔스의 동상

을지 모른다. 엥겔스에게 보낸 한 편지에서 마르크스는 그동안 집세를 내지 못해 오히려 집주인이 쫓아내주기를 바랐고, 제대로 끼니를 이을 수도 없으며, 딸과 하인의 약값조차 대지 못한다고 슬퍼했다.

마르크스의 윤리 의식을 의심하다

마르크스의 윤리 의식을 흠집내기 위해 가끔 거론되는 사건이 있다. 엥겔스가 아내를 잃고 커다란 슬픔에 잠겨 있을 때, 마르크스가 위로의 말보다 구걸의 내용이 훨씬 긴 편지를 보냈고, 이 일로 둘 사이가 서먹해졌다가 다시 화해했다는 이야기다. 다른 소문은 마르크스가 하녀와 연애 소동을 일으켰다는 것이다.

"그는 하녀를 임신시켰으며(1851년), 이때 예니의 고통은 일생 중 극에 달했다. 더구나 마르크스는 이 사실을 아내에게 속이기 위해 하녀의

엥겔스(1820~1895) 독일의 경제학자·철학자·사회주의자·혁명가. 마르크스와 함께 마르크스주의의 창시자이며, 공산주의적 국제 노동자운동의 지도자다. 〈공산당 선언〉을 마르크스와 공동 집필했다.

상대역을 엥겔스라고 했으며, 죽음에 임박해서야 엥겔스가 이 사실을 털어놓았다."

너무 악의적이어서 의심스럽고, 실제보다 내용이 과장된 것 같긴 하나 이 연애 사건이 있었던 것만은 사실인 것 같다.

그러나 이 모든 사건을 뒤로 하고 마르크스는 이를 악물고 연구를 계속한다. 그가 어려운 여건 속에서도 저술 활동을 이어갈 수 있었던 것은 '인간해방'이라는 신념과 함께 엥겔스와 딸, 아내, 충직한 하녀의 헌신적인 뒷바라지가 있었기 때문이다. 1865년부터는 필생의 대작인 《자본론》을 집필하기 시작해 3년 후 제1권을 출판했다. 자본주의의 전체 윤곽을 밝히고 자신의 유물론 사상을 집대성한 《자본론》의 2권과 3권은 그가 죽은 후에 엥겔스에 의해 출판되었다.

1881년 아내 예니를 잃고 2년 후에는 끔찍이도 사랑하던 딸마저 죽고 말았다. 그는 이 충격에서 헤어나지 못했고, 결국 1883년 3월 14일 망명지 런던에서 숨을 거두었다. 노동해방과 인간해방의 한 심장이 멈춘 것이다. 엥겔스는 추도사에서 이렇게 말했다.

"반대자는 많았으나 개인적인 적敵은 한 사람도 없었다. 그의 이름은 수백 년이 지나도 살아 있을 것이며, 그의 저작도 그럴 것이다."

우리는 그 추도사를 어떤 의미로든 지금 현실로 경험하고 있다.

철 학
속으로

마르크스 철학의 이론적 원천에 대해서는 흔히들 세 가지로 말한다. 철학적으로는 헤겔의 변증법적 사상과 포이어바흐의 유물론을 결합하여 변증법적 유물론을 만들어냈고, 경제학적으로는 영국 고전경제학에서 노동가치설과 잉여가치설 사상을 배웠으며, 정치학적으로는 프랑스의 공상적 사회주의자들에게서 무계급사회라는 이상을 받아들였다는 것이다. 유물론자로서의 마르크스는 인류 역사를 생산력과 생산 관계를 중심으로 한 변증법적 상호작용에 의해 결정되어 온 것으로 파악했다. 원시 공동사회로부터 고대 노예경제, 중세 봉건사회, 근세 자본주의사회로의 이행은 모두 생산력(원료나 도구, 기계, 노동자의 숙련도, 노동경험 등)의 변화에 따른 필연적인 생산 관계(인간 상호간의 관계)를 변화시켜 왔다고 주장하는 것이다.

영국에서부터 나타나기 시작한 자본주의 체제의 사회악들을 목격한 마르크스는 오직 자본주의 사회가 붕괴해야만 인간해방이 가능하다고 확신했으며, 이러한 그의 사상은 결국 혁명 이론으로 표출되었다. 현재까지 이르는 동안의 인류 역사가 그러했듯이 앞으로 자본주의를 넘어 사회주의로, 그리고 이상사회인 공산주의로 이행해 나가는 것은 (과학적으로 입증될 수밖에 없는) 역사적 필연인데, 다만 그 시기를 앞당기기 위해 무산계급(프롤레타리아)에 의한 혁명이 필요할 뿐이라고 주장했다.

마르크스의 이 주장은 오늘날 전개되고 있는 세계사적 과정과는 동떨어진 감이 없지 않다. 하지만 사회 현실에 대한 비판 의식을 제고함으로써 어느 시대에나 있기 마련인 모순과 부조리에 대해 부단히 대항해나갈 것을 강조한 그의 정신만은 유효하다 하겠다.

니체(1844~1900)

독일 태생의 철학자. 실존철학의 선구자. 니체의 아버지는 프리드리히 빌헬름 4세의 생일날 태어난 아들의 이름을 프리드리히로 지어주었다. 어려서부터 특출나 주변의 인정을 받았고, 십대에 벌써 자서전을 쓸 준비를 했다. 음악에 심취했던 그는 《비극의 탄생》을 써 바그너에게 바치지만, 바그너가 기독교 예술을 추구하자 결별을 선언한다. 《의지와 표상으로서의 세계》를 읽고, 이것은 쇼펜하우어가 자신을 위해 써놓은 책이라고 말하며 깊이 빠져들었다. 박사 학위 없이 추천사만으로 바젤 대학의 교수가 되었지만, 끊임없는 병마와 싸워야 했다. 정신착란 증세를 보이는 와중에도 집필을 계속했고, 결국 길거리에서 쓰러져 12년 동안 혼수상태로 있다 세상을 떠났다. '망치를 든 철학자' 니체는 서구 기독교 전통을 부수고 그곳에 새로운 가치를 세우려고 혼신의 노력을 기울였다.

신은 죽었다

니체

집안의 청일점 꼬마 목사

니체는 독일의 작센 주(동부에 있으며 체코와 폴란드와 국경을 맞대고 있음) 뢰켄에서 개신교 목사 집안의 외아들로 태어났다. 그의 아버지는 프리드리히 빌헬름 4세*의 세 공주를 가르치는 가정교사를 하다가 왕의 특별한 주선으로 뢰켄의 목사가 되었다. 왕의 생일 축제날 아들이 태어나자 아버지는 크게 기뻐하여 아들의 이름을 '프리드리히 빌헬름'으로 지어주었다.

그러나 그의 아버지는 어느 날 밤늦게 집에 돌아오다가 현관 앞 층계에서 넘어져 뇌진탕을 앓다가 세상을 떠나고 말았다. 25세에 불과한 젊은 아내와 세 자녀를 남긴 채. 그리고 8개월 후에는 갓 두 돌이 넘은 남동생 요제프마저 죽었다.

5세밖에 안 된 니체는 어머니와 누이동생과 함께 외가로 옮겨갔다. 그때부터 그는 외할머니와 어머니, 노처녀인 이모 두 명, 여동생 틈에서 자라났다. 그런데 이 여인들은 집안의 유일한 사내인 니체를 너무 귀여워한 나머지 그가 여성적이고 섬세하며, 감수성이 예민한 아이로 자라게 만들었다.

어린 시절의 니체는 무엇보다 기억력이 뛰어나 '꼬마 목사'라는 별명이 붙을 정도였다. 그는 성경 구절과 찬송가를 기가 막히게 암송했고, 사람들은 그에 감동하여 눈물을 흘리지 않을 수 없었다. 또 어려서부터 피아노를 배워 즉흥 연주를 했고, 8세 때부터 작곡을 하는 등 음악에 남다른 재주를 보였다. 14세 때에 벌써 자서전을 쓸 준비를 했다. 명문 고등학교에 들어가서도 특출한 학생으로 손꼽혔는데, 무엇보다도 음악과 독일어 작문에서 월등한 재능을 보였다. 그러나 수학과 철자법은 다소 부진했다.

쇼펜하우어에 빠지다

니체는 학교의 경직된 분위기와 낡은 도덕을 비웃으며 반항적 기질을 보이기 시작했다. 한번은 학생들을 감독하고 보고서를 제출하는 일을 맡았는데, 그는 다소 장난기 섞인 익살스러운 내용으로 기록했다. 엄격한 선생님들은 토요일에 그를 종교재판에 회부했고, 벌칙으로 세 시간 동안의 감금과 몇 차례의 외출금지를 선고했다.

고등학교를 졸업한 그는 본 대학에 입학했다. 그러나 입학 직후부터 대학생 사교 클럽에 들어가 회원들과 함께 극장을 출입하는가 하면 담

프리드리히 빌헬름 4세(1795~1861) 프로이센의 국왕. 제후들의 연합에 의한 독일 통일을 획책했으나 실패했다. 1857년의 정신병 발작으로 인해 정권은 동생에게로 넘어갔다.

배와 술, 여자에 탐닉한다. 원래 자신의 서투른 사교성을 극복해보려는 것이 클럽에 가입한 주목적이었지만, 곧 염증을 느끼고 탈퇴해버린다.

그는 어머니의 희망대로 목사가 되기 위해 신학과에 적을 두었다. 그러나 성적은 신통치 못했다. 기독교에 대한 회의에 빠져 있을 무렵, 리츨(독일의 개신교 신학자이자 자유주의 신학의 거두) 교수의 권유도 있고 해서 결국 신학을 버리고 만다. 이듬해 리츨 교수를 따라 라이프치히 대학으로 옮겨간 그는 본 대학에서의 실패를 만회하려는 자세로 문헌학 연구에 정열을 쏟았다.

그러던 어느 날, 헌 책방에서 쇼펜하우어의 《의지와 표상으로서의 세계》를 구입해서는 새벽 6시부터 다음날 밤 2시까지 꼬박 2주일에 걸쳐 탐독했다. 그러고 나서 이렇게 말했다.

"쇼펜하우어는 꼭 나를 위해서 이 책을 써놓은 것 같다."

이것은 니체가 철학과 관계를 맺는 데 결정적인 계기가 되었다. 이후부터 그는 쇼펜하우어 철학에 심취해 친구들이나 여동생에게까지 쇼펜하우어를 공부하도록 설득했다.

끊임없는 병마와 싸우다

23세 되던 해에 군대에 징집되어 도수 높은 안경을 쓰고 1년 동안 포병대에서 근무했다. 그러던 중 말에서 떨어져 가슴에 타박상을 입고 제대했는데, 이 사건은 그를 한평생 괴롭히는 원인이 된다.

복학하여 대학을 졸업한 니체는 리츨 교수의 추천으로 박사 학위도 없이 스위스 바젤 대학의 교수로 초빙되었다. 리츨 교수의 추천사 내용을 보자.

"나는 벌써 39년이란 세월 동안 젊고 유능한 젊은이들이 내 앞에서 성장하는 것을 지켜보았다. 그러나 니체처럼 이렇게 젊은 나이에, 그리고 이렇게 빨리 성숙한 청년을 일찍이 본 일이 없다.……니체는 천재다. 그는 하고자 하는 일을 무엇이나 이룰 수 있을 것이다."

25세 되던 해에 니체는 라이프치히 대학에서 '그는 이미 교수이므로 우리는 동료를 테스트할 수는 없다'고 하는 교수회의의 결의에 의하여 철학박사 학위를 받았다. 물론 2년 전에 써놓은 다소 의심스런 논문 〈디오게네스 레어티루스〉를 학위 수여의 근거로 삼는다는 전제가 붙어 있긴 했지만.

그는 바젤 대학에서 대학이라는 울타리에 구애받지 않고 자유자재로 풍부한 강의 활동을 전개했다. 그러나 편두통, 치질, 가슴앓이, 류머티즘, 지독한 근시 같은 각종 질병으로 시달리던 니체는 보불전쟁이 나자 위생병으로 지원하여 종군한다. 그러나 이질과 디프테리아에 걸려 건강이 크게 나빠졌다. 약을 잘못 쓴 탓에 이때부터 극심한 신경쇠약과 위장병으로 평생 병마와 싸우게 되는데, 그는 항상 소화제와 수면제를 복용해야 했다.

27세에는 병으로 휴가를 얻었는데, 그 와중에서도 6주일 만에 《비극의 탄생》을 써서 출판했다. 이 책은 기독교를 비방한 것인데, 음악가 바그너와 몇몇 친구들로부터는 찬사를 받았다. 그러나 학계는 이 책에 지독한 반감을 나타냈고, 학생들마저 그를 외면함으로써 다음 해 겨울 학기에는 단 한 사람의 청강자가 있었을 뿐이다. 물론 얼마 후 학생들이 되돌아오긴 했으나, 그 이전에 가졌던 니체 자신의 명성을 회복할 수는 없었다.

여성 앞에만 서면 수줍음을 타다

니체는 여성에게 비정상적일 정도로 수줍음을 탔다. 하루는 하인에게 억지로 이끌려 사창가에 갔는데, 그는 잠시도 참지 못하고 재빨리 도망쳐 나왔다. 한번은 먼발치에서 본 여배우에게 푹 빠져 특별히 그녀를 위해 작사 작곡한 노래를 그녀의 집으로 보낸 적이 있었다. 하지만 그녀에게서는 답장이 오지 않았다. 또 음악가 바그너의 부인 코시마를 연모했으나 훗날 그녀를 자기 작품의 등장인물로 형상화했을 뿐이다. 스위스에 머물 적에는 자신의 머리에 떠오르는 젊은 여자들에게 모두 초청장을 보냈다. 하지만 역시 아무런 응답도 없었다.

38세 때 비로소 21세의 매력적인 여성에게 완전히 사로잡히고 마는데, 그녀의 이름은 루 살로메*로 젊고 총명한 데다 또 그를 숭배하고 있었다. 니체가 그녀를 처음 만나 한 말은 "어떤 운명적인 힘이 우리를 서로 만나게 했나요?"였다. 그녀를 자신의 유일한 제자라고 생각한 니체는 그녀를 믿고 마음속 깊숙이 감추어둔 비밀스런 이야기까지 다 털어놓았다. 그럼에도 그는 그녀의 손을 잡아볼 엄두조차 내지 못해 마침내 한 친구를 전령으로 보냈다. 그러나 그 친구 역시 루 살로메에게 반해 있던지라 자신이 먼저 청혼을 해버렸다. 물론 니체는 일이 이렇게 될 줄 꿈에도 몰랐을 것이다. 당연히 그 친구는 부정적인 대답을 알려왔고, 이렇게 하여 니체와 루의 관계는 끝나고 말았다. 니체는 이때를 가리켜 '내 생애 가운데 최악의 겨울'이라 회고했고, '결혼한 철학자는 코미디에나 어울릴 만큼' 결혼은 그로부터 멀어져갔다.

루 살로메(1861~1937) 러시아 장군의 딸. 철학자 니체와 시인 릴케, 정신분석학파의 창시자인 프로이트까지 사로잡은 여인이다. 당대 최고의 천재들에게 창조적 영감을 불어넣어 주었던 독일인 여성 작가다.

결국 유일하게 니체의 곁에 남아 있던 여자는 그의 누이동생 라마였다. 그녀는 니체를 두고 '살아 있을 때나 죽은 후에나 나의 남자'라고 선언까지 했다. 그녀는 니체를 교묘하게 휘어잡아 꼼짝 못하게 하고, 심지어 그의 유고를 발간하는 데 있어서 서류를 위조하는 것조차 서슴지 않았다.

이런 사정을 볼 때 《차라투스트라는 이렇게 말했다》에 나오는 '너, 여자한테 가니? 그럼 채찍을 잊지 마라!'라는 구절이 여성에 대한 니체의 태도를 완전히 잘못 전해주고 있음을 알 수 있다. 니체는 여자 앞에서 채찍을 들만큼 용감한 사나이가 아니었다. 그는 여자를 경멸하면서도 마음에 드는 여자에게 쉽게 접근하지 못했다. 이와 같은 이중성은 어릴 때 집안 여자들에게 둘러싸여 지낸 환경과 종교적 교육 때문에 생긴 결과로 보인다. 한편으로 그가 대학 시절 술과 여자에 빠져 방탕한 생활을 한 결과 매독에 걸렸고, 말년의 정신마비 증세 역시 이 후유증이라는 설이 있다.

연기된 장례식

"음악이 없었던들 나에게는 인생이 전혀 무의미했을지도 모른다"라고 말할 만큼 니체는 음악을 사랑했다. 시간이 가는 것도 잊은 채 피아노 건반을 두드리며 즉흥곡을 연주하여 청중을 사로잡기도 했다. 그런 그가 마침내 바그너를 개인적으로 만날 수 있게 되었다.

이때부터 니체는 바그너의 열렬한 숭배자가 되었다. 앞에서 말한 바와 같이 그는 최초의 저서이자 자신의 이름을 세상에 알리게 한 《비극의 탄생》을 써서 바그너에게 바친다. 그러나 4년 후인 1876년, 바그너의 새로운 오페라를 보러 갔다가 환멸을 느낀 니체는 결국 그와 결별한다. 그가 보기에 바그너는 기독교적 예술을 추구할 뿐 아니라 개인적으로는 군주에게 충성을 다하는 권력의 시녀로 전락해버렸다. 니체는 이때의 심정을 이렇게 읊었다.

"아아, 너도 십자가 앞에 무릎을 꿇는구나. 너마저……. 아, 정복당한 자여!"

니체에게 적나라한 비판을 받은 바그너는 공격적인 내용이 담긴 편지를 잡지에 실어 공개해버렸다. 이 일로 극심한 타격을 받은 니체는 그 후로 바그너를 마음속에서 아예 지워버렸고, 어쩌다 마주치는 일이 있어도 말 한마디 건네지 않고 외면했다.

건강 때문에 강의를 중단할 수밖에 없었던 니체는 우연히 네덜란드 여성 음악가를 알게 된다. 그러나 너무 성급하게 구혼했다가 거절당하고 만다. 다시 여성에게 상처를 입은 그는 알프스 산중으로, 지중해 연안으로 떠돌아다녔다. 몸의 병 역시 극도로 악화되어 마침내 죽음을 각오해야 할 상황에까지 이르렀는데, 심지어 동생에게 다음과 같은 유언을 남길 정도였다.

"약속해라! 내가 죽거든 내 관 옆에는 친구들만 서게 하고, 쓸데없는 조문객을 거절한다고. 목사나 누구를 막론하고 말하지 못하는 내 시체 옆에서 거짓말을 못하게 하고, 나를 정직한 이교도(기독교 이외의 종교를 믿는 사람)로서 무덤에 들어가게 한다고."

그러나 건강이 회복되는 바람에 이 영웅적인 장례식은 무기한 연기되었다.

정신병자의 넋두리

35세 때에는 교수직을 사임하기에 이르렀다. 여러 가지 원인이 겹쳤는데, 먼저 견디기 힘든 두통과 눈의 통증, 우울 증세를 들 수 있다. 또 다른 사람들과 교제하는 데 따르는 어려움, 대학교수의 의미에 대한 회의, 그리고 무엇보다도 '바보 같은 학생들을 상대하고 있다가는 자신까지 바보가 되고, 재능 없는 다른 교수를 상대하고 있다가는 자신의 재능까지 더럽혀진다'는 것이 가장 큰 이유였다.

니체는 불과 10여 일 만에 《차라투스트라는 이렇게 말했다》의 1, 2, 3부를 완성했다. 하지만 이 책은 1년 동안 겨우 60부가 팔려 나갔을 뿐이다. 그나마 제4부는 출판사를 구하지 못해 자비로 출판해야 했다. 그는 40부를 인쇄하여 친구 7명에게 증정했다. 무엇보다 니체는 사람들에게 자신의 천재성을 인정받지 못하고 있다는 생각 때문에 외로워했고, 그리하여 어떤 때는 자기 책을 들여다보며 몇 시간씩 울기도 했다. 그는 그때의 상황을 이렇게 고백했다.

"영혼의 가장 깊은 내면에서 우러나오는 외침에 대해 한마디의 대답도 듣지 못하는 것, 그것은 너무나 끔찍한 체험이었다."

44세 되던 해에 이탈리아의 토리노로 이사한 뒤, 니체는 점점 정신착란 증세를 보이기 시작했다. 그러나 병세가 심해지는 가운데에서도 《우상들의 황혼》《이 사람을 보라》 등과 같은 마지막 저작을 써냈다. 이 책들은 보통 사람들이 이해하기 힘든 경구로 가득 차 있기 때문에 어떤 해설가들은 이것들을 단순히 '정신병자의 넋두리'일 뿐이라고 혹평하기도 했다. 그 누구도 자유

나는 니체라는 망치다. 서구의 전통을 깨부수고 그곳에 새로운 가치를 세우리라.

로운 정신의 반란이 숨어 있는 그의 글에 동조해주지 않았던 것이다.

이와 같은 상태에서 모든 가치의 전도轉倒(뒤집음)를 위해 여러 해 동안 벌여온 고독한 투쟁은 니체의 체력만이 아니라 정신력까지 탕진하게 했다. 급기야는 시력마저도 거의 잃고 말았다. 그런 의미에서 말년에 쓴 그의 저작들은 악화되어가기만 하는 그의 신체적 조건을 이겨내는 처절한 몸부림 속에서 이루어진 것이라 할 수 있다.

12년간의 혼수상태로 생을 마치다

45세 때에 급속히 몸이 쇠약해진 니체는 토리노의 길거리에서 발작을 일으키고 쓰러졌다. 그는 마부에게 학대받는 말을 끌어안으며 흐느껴 울었다. 혼란스러운 이야기로 횡설수설하는 그를 사람들은 집으로 옮겼다. 이틀 만에 깨어난 그는 완전한 정신착란에 빠졌고, 예나 대학병원에서 진행성 마비증이라는 진단을 받았다. 이를 두고 기독교인들은 그가 날벼락을 맞은 것이라고 했다. 그런데 아이러니컬하게도 평생을 불우하게 보낸 니체의 이름이 세상에 알려지기 시작한 것은 바로 그가 쓰러진 뒤였다. 그 후로 그는 계속하여 악기를 치고 노래를 하면서 거리를 배회했는데, 간혹 "나는 신이다. 다만 변장하고 있을 뿐이다"고 외쳤다고 한다.

어머니의 헌신적인 간호와 여동생의 보살핌 속에서 12년이라는 세월을 혼수상태에서 헤매던 니체는 끝내 1900년에 심장 쇠약으로 세상을 떠났다. 장례식에는 그의 희망에 따라 친구 몇몇이 고별사를 낭독했다.

니체가 죽은 뒤 방대한 양의 유고와 편지는 누이동생 부부의 손에 넘어갔다. 사실 니체는 바그너의 신봉자이자 지독한 반유대주의자인 매부를 매우 싫어했다. 그렇지만 결국 유고가 누이동생 부부에 의해 멋대로 왜곡되고 꾸며져 출판됨으로써 그의 저작은 오랫동안 반유대주의자들과 파시스트들에 의해 악용되었다. 사실 니체는 독일의 군국주의를 거부하고 히틀러를 증오했을 것임에 틀림없다. 그러나 서구문명에 대한 그의 신랄한 비판은 새로운 유럽 건설을 주창한 히틀러에게 유리한 입장을 마련해주고 말았다.

니체는 기독교와의 대결을 통해 모든 기존 가치에 대한 거부를 선언했다. 니체는 천박하고 병들고 약한 자만을 위하는 기독교 도덕은 노예도덕으로서 마땅히 파기되어야 하며 대신에 고귀하고 건강하고 힘센 자들을 위한 군주도덕이 세워져야 한다고 주장했다. 그리하여 이제까지의 모든 가치 기준이었던 신에 대해 그 죽음을 선고하고('신은 죽었다!'), 새로운 개념으로서의 초인超人사상을 피력했다.

초인이란 첫째, 대지大地의 의미다. 이 땅에 충실할 뿐, 하늘나라의 희망을 말하는 자들을 믿지 않는 자다. 둘째, 초인은 신의 죽음을 확신하는 자다. 셋째, 초인이란 영겁회귀의 사상마저 깨달을 수 있는 자다. 존재의 수레바퀴는 영원한 윤회를 거듭한다. 그럼에도 불구하고 '모든 것은 이미 여러 차례 되풀이해서 성취되었다'는 사실을 깨닫는, 그런 자가 바로 초인이다.

니체는 머지않아 유럽에 허무주의(니힐리즘)

서구 기독교 전통을 모두 부수리라.

니체

가 도래할 것을 예언했다. 그러나 그 허무주의를 '동일한 것이 계속하여 다시 돌아오는' 영겁회귀의 사상으로 붙잡으려 했다. 그리하여 선악을 초월한 입장(선악의 피안)에서 도리어 현실 긍정적이고 적극적인 삶을 강조하고 나섰던 것이다.

사르트르(1905~1980)

프랑스의 철학자이자 작가. 무신론적 실존주의를 제창했다. 노벨상이 서구 작가들에게
편향되어 있다고 비판하며 1964년 노벨문학상 수상을 거절했다. 2세 때 아버지를 여의
지만, '이 세상에 좋은 아버지는 존재하지 않는다'며 오히려 축복으로 여겼다. 이미 9세
때 문학 서적 500여 권을 구입하여 읽기 시작했다. 파리 사범대학을 나와 교사 생활을
하는 동안 평생의 동반자 보부아르를 만났다. 제2차 세계대전 때 군복무를 하면서 소설
을 썼고, 독일군의 포로가 되었다가 풀려난 후부터 레지스탕스 운동에 적극 가담했다.
실존주의 문학가 카뮈와 논쟁을 벌이기도 했다. 프랑스 대통령 드골은 '사르트르 자신
이 프랑스다'라고 말한 바 있다.

내 위의 어떤 존재도 인정하지 않는다

좋은 아버지란 없다

사르트르는 철학, 문학, 예술, 정치, 사회 등 거의 모든 영역에서 가장 왕성한 지성의 힘을 발휘한 불세출의 거장이었다. 특히 1964년에 자전적 소설 《말》을 써서 노벨문학상 수상자로 결정되었으나 그는 이 최고의 명예와 그에 따라오는 5만 달러의 상금을 거부했다. 노벨상이 서구 작가들에게 치우침으로써 그 공정성을 잃었다는 것이 이유였다. 그러나이 일은 그의 명성을 드높인 계기가 되었다. 그리하여 사람들이 흔히 20세기 프랑스의 지성을 말할 때, 사르트르는 항상 그 중심에 서 있다.

사르트르는 파리에서 태어났다. 2세 때 해군 기술 장교였던 아버지를 잃었지만, 그는 아버지 없는 어린 시절을 오히려 축복이었다고 말했다.

"좋은 아버지란 이 세상에 존재하지 않는다. 만일 나의 아버지가 오래 살았다면 그는 내 머리 위에 군림하며 나를 억압했을 것이다.……나는 내 위의 어떤 존재도 인정하지 않는다."

아버지가 죽은 뒤 사르트르는 외가로 갔다. 그의 외할아버지는 '원시림의 성자'로 유명한 슈바이처 박사의 큰아버지였다. 6세 때에는 독일어교사였던 외할아버지가 파리에 외국어연구소를 설립하여 그곳으로 이사했기 때문에 다시 파리로 돌아왔다. 외할아버지는 사르트르를 몹시 귀여워했고, 그에게 문학에 대한 호기심을 심어주었다. 굉장한 독서가였던 외할아버지의 커다란 서재 안에서 사르트르는 마음껏 책을 꺼내보았다. 책 속에서 어린 시절을 보낸 것이다. 9세가 되자 센 강가의 헌책방을 뒤져 모험소설을 비롯한 문학 서적을 500여 권이나 구입하여 읽어나갔다.

11세 때 어머니가 재혼하여 의붓아버지 밑에서 살았는데, 그의 작품 가운데 유난히 자유를 주제로 한 것이 많은 까닭은 이러한 개인적인 체험에서 비롯된 것으로 보인다. 그의 어머니는 그가 조금이라도 떠들며 장난을 치면 "애야, 조용히 해라. 여기는 우리 집이 아니야!" 한다거나 혹은 "그것은 만지지 마라! 우리 것이 아니니까" 하고 억압했던 것이다.

계약결혼을 해볼까요?

중고등학교를 마친 사르트르는 파리 고등사범학교에 입학했다. 이곳에서 전후 프랑스 지성계를 이끈 아롱*, 메를로퐁티*를 만났다. 이 무렵 그의 관심을 끈 카미유라는 미녀가 있었다. 그녀는 자기 마음에 드는 남

아롱(1905~1983) 프랑스의 사회학자·철학자. 1955년 사르트르와 마르크스주의자들이 구소련을 무조건 지지하는 것을 비판한 뒤, 서방 세계 연합의 강력한 지지자가 되었다.
메를로퐁티(1908~1961) 프랑스의 철학자. 프랑스 현상학의 대표자로 사르트르와 함께 동인지 〈레 탕 모데른〉의 객원 편집자로 일했다.

자친구라면 누구든지 가리지 않고 잠자리를 같이하며, 알몸으로 난롯가에 앉아 니체를 읽곤 했다. 사르트르는 그녀를 악(?)의 구렁텅이에서 구출하기 위해 설득도 하고 편지도 써서 보냈다. 그러나 그녀는 이를 비웃기라도 하듯, 얼마 후 어떤 연출가와 결혼해버렸다. 그녀와의 기묘한 연애 소동은 이렇게 막을 내렸다.

사르트르는 학생과 교수 들을 멸시했으며 강의를 잘 듣지도 않았다. 또 단벌옷에 슬리퍼를 끌고 다녔으며, 주정뱅이로 보일 정도로 술을 많이 마셨다. 22세에 《어느 패배》라는 소설을 썼으나 출판을 거절당했다. 원래 문학을 지망했던 그가 철학으로 방향을 튼 데에는 두 가지 계기가 있었다. 어느 날 숙제를 하기 위해 베르그송*의 책을 읽었던 것과 아롱이 후설(현상학의 창시자인 독일의 철학자)을 소개해준 것이다.

파리 고등사범학교를 수석으로 졸업한 사르트르는 교사 자격시험에 실패했다. 그러나 1년간 더 공부한 끝에 이듬해에는 수석으로 합격했다. 이때 사르트르는 보부아르*를 만난다. 두 사람은 곧 문학적으로나 인간적으로나 서로 통하게 되었다. 어느 날 함께 영화 관람을 마친 후, 사르트르는 그녀에게 "2년 동안 계약결혼을 해볼까요?" 하고 제안한다. 보부아르가 이 제안에 찬성함으로써 '일생 동안 서로에게 얽매이지 않고 생의 반려자가 된다'는 자유롭고도 유별난 동거 관계가 시작되었다.

사르트르는 삶의 수단으로서 (그의 표현에 따르면) '지긋지긋한 교사'를 지망했다. 고등학교의 철학 교사로 발령을 받은 그는 학생들을 열심

베르그송(1859~1941) 프랑스의 철학자. 저서로 《창조적 진화》와 《도덕과 종교의 두 원천》이 있으며, 1927년에 노벨문학상을 받았다.
보부아르(1908~1986) 실존주의 입장을 취한 현대 프랑스의 작가이자 철학자. 소르본 대학 철학과 출신으로 젊었을 때부터 사르트르와 사상적 동반자로서 그림자처럼 함께 행동했다.

히 가르쳤다. 그러나 교장이나 동료, 학부모들과 접촉하는 것을 극도로 싫어했다. 같은 해에 보부아르가 마르세유에 있는 리세(프랑스의 국립 중등교육기관. 바칼로레아(대학 입학 자격)를 획득하기 위한 준비교육을 시킨다)로 부임하자 둘은 서로 헤어지게 되었다. 이때 사르트르는 보부아르에게 정식으로 결혼을 하자고 제안한다. 결혼을 하면 같은 도시로 발령받을 수 있기 때문이었다. 그러나 보부아르가 거절한다. 결국 두 사람은 방학 때 유럽의 여러 나라를 함께 여행하는 것으로 만족해야 했다.

32세 되던 해 10월에 사르트르는 파리의 고등학교로 옮겨갔다. 먼저 이곳으로 옮겨온 보부아르와 같은 호텔에 투숙하면서 그는 "이제 우리는 파리에서 함께 살게 되었소. 기차를 타고 가서 만난다든지, 역에서 서성거리는 일이 없게 되었소" 하며 좋아했다. 그러나 그들은 각자의 방에서 지냈다. 공동생활의 이점을 모두 취하되, 거기서 오는 불편함을 피하기 위해서였다.

레지스탕스 운동과 공산주의

제2차 세계대전이 일어나자 사르트르는 이등병으로 소집되어 알자스 지방에 배치되었다. 기상반원이었던 그는 매우 한가하여 소설을 쓸 수 있었다. 그러나 1940년에 마지노선°을 지키고 있던 그는 독일군의 파리 입성 후에 포로가 되었다. 다행히 이듬해 3월에 자신의 눈이 사시인 점을 이용해 억류된 민간인들 틈에 끼어 그들과 같이 석방되는 데 성공했다.

마지노선 1930년대에 프랑스가 북동쪽 국경선에 건설한 정교한 방어용 장벽. 1940년 독일군은 전차와 비행기로 마지노선 뒤쪽으로 우회해 돌파 작전을 감행함으로써 이 요새를 쓸모없게 만들었다. 육군 장관 앙드레 마지노의 이름을 따서 이런 이름을 붙였다.

그는 즉시 독일군을 겨냥한 레지스탕스* 운동에 참여했다. '아우슈비츠'*가 집단 학살의 악마적인 비인간성을 상징한다면, '레지스탕스'는 목숨을 걸고서라도 주체적인 인간이고자 하는 결단과 투쟁을 상징한다. 그리고 사르트르는 바로 이 레지스탕스의 중심에 선 철학자였다.

사르트르는 이 와중에서도 1943년 《존재와 무》를 출간했다. 이 책은 출간된 지 13년 만에 46판이라고 하는, 철학 서적으로는 그 유례가 없는 대기록을 세우며 그를 단번에 위대한 철학자의 반열에 올려놓았다. 전쟁이 끝난 후 교사직을 그만둔 그는 자유문필가로 활동했다. 메를로퐁티, 아롱 등과 함께 잡지 〈현대〉를 창간하여 실존주의 사상을 전개하면서 소설이나 희곡, 평론 등을 발표했다. 또한 '민주주의와 혁명'이라는 단체를 만들어 공산주의 진영과 협조적인 관계를 맺기 시작했다. 저서 《공산주의와 평화》에서는 공산주의를 '평화의 기수'라고까지 강조했다. 이 무렵 오랫동안 교제해왔던 카뮈, 메를로퐁티 등과는 사이가 벌어진다.

1956년 사르트르는 보부아르와 함께 구소련과 중공을 방문하지만 그해 가을, 헝가리에서 반공 의거*가 일어나자 그것을 지지하며 구소련의 개입을 비판했다. 이후 구소련에서 스탈린 격하 운동*이 벌어지자 사르트르는 다시 공산당과의 관계를 회복한다. 하지만 끝내 공산당에 입당

레지스탕스 제2차 세계대전 때 나치의 지배에 저항하여 독일 점령하의 유럽, 특히 프랑스에서 일어난 지하운동 또는 그 단체를 말한다.

아우슈비츠 폴란드에 있었던 독일 최대의 강제수용소이자 집단 학살 수용소. 총 사망자 수가 600만 명에 이른다는 주장도 있다.

헝가리 반공 의거 1956년 공산당 독재와 공포정치에 반대하여 시민들이 일으킨 혁명. 구소련이 탱크 1,000여 대와 병사 15만 명을 투입해 진압했다.

스탈린 격하 운동 스탈린의 흔적에서 벗어나려는 옛 소련의 정책. 1956년 제20차 전당대회에서 흐루쇼프는 스탈린의 죄상을 낱낱이 고발했다. 그 후 레닌과 나란히 묻혔던 스탈린의 시체는 크렘린 궁내의 지하로 이장되었고, 그의 조각상과 기념물들도 점차 사라졌다.

하지는 않았다. 그 이유에 대해 다음과 같이 말하고 있다.

"나는 두 가지 이유에서 공산당에 들어가지 않았다. 첫째, 내가 부르주아 출신이기 때문이다. 둘째, 비판의 자유를 잃고 싶지 않아서인데, 공산주의는 비판을 허용하지 않기 때문이다."

사르트르는 프랑스다

사르트르는 드골* 정권이 들어선 이후 그 독재적 성격에 반대하며 반정부 입장을 고수했다. 그리하여 1958년 프랑스 보호령인 알제리에서 독립전쟁이 일어났을 때, 그는 알제리를 지지하는 투쟁에 가담했다. 그런데 가담한 모든 사람이 체포되었으나 그만은 제외되었다. 어떤 장관이 드골 대통령에게 그 이유를 묻자, 대통령은 이렇게 대답했다고 한다.

"사르트르 자신이 프랑스이기 때문이지."

사르트르는 작은 키에 사팔뜨기이긴 했으나 익살 등으로 사람들을 곧잘 웃겼다. 뿐만 아니라 상대방의 이야기를 귀담아 듣고 그 의도를 잘 파악했기 때문에 누구에게나 호감을 주었다. 또 자기가 옳다는 확신을 가지고 싸울 때는 자신의 모든 것, 곧 생명까지도 걸고 투쟁했다. 그는 전통적인 결혼제도를 반대하여 계약결혼을 했으며, 두 사람만의 자유를 위해 자녀를 갖지 않았다. 사유재산제도를 반대하여 호텔에서 잠을 자고, 카페에서 일했으며, 식당에서 식사를 했다. '아무것도 소유하지 않는다'는 신조 때문에 그는 1946년에 집을 사서 1962년까지 사는 동안 커

드골(1890~1970) 프랑스의 군사 지도자, 정치인, 작가. 제2차 세계대전이 끝난 후, 총리 2번과 제18대 대통령을 역임했다.

다란 심리적 고통을 느꼈다고 한다.

오른쪽 눈의 시력은 이미 3세 때 상실했으나 1975년에 왼쪽 눈마저 시력이 떨어져 독서는 물론 집필도 못하게 되었다. 1980년 4월 15일, 5년 전부터 앓아온 폐기종으로 사망했을 때, 그의 나이는 75세였다.

철 학
속으로

사르트르에 따르면 옛날부터 철학에서 높은 자리를 차지해오던 존재란 사실 신적인 것도, 지고至高(가장 높은)의 초월자도 아니다. 그것은 '그저 있다'고 말할 수 있을 뿐, 그 이상도 그 이하도 아니다. 창조되지도 않고 존재 이유도 없는 그것은 무의미한 것, 다시 말해 구토를 일으키는 것일 뿐이다.

인간 역시 우연하게 이 세상에 던져졌을 뿐이다. 그는 어떠한 사명이나 의의를 갖지 못한 채 태어났기 때문에 그만큼 자유롭기도 하다. 인간은 좋건 싫건, 항상 스스로 자신의 미래를 선택하지 않으면 안 된다. 따라서 인간이란 자유가 선고된 존재, 선택이 강요된 존재다.

따라서 자신의 선택으로 스스로를 만들어나가는 실존(인간)은 자기의 존재 방식에 책임을 져야 한다. 나의 행위는 나 아닌 다른 사람에게도 즉시 영향을 미치므로 나의 선택은 인류의 전체 이상과 합치해야 하는 것이다. 사르트르는 극단적 자유의 개념을 제시했다는 점, 급진적인 허무주의자이자 무신론자라는 점에서 비판을 받기도 했다.

참고문헌

강성률, 《2500년간의 고독과 자유》, 형설출판사, 2005

_____, 《철학의 세계》, 형설출판사, 2006

_____, 《청소년을 위한 서양철학사》, 평단문화사, 2008

_____, 《청소년을 위한 동양철학사》, 평단문화사, 2009

_____, 《한 권으로 읽는 서양철학사 산책》, 평단문화사, 2009

_____, 《한 권으로 읽는 동양철학사 산책》, 평단문화사, 2009

_____, 《철학 스캔들》, 평단문화사, 2010

강영계 편저, 《철학의 흐름》, 제일출판사, 1987

강영계, 《철학의 이해》, 박영사, 1994

김길환, 《동양윤리사상》, 일지사, 1990

김두헌, 《서양윤리학사》, 박영사, 1988

김영수 역해, 《제자백가》, 일신서적, 1991

김용정, 《칸트철학연구》, 유림사, 1983

박은봉, 《한권으로 보는 한국사 100장면》, 가람기획, 1993

석인해, 《장자》, 일신서적, 1991

소비에트 과학 아카데미 철학연구소 편, 이을호 역, 《세계철학사》, 중원문화, 2008

신옥희, 《원효의 생애와 사상》, 한가람 창간호

안광복, 《청소년을 위한 철학자 이야기》, 신원문화사, 2002

안동림 역주, 《장자》, 현암사, 2001

안병욱, 《사색인의 향연》, 삼중당, 1984

영남철학회, 《위대한 철학자들》, 이문출판사, 1984

이영재 엮음, 《재미있는 중국철학 이야기》, 박우사, 1993

임어당, 《공자의 사상》, 현암사, 1985

장기균 저, 송하경 · 오종일 공역, 《중국철학사》, 일지사, 1989

장유고 저, 고재욱 역, 《중국근대철학사》, 서광사, 1989

정병조, 《인도철학사상사》, 서림사, 2005

정진일, 《위대한 철인들》, 양영각, 1988

철학교재편찬회 편, 《철학》, 형성출판사, 1991

토오도오 교순·시오이리 료오도 저, 차차석 역, 《중국불교사》, 대원정사, 1992

하영석 외 공저, 《칸트철학과 현대사상》, 형설출판사, 1984

한국공자학회, 《공자사상과 현대》, 사사연, 1980

한국철학회 편, 《한국철학사》, 동명사, 1997

한단석, 《서양철학사》, 박영사, 1981

허용선, 《불가사의한 세계 문화유산의 비밀》, 예림당, 2005

현상윤, 《조선유학사》, 민중서관, 1974

B. 러셀, 최민홍 역, 《서양철학사A History of Westerrn Philosophy》, 집문당, 1980

F. 코플스톤, 《철학의 역사A History of Philosophy》, The Newmann Press Westminster, Maryland, 1960

H. J. 슈퇴리히, 《세계철학사Geschichte der Philosophie》, 분도출판사, 1981

I.F. 스톤, 편상범·손병석 역, 《소크라테스의 비밀The Trial of Socrates》, 자작아카데미, 1996

J. 히르쉬베르거, 강성위 역, 《세계철학사Geschichte der Philosophy》, 이문출판사, 1987

P. 존슨, 윤철희 역, 《지식인의 두 얼굴Intellectuals》, 을유문화사, 2005

W. 바이셰델, 이기상·이말숙 역, 《철학의 뒤안길Die philosophische Hintertreppe》, 서광사, 1990

위대한 철학자들은 철학적으로 살았을까

강성률 지음

발 행 일   초판 1쇄 2011년 8월 29일
발 행 처   평단문화사
발 행 인   최석두

등록번호 제1-765호 / 등록일 1988년 7월 6일
주   소   서울시 마포구 서교동 480-9 에이스빌딩 3층
전화번호 (02)325-8144(代)   FAX (02)325-8143
이 메 일   pyongdan@hanmail.net
I S B N   978-89-7343-351-3 03100

이 도서의 국립중앙도서관 출판시도서목록(CIP)은 e-CIP 홈페이지(http://www.nl.go.kr/ecip)와
국가자료공동목록시스템(http://www.nl.go.kr/kolisnet)에서 이용하실 수 있습니다.
(CIP제어번호: CIP2011003373)

저희는 매출액의 2%를 불우이웃돕기에 사용하고 있습니다.